Seguridad emocional

Amir Levine

SEGURIDAD EMOCIONAL

La guía revolucionaria para mejorar tu vida y tus relaciones

Traducción de Ana Camallonga y Juanjo Estrella

Planeta

Título original: *Secure. The Revolutionary Guide to Creating a Secure Life*

Esta edición se publica por acuerdo con Tarcher, un sello de Penguin Publishing Group, una división de Penguin Random House LLC.

El diagrama de flujo de la página 54 incluye una imagen generada por IA hecha a partir de una foto de SvetaZi, con licencia de Shutterstock

El diagrama de flujo de la página 132 incluye una imagen generada por IA creada con Adobe Firefly.

Diagonal, 662-664, 08034 Barcelona
www.editorial.planeta.es
www.planetadelibros.com

Primera edición: mayo de 2026
Depósito legal: B. 25.254-2026
ISBN: 978-84-08-32036-4
Composición: David Pablo
Printed in Spain – Impreso en España

PEFC Certificado
Este libro procede de bosques gestionados de forma sostenible
PEFC
PEFC/14-38-00305
www.pefc.es

A mi hermana

Índice

Nota del autor 11
Prefacio: La huella de la magia segura. 13
Introducción: Cambiar el cerebro para conseguir un apego más seguro: del psicoanálisis a la neurociencia y viceversa 19

Primera parte
EL CEREBRO SEGURO

1. El efecto Cyberball. 33
2. Una vida de PReDiCC: fomentar la hiperconectividad 43
3. Neuroplasticidad: la ciencia (y el arte) de las IMAI. . . . 55

Segunda parte
VIVIR EN MODO SEGURO

4. Aprovechar la energía de tu cerebro para maximizar tu potencial 73
5. Descubre tu estilo de apego en todos los ámbitos de la vida 91
6. El estilo de apego ansioso: vivir con superpoderes de percepción. 117

7. El estilo de apego evitativo: vivir cómodamente con cierta distancia 149
8. El temeroso-evitativo: darle un voto de confianza a la cercanía 171
9. Pon a prueba lo que sabes sobre el apego 185

Tercera parte
LA MENTE SEGURA

10. Causalidad: reformular el pasado desde una posición segura. 203
11. El cerebro competitivo y el colaborativo: encontrar a las personas adecuadas con las que contar 217
12. Terapia de imprimación segura: desenterrar destellos ocultos de talento 239
13. *Coaching* seguro: aprender a tener un apego seguro en tiempo real 259

Epílogo. Tu práctica segura 291
Agradecimientos. 293
Índice analítico. 295

Nota del autor

Cuando descubrí por primera vez la ciencia de los estilos de apego de las personas adultas, hace más de una década, lo viví como una revelación. Fue como ver nuestro mundo relacional en colores tras haberlo observado solo en tonos de gris. Los cuatro estilos —ansioso (ansía la cercanía, pero teme el rechazo), evitativo (prefiere la independencia a la cercanía), temeroso-evitativo (una mezcla de los dos) y seguro (la cercanía le resulta cómoda y es de trato fácil)— me proporcionaron un nuevo lenguaje para entender cómo se relacionan las personas. Ese descubrimiento me llevó a escribir mi primer libro, *Maneras de amar*.

Desde entonces, la ciencia del apego —además de mi propio crecimiento personal y mis conocimientos sobre lo que significa ser una persona segura— se ha expandido a pasos agigantados.

En estas páginas, presento por primera vez un nuevo conjunto de herramientas desarrolladas para ayudarte a ser una persona más segura, no solo en las relaciones románticas, sino en todos los ámbitos de la vida: con amigos, familiares y compañeros de trabajo e incluso contigo mismo.

Se trata de una propuesta basada en décadas de investigación sobre neurociencia y sobre el apego y no habría sido posible sin la contribución de investigadores en este campo de todo el mundo. Estoy enormemente agradecido a las mentes brillantes cuyo trabajo pionero ha revelado muchas facetas nuevas de nuestro comportamiento y del funcionamiento de nuestro cerebro.

Sus aportaciones constituyen la base sobre la que se sustenta este libro.

Todas las notas y referencias utilizadas en esta obra pueden consultarse en amirlevindmd.com.

Los ejemplos y casos prácticos que aparecen en este libro son reelaboraciones hechas a partir de patrones y experiencias habituales. Cualquier parecido con personas concretas es pura coincidencia.

PREFACIO

La huella de la magia segura

Cuando tenía doce años, mi hermana mayor, de catorce, fue a pasar una semana de vacaciones en la playa con su amiga Lila y la madre de esta, Ruth, y yo me sumé a ellas. Nos alojamos en una casa vieja y medio destartalada al borde de un acantilado desde el que se veía el mar. Era agosto y todos los días recorríamos a la carrera un sendero corto y sinuoso que bajaba hasta la playa, jugábamos con las olas y tomábamos el sol. Luego volvíamos a subir la colina, nos remojábamos con una manguera en el jardín para quitarnos la sal de la piel, nos dábamos palmaditas para secarnos y corríamos al interior de la casa a por helado. Devorábamos comidas copiosas, jugábamos a juegos de mesa y de vez en cuando íbamos al pueblo a explorar.

Agradecí que mi hermana me hubiera invitado a acompañarla y que Ruth hubiera aceptado incluirme en sus vacaciones en familia. Era muy generoso por su parte acoger a dos adolescentes más, a uno de los cuales no conocía, en una escapada veraniega de una semana. Ruth, al igual que su homóloga bíblica, era una anfitriona maravillosa. Enseguida hizo que nos sintiéramos como en casa. Aquella mujer exudaba calma y tranquilidad, lucía una sonrisa paciente y hablaba de una forma que demostraba que se preocupaba por nosotros y que importábamos. Se le daba muy bien apaciguar sin esfuerzo cualquier asomo de tensión que pudiera surgir entre nosotros. Nunca nos decía qué hacer o cuándo hacerlo, pero de algún modo sabíamos lo que debíamos hacer y su presencia hacía que nos apeteciera.

No fui el único al que la esencia de Ruth le dejó huella. Era maestra de tercero de primaria y muchos de sus alumnos siguieron en contacto con ella durante décadas tras dejar el colegio. Era, sin buscarlo, una presencia enriquecedora en la vida de quienes la rodeaban. Y no es que su vida estuviera exenta de dificultades: su marido murió a los cuarenta y seis años de una enfermedad coronaria, tuvo que cuidar de dos hijas ella sola y cambiar de profesión para mantenerlas. Se convirtió en productora de televisión de una cadena importante, lo que por entonces suponía trabajar en un mundo de hombres, y produjo una serie de premiados documentales.

Desde entonces he viajado por todo el mundo y he tenido otras vacaciones memorables, pero aquel verano mágico con Ruth adquiere una importancia cada vez mayor en mi memoria. No fue hasta décadas después, tras toparme con las investigaciones realizadas sobre el apego seguro, cuando me di cuenta de por qué el recuerdo de aquellos días perdura de ese modo en mi mente: fue por Ruth.

Sabiendo lo que sé hoy, me doy cuenta de que Ruth, que ya no está entre nosotros, tenía un apego seguro. A quienes lo tienen se les da especialmente bien hacer mejores a las personas que están a su alrededor. Es muy probable que, echando la vista atrás, puedas dar con algunas de tus propias experiencias seguras. Y, profundizando un poco más, sospecho que te darás cuenta de que fueron también algunos de los momentos más felices de tu vida.

Mi hermana, la razón de que yo estuviera allí aquella semana, posee el mismo talento biológico que Ruth y ha sido una presencia segura en mi vida desde que tengo memoria. Siempre me ha dejado acompañarla a todas partes, incluso cuando era pequeño. Nunca me ha excluido de ninguna de sus idas y venidas. Algunos de mis primeros recuerdos son de cuando, con cuatro o cinco años, iba con ella a ver a una amiga suya que tenía tres cachorros dachshund monísimos con los que me gustaba jugar, y de juntarme con su grupo de amigas cuando iban al parque.

De hecho, toda una serie de investigaciones de las últimas décadas revela lo esenciales que son incluso las interacciones seguras más nimias para nuestra felicidad y bienestar. Los estudios van un paso más allá: sugieren que esas interacciones seguras que se producen a lo largo de nuestra vida dejan un poso de seguridad en nuestro interior, algo que podemos cultivar y utilizar para convertirnos nosotros mismos en personas más seguras.

En este libro combino lo que he aprendido de las experiencias seguras de mi propia vida, junto con las de mis pacientes, estudiantes y entrevistados, con las conclusiones de las investigaciones sobre el apego seguro y el cerebro, para ayudarte a ser a largo plazo una persona más segura. Me baso también en un método desarrollado durante mi trabajo con pacientes, llamado «terapia de imprimación segura» o «terapia segura», para abreviar,* que fomenta la recuperación de recuerdos seguros para desenterrar esos posos de seguridad en nuestro interior y utilizar luego esas experiencias como trampolines que nos ayuden a ganar seguridad emocional en nuestra vida cotidiana.

A lo largo de los años, mis pacientes me han relatado docenas de experiencias seguras en terapia. Algunos han tenido padres excepcionales; otros, abuelos completamente volcados en ellos. Muchos me han hablado de profesores y maestros que les dejaron una huella enorme; de cónyuges, mentores, jefes y hermanos que les transmitieron su seguridad emocional. Con el paso del tiempo, mi admiración hacia las personas seguras de este mundo ha crecido enormemente. Escuchar una y otra vez, con admiración, testimonios de apego seguro me ha hecho enamorarme de las personas seguras que nos rodean. Son las que siempre están ahí para nosotros, quienes raras veces nos fallan o nos confrontan. Me he dado

* La terapia de imprimación segura o terapia segura, para abreviar, parte de la investigación en psicología social para demostrar de qué forma los métodos de imprimación segura ayudan a las personas a tener un apego más seguro. Incorpora también descubrimientos científicos más amplios, sobre todo los relacionados con el cerebro, para aumentar la imprimación segura.

cuenta de que ese talento suele pasar desapercibido, a veces incluso se ignora, quizá porque las personas seguras son muy sólidas. Hay muy poco drama a su alrededor, lo que hace que sus numerosos dones pasen inadvertidos. En cambio, en la terapia segura las personas con apego seguro del mundo ocupan un lugar protagonista por ser modelos de seguridad y de paz en sus relaciones con nosotros, por enseñarnos cómo vivir de forma más segura. Ese enfoque no solo nos guía a la hora de desarrollar relaciones seguras, sino que también desencadena cambios en nuestro cerebro que nos ayudan a recuperarnos de adversidades pasadas.

Este libro, igual que el trabajo que realizo con mis pacientes, te ayudará a sacar partido de esos posos seguros que hay en ti y en tu mundo y a expandirlos y desarrollarlos para que tú también puedas llegar a ser una persona más segura, como Ruth, mi hermana y otros. Vivir la vida de ese modo, en lo que he dado en llamar el «modo seguro», significa desplazarse por el mundo —ser amigo, amante, trabajador o cuidador, tanto de ti mismo como de los demás— con un apego más seguro.

Los efectos a largo plazo de vivir en modo seguro

Algunos descubrimientos científicos recientes han revelado que vivir en modo seguro puede tener un impacto positivo en muchas facetas distintas de nuestra vida. Los estudios demuestran que las ventajas de vivir así llegan muy lejos, mucho más allá del ámbito de las relaciones románticas, e influyen en el modo en que te ves a ti mismo, al mundo que te rodea y a tus relaciones en general. Por ejemplo, las investigaciones muestran que, si eres una persona segura, tiendes a desenvolverte mejor en las redes sociales, y evitar así los efectos negativos que suelen experimentar las personas con un apego inseguro, como obsesionarse por cómo las verán los demás o interpretar la falta de «me gusta» como un rechazo. A la hora de comprar, no eres víctima del consumismo en la misma medida; los logos y las marcas tienen mucho menos atractivo para ti. En cuanto a la salud y las enfermedades, tiendes a ser una persona más saludable a largo plazo y a tener una mejor relación con los profesionales de la salud. Si sufres una enfermedad complicada, ya sea un cáncer o una afección crónica y dolorosa como la fibromialgia, tienes menos síntomas físicos y sobrellevas mejor la dolencia desde el punto de vista emocional: te deprimes menos y tu perspectiva general de la vida se ve menos afectada por ella. Incluso cuando estás buscando empleo, si eres una persona segura tiendes a ser mucho más optimista al respecto. Eres más eficaz en la búsqueda y el proceso no tiene un impacto negativo tan importante en ti; no afecta a tu autoestima.

Así que, para resumir docenas de estudios, ¡la vida es emocionalmente mucho menos agotadora si eres una persona segura! Vivir en modo seguro, al parecer, te permite dedicar tiempo a las cosas que de verdad importan y te da la oportunidad de disfrutar de la amistad, de la crianza, de crear y de explorar.

Pero ¿cómo llegar a ser una persona con un apego consistentemente más seguro?

Los escáneres cerebrales demuestran de manera reiterada que las personas con un apego seguro se diferencian de las que tienen un apego inseguro en la manera en que se estructura y funciona su cerebro. Determinadas áreas del cerebro relacionadas con la ansiedad y el estrés se ven especialmente afectadas. Para convertirnos en personas más seguras, debemos encontrar la manera de cambiar literalmente la estructura y el funcionamiento de nuestro cerebro. Pero ¿qué tenemos que hacer para conseguirlo? La respuesta me llegó de la manera más fortuita.

INTRODUCCIÓN

Cambiar el cerebro para conseguir un apego más seguro: del psicoanálisis a la neurociencia y viceversa

¿Cómo podemos cambiar nuestro cerebro para convertirnos en personas más seguras y mejorar nuestra vida? Cambiando su estructura física. Pero ¿eso cómo se consigue? Quizá creas que eso es algo que aprendí durante mi formación como psiquiatra, pero no es del todo así. De hecho, me topé con la respuesta de la manera en que a menudo suceden las cosas: por casualidad.

Desde muy joven quise ser psicoanalista. La idea de ayudar a las personas a tener una vida más satisfactoria cambiando patrones de comportamiento nocivos por medio de la terapia conversacional me resultaba muy atractiva. Incluso estuve psicoanalizándome durante un año, yendo cuatro veces por semana a tumbarme en el célebre diván, como prerrequisito para acceder a la escuela de psicoanálisis. Me sumergí en los textos de Freud y sus discípulos, y todos mis supervisores de mis años de residencia esperaban que optara por formarme en ese campo. Tenía todo mi futuro planeado. Ni en un millón de años pensé que acabaría en una mesa de laboratorio, colocando, con la ayuda de una pipeta, muestras de ADN, ARN y proteínas en tubitos para analizar las bases moleculares de los cambios en el cerebro. Pero eso es exactamente lo que ocurrió.

En muchos sentidos, debo la elección de mi carrera profesional al psicoanálisis. Durante el año de preparación para acceder a la escuela psicoanalítica, tuve que escoger un tema de investigación para la universidad. En las asociaciones libres que hice desde el diván, redescubrí mi afición a la biología y la química básicas y mis aptitudes para ello, y gracias a eso reuní el valor para dedicarme a una carrera para la que tenía poca formación. En aquella época, no sabía distinguir un instrumento de laboratorio de otro y mucho menos dirigir experimentos moleculares complejos de principio a fin.

Una de mis mentoras durante mis años de residencia, la profesora Abby Fyer, me dio un consejo sobre cómo escoger mi tema de investigación: «La vida del investigador es dura —me dijo—. Recibirás muchos rechazos y críticas y sufrirás muchos tropiezos. Para sobrevivir, debes escoger algo por lo que sientas verdadera pasión, algo que te proporcione la motivación necesaria para invertir el esfuerzo continuo y a menudo ingrato que es parte integral de nuestra profesión». Haciendo caso a su advertencia, me marqué como objetivo encontrar un tema que me apasionara. Leí docenas de artículos de investigación publicados por personas de mi departamento sobre materias que me interesaban y un artículo en la revista *Cell* me llamó especialmente la atención: hablaba de cómo se forman los recuerdos duraderos a un nivel molecular.

Pedí reunirme con el autor principal del artículo, el premio nobel Eric Kandel. Nervioso, empecé a hablarle de mi interés por su trabajo, en especial por el artículo en *Cell*, pero también de mi falta de experiencia. Al cabo de dos minutos, se levantó y me pidió que lo acompañara. Me llevó, por unas escaleras, a una planta superior y me presentó a la persona que estaba detrás del proyecto, James Schwartz, al que todo el mundo llamaba Jimmy.

Epigenética, el entorno y tu cerebro

El artículo de Jimmy explicaba que añadir determinados marcadores moleculares (o «interruptores») al ADN del cerebro es un prerrequisito para la formación de la memoria a largo plazo. Jimmy y su estudiante de posdoctorado, Zhonghui Guan, en colaboración con el laboratorio de Eric Kandel, demostraron que, si estimulas las enormes neuronas de la babosa de mar *Aplysia*, se añaden marcadores moleculares al ADN de esas células. El añadido de los marcadores de ADN estimula la expresión génica, lo que a su vez conduce a la memoria a largo plazo y al aprendizaje. Los investigadores dedujeron que ese mismo proceso se produce en los seres humanos cuando aprendemos. Eso significa que si mañana recuerdas algo de esta introducción es porque se han añadido marcadores moleculares específicos al ADN de tu cerebro. En pocas palabras, demostraron que ese proceso, una forma de cambio epigenético,* es crucial para la formación de los recuerdos. Piensa en esos marcadores como en diminutos marcapáginas o interruptores que ayudan a tu cerebro a saber qué paginas releer y qué circuitos encender para que un recuerdo se fije.

Yo no lo sabía por entonces, pero ese artículo y el que lo siguió, salidos del laboratorio de Eric Kandel, serían trabajos seminales que, junto con otros de ese periodo, impulsaron el campo de la epigenética en la neurociencia. Tras publicarse ambos textos, ese campo experimentó un crecimiento espectacular y docenas de grupos de todo el mundo informaron de descubrimientos sobre epigenética relacionados con la adicción, la memoria y el aprendizaje, el comportamiento materno y otras áreas de la neurociencia. A lo largo de la década siguiente se puso de manifiesto que los cambios epigenéticos en el sistema nervioso central son el mecanismo principal que mantiene la plasticidad del cerebro, que es una manera importante en que los acontecimientos vitales pueden moldear la estructura de nuestro cerebro y ayudarnos a cambiar quiénes somos durante nuestro tiempo de vida, incluso en la

* Los cambios epigenéticos son los que se producen «por encima» del ADN, como los marcadores moleculares mencionados más arriba. Esos marcadores cambian la expresión de nuestros genes —y, en última instancia, a nosotros— sin alterar nuestro código genético.

vejez. El truco está en encontrar entornos que faciliten los cambios favorables en el cerebro.

Por supuesto, cuando leí por primera vez el artículo sobre la *Aplysia* en *Cell*, yo no tenía manera de saber lo que me depararía el futuro. En ese momento en concreto, solo me pareció que era un trabajo interesante y creativo y pensé que me apetecía dedicarme a aquello. Hablé del artículo con Jimmy, le lancé entusiasmado algunas ideas y críticas y al final de la conversación me ofreció trabajar en su laboratorio durante tres meses, un periodo de prueba para ver cómo me las arreglaba.

Así que allí estaba, en un laboratorio, frente a una mesa de trabajo, aprendiendo a llevar a cabo experimentos de biología molecular. Jimmy y yo empezamos también a reunirnos de manera regular para hablar de ciencia, literatura y otros temas interesantes, además de intercambiar ideas sobre posibles proyectos de investigación. Los tres meses pasaron volando. Jimmy era un mentor maravilloso y tenía una forma muy original de pensar. Me dio una oportunidad, pese a que la mayoría de los investigadores habrían rechazado educadamente contratar a un novato como yo en su laboratorio. El trabajo estaba lejos de ser fácil. Recuerdo la primera vez que metí la pata hasta el fondo: estaba en medio de un experimento muy laborioso y costoso de tres días de duración durante el que debía aislar una formulación especial de ADN, junto con sus marcadores, procedente del tejido cerebral. Al finalizar el tercer día, tiré el sobrenadante —el líquido que flotaba en la superficie— y le enseñé orgulloso al técnico de laboratorio la preciosa bolita que quedaba al fondo del tubo, solo para descubrir que el ADN que buscaba estaba en el sobrenadante y que la bolita eran solo los restos celulares que debía desechar. Muerto de vergüenza, pensé que Jimmy me echaría del laboratorio, pero en lugar de eso me dijo: «No te preocupes, ya lo pillarás. Es un error, no el fin del mundo». Luego añadió: «Ser un buen científico no es solo una cuestión de conocimientos prácticos. Ser un buen científico tiene que ver con lo que está aquí dentro

—dijo señalándome la cabeza con un gesto—. Tiene que ver con ser creativo, atrevido e inquisitivo». Y tenía razón.

Me quedé más allá de los tres meses estipulados y, con el tiempo, el trabajo técnico empezó a dárseme mejor. Ahora sé que el entorno seguro que Jimmy creó en el laboratorio fue lo que me permitió aprender un campo nuevo para mí desde cero. De hecho, gracias a su apoyo inquebrantable, me fue bastante bien y al cabo de relativamente poco tiempo publiqué mi primer artículo.

En paralelo a mi trabajo como científico dedicado al estudio del cerebro a nivel molecular, conservé el interés por la práctica clínica y por ayudar a la gente, y mi entusiasmo por la terapia encontró una salida en la escritura. Durante una rotación en una escuela para niños con necesidades especiales, dentro del marco de mi residencia en Psiquiatría de la Infancia y la Adolescencia en la Universidad de Columbia, me topé por casualidad con un estudio procedente del campo de la psicología social. El estudio hablaba de que todos tenemos «estilos de apego» (ansioso, evitativo y seguro) que tienen un impacto enorme en la forma en que nos relacionamos como adultos. Las personas ansiosas buscan la cercanía, pero son muy sensibles al rechazo y las aterra que no las quieran. A las personas evitativas la cercanía les cuesta, así que dan mucha importancia a la autosuficiencia y tienden a alejar a los demás. Las personas seguras son afectuosas y cariñosas; les gusta la cercanía y no tienen miedo al rechazo.

Esa información me llegó en un momento muy oportuno para mi vida personal, ya que estaba atravesando una ruptura. El estudio sobre el apego me resultó de inmensa ayuda, me abrió de verdad los ojos y me llevó a una epifanía: si tener esa información era útil para mí, sin duda también podía serlo para otras personas. El único problema era que, en su formulación académica, aquella información no era accesible ni provechosa para la vida cotidiana de la gente. Los datos de la investigación sobre los estilos de apego, enterrados en jerga académica, eran un diamante en bruto. Había que pulirlos y transformarlos en una herramienta clínica que pudiese utilizarse para que las personas pudieran desenvolverse mejor en sus relaciones. A lo largo de un periodo de casi cinco años, Rachel Heller, mi coautora, y yo vertimos la información en un libro, *Maneras de amar*. Era la primera vez que creaba una herramienta clínica a partir de descubrimientos científicos. *Maneras de amar* ayudó a mucha gente a darse cuenta de que entender el funcionamiento de los estilos de apego en el día a día podía mejorar su capacidad de manejar sus relaciones sentimentales. Sin embargo, en mis sesiones con pacientes, en los *emails* que recibía de los lectores y en las entrevistas, la pregunta que acababa surgiendo siempre era esta: «¿Cómo me convierto en una persona con un apego más seguro?».

Yo no tenía una respuesta real para eso.

Cuando me llegó, lo hizo de la manera más inesperada. Sin ser del todo consciente, al tratar a mis pacientes me vi recurriendo a lo que había aprendido en el laboratorio para arrojar un poco más de luz sobre lo que vivían. Me di cuenta de que, en lugar de utilizar las técnicas terapéuticas convencionales, estaba explicando el funcionamiento del cerebro en relación con nuestra vida cotidiana. Con el tiempo, ese enfoque pasó a ocupar un papel central.

Convertirse en una persona con un apego seguro gracias a la ciencia: la neurociencia metacognitiva

Casi dos décadas después de empezar a trabajar en el laboratorio, he vuelto al punto de partida, a mi primera pasión: ayudar a las personas a mejorar su vida. No lo hago solo a través del psicoanálisis, sino que aprovecho también mis conocimientos neurocientíficos para ayudar a mis congéneres a entender cómo crear un entorno que favorezca cambios seguros en su cerebro. Combinando tres ámbitos de conocimiento —la psiquiatría clínica, la ciencia del apego y la neurociencia básica— he podido idear herramientas específicas con las que ayudar a alinear nuestros pensamientos y creencias con el funcionamiento de nuestro cerebro. He dado en llamar a este campo combinado «neurociencia del apego seguro»; y a su contraparte clínica, «terapia segura». La neurociencia del apego seguro emplea herramientas metacognitivas que sacan partido de nuestra capacidad para reflexionar sobre nuestros propios pensamientos para ayudarnos a pensar sobre lo que hacemos y por qué lo hacemos a través de un prisma más seguro, que parte del cerebro.

Me sorprendió el impacto que tuvieron la neurociencia del apego seguro y la terapia segura en la vida de mis estudiantes, mis pacientes y los pacientes de mis residentes. Una persona que hacía años que sufría un TOC fue finalmente capaz de encontrar el tratamiento adecuado. Otra, que había estado a punto de abandonar la carrera de Medicina, dio un giro a su vida, se graduó y pudo empezar su programa de residencia. Algunos pacientes que habían sufrido aislamiento social fueron capaces de desarrollar una vida plena y gratificante. No es algo que pasara de un día para otro ni sin esfuerzo por su parte, pero los conocimientos de la neurociencia del apego seguro y sus herramientas fueron muy útiles a la hora de liberarlos de creencias, actitudes e ideas improductivas y de permitirles un mayor grado de seguridad y una mejora sostenida a largo plazo.

Decidí escribir sobre esta nueva terapia y las herramientas que he ideado en paralelo a ella para que las personas que están más allá de mi entorno inmediato puedan entender mejor el funcionamiento de su cerebro y poner en práctica esos conocimientos en su vida cotidiana. Son herramientas que te ayudarán a cambiar tus pensamientos, tus percepciones, tus emociones, tus comportamientos y, no menos importante, tu entorno social, lo que a la postre te ayudará a ser una persona con un apego más seguro.

TERAPIA DE IMPRIMACIÓN SEGURA

La terapia de imprimación segura —también llamada «terapia segura»— es un nuevo enfoque clínico que combina tres campos de conocimiento: la psicología clínica, la ciencia del apego y la neurociencia básica. Esta modalidad terapéutica, que detallaré a lo largo de este libro, ofrece herramientas prácticas diseñadas para alinear nuestros pensamientos y creencias con el funcionamiento real del cerebro. La terapia segura se inspira también en las estrategias de imprimación segura que, según diversos estudios, ayudan a las personas a tener un apego más seguro.

Cómo se estructura este libro para ayudarte a tener un apego más seguro

Este libro se divide en tres partes. En la primera, «El cerebro seguro», comparto mis tres lecciones imprescindibles sobre el cerebro para crear una vida segura. Este apartado incluye tres capítulos, uno para cada lección. Es relevante para todos nosotros, incluidas las personas seguras del mundo, porque habla del funcionamiento universal del cerebro, lo cual nos concierne sea cual sea nuestro estilo de apego. También explica cómo podemos influir epigenéticamente en la estructura del cerebro rodeándolo del entorno seguro que necesita para desarrollarse. La lección del capítulo 1 es que sentirnos excluidos o ignorados puede tener un efecto pernicioso en nuestro cerebro. Al sentimiento de exclusión lo he llamado «efecto Cyberball»; y a la sensación de ser ignorado, «efecto del rostro inexpresivo»; en referencia a dos experimentos revolucionarios que explicaré más adelante. El antídoto a esas heridas sociales es dar prioridad a las conexiones con otras personas que sean lo contrario a excluyentes, relaciones con una configuración predeterminada segura de predictibilidad, reactividad, disponibilidad, confiabilidad y consistencia, a las que me referiré con el acrónimo PReDiCC. Este concepto crucial protagoniza la segunda lección, que se desarrolla en el capítulo 2. Por último, en el capítulo 3 aprenderemos a crear un entorno enriquecedor para nosotros mismos que protegerá nuestro cerebro —y a nosotros— y garantizará que la gran mayoría de lo que he dado en llamar «interacciones menores aparentemente insignificantes» del día a día, o IMAI, sean PReDiCC.

La segunda parte habla de cómo alcanzar un modo de apego más seguro desde una orientación insegura. Si tu estilo de apego es inseguro —ya sea ansioso, evitativo o temeroso-evitativo—, esta parte del libro te explicará los pasos que debes seguir, utilizando las herramientas mentales seguras que has aprendido en la primera parte, para desarrollar un entorno más seguro para ti mismo. El capítulo 4 explica cómo utiliza el cerebro la energía y por qué es importante entenderlo para llegar a ser una persona más segura. Luego, en el capítulo 5, identificarás tu propio estilo de apego a partir de un formulario de base científica, el de referencia para determinar estilos de apego en todo tipo de relaciones: el cuestionario de estructuras relacionales. Y, partiendo de tu estilo de apego, el resto de la segunda parte te enseñará a utilizar las herramientas aprendidas en la primera para mejorar tu vida, con observaciones e instrucciones específicas sobre cada estilo de apego inseguro. En cualquier caso, también es importante leer sobre los demás estilos de apego y sobre cómo las personas con esos apegos pueden utilizar las herramientas, para entender mejor los retos a los que se enfrentan en su búsqueda de un apego más seguro. Es algo que te dará ideas sobre cómo llevarte mejor con esas personas y apoyarlas en su proceso.

La tercera parte del libro busca conseguir que tengas una mente más segura. Aquí se te pedirá que reexamines tu pasado a la manera de un científico. Sabrás de qué modo monitoriza tu cerebro las relaciones que te rodean desde una perspectiva colaborativa, además de aprender a utilizar un principio fundamental en biología, la diversidad molecular, para encontrar destellos seguros en tu interior. Este apartado se centra también en un nuevo tipo de tratamiento de base científica para el apego: la terapia y el *coaching* seguros. Muchas de sus ideas y herramientas principales ya las habrás visto en las dos primeras partes, pero aquí darás un paso más y aprenderás estrategias adicionales que te ayudarán a gestionar situaciones de la vida cotidiana y a reaccionar en tiempo real, mientras ocurren.

Espero que, al implementar las diversas lecciones de este libro, tú también puedas convertirte en una persona con un apego más seguro. Hay ejercicios y preguntas en todos los capítulos, para que puedas poner en práctica el material y hacerlo más tuyo.

Y ahora, sin más dilación, vayamos con la primera parte: «El cerebro seguro».

PRIMERA PARTE

El cerebro seguro

Tendemos a pensar en el cerebro como en un órgano bien protegido, resguardado dentro de un cráneo grueso, aislado del mundo exterior. A diferencia de la piel, que está expuesta a los elementos y que requiere protector solar, ropa y un cuidado constante, no tratamos al cerebro como algo que exija protección diaria.

Y, sin embargo, la realidad es que el cerebro quizá sea el órgano más sensible a nuestro entorno de todo el cuerpo. Envía delicados tentáculos —nuestros sentidos— a monitorizar constantemente nuestros alrededores y se ve reconfigurado por lo que se encuentra en cada momento. Incluso leer estas palabras transforma tu cerebro a un nivel molecular.

Contemplo esta primera parte como un manual de cuidados neurocientíficos, una guía para proteger y alimentar tu cerebro social de la misma manera en que cuidarías tu piel. ¿Qué es el dolor para el cerebro social? ¿Cuál sería su «protector solar»? ¿Qué tipo de interacciones, en casa, en el trabajo y con tus amigos, lo mantendrán sano y resiliente? Este apartado te proporcionará las herramientas que necesitas para proteger tu cerebro social y, por extensión, tu vida. Surge de una pregunta que me hizo una vez un estudiante: «Si tuvieras que resumir los descubrimientos neurocientíficos en unos pocos principios prácticos que pudieran ayudar a alguien a mejorar su cerebro y su vida, ¿cuáles serían?».

Lo he estado pensando largo y tendido. A lo largo de las últimas décadas, es mucho lo que hemos aprendido sobre el funcionamiento del cerebro. Se han hecho gran cantidad de descubrimientos fascinantes sobre cómo funciona nuestro «centro de control». He analizado docenas de hallazgos y, al final, me he quedado con los que presento en este apartado. Los he condensado en tres lecciones clave que constituyen la columna vertebral del libro, los conceptos y herramientas básicos que utilizaremos y a los que volveremos en los capítulos posteriores.

1
El efecto Cyberball

El lanzamiento de frisbi que lo cambió todo

Imagínate un videojuego en el que tres personajes bidimensionales juegan a pasarse una pelota y tú eres uno de ellos. De repente, los otros dos jugadores dejan de pasarte la pelota. Siguen jugando entre ellos mientras tú estás allí, con los brazos extendidos, esperando a que lancen la pelota en tu dirección, pero, ay, ¡te ignoran por completo!

El doctor Kipling (Kip) D. Williams, de la Universidad Purdue, el científico que creó ese videojuego como parte de un experimento, atribuye la idea a algo que le pasó unos años antes. Williams estaba en el parque con su perro cuando un frisbi se acercó volando en dirección a él. Él lo atrapó, la mar de contento, y se lo lanzó de vuelta a los jugadores de frisbi. Ellos empezaron a incluir a Williams en su juego, pero de repente, tan pronto como habían empezado a pasarle el frisbi, dejaron de hacerlo. Williams recuerda que quedarse al margen del juego lo hizo sentirse sorprendentemente mal, pese a no conocer a los otros dos jugadores y ser consciente de que en algún momento volverían a jugar solo entre ellos. Aquel incidente lo llevó a diseñar el protocolo de videojuego que llamó «experimento Cyberball».

El experimento Cyberball no se lleva a cabo en un entorno de realidad virtual inmersivo. Es más bien un juego rudimentario y bidimensional, y nada en él recuerda a la vida real. Aun así, gracias a su simplicidad, ha permitido extraer algunas de las conclusiones de más largo alcance sobre cómo responde nuestro cerebro a la exclusión. Cuando se somete a quienes juegan a él a una resonancia magnética funcional, puede observarse que las áreas del cerebro asociadas con la angustia y con la autoevaluación se iluminan al ver excluido su avatar. En otras palabras, experimentan una exclusión tan dolorosa que desencadena sentimientos de inseguridad y ataca a la autoestima.

Pero no acaba ahí la cosa. Nuestro cerebro es tan sensible a la exclusión que parece que poco puede hacerse para suavizar el golpe. Los estudios demuestran que el efecto Cyberball es inmune a las posibles circunstancias atenuantes. Muchas de las intervenciones que se podría pensar que aliviarían la respuesta dolorosa a la exclusión parecen no hacer mella en el efecto Cyberball. Por ejemplo, cabría pensar que, si la persona que te excluye es alguien que no te cae demasiado bien, entonces no debería importarte, ¿no?

Dos estudios, uno de Karen Gonsalkorale y Kip Williams, de la Universidad de California en Davis, y otro de Marie-Pierre Fayant, entre otros autores, de la Universidad de París, puso esta hipótesis a prueba. En el experimento, se les dijo a los estudiantes que los jugadores que se lanzaban la pelota eran miembros del Ku Klux Klan. Quizá te sorprenda saber que su reacción a que los dejaran de lado fue tan intensa como si hubieran estado jugando con sus mejores amigos. La exclusión por parte de un grupo de seres despreciables duele tanto como la de personas que te caen bien.

¿Y qué hay del dinero? ¿Ofrecer una compensación económica podría mitigar el impacto de la exclusión? En otra serie de estudios, los participantes marginados en un experimento Cyberball recibieron un incentivo económico: se les dijo que el hecho de que se los dejara de lado les permitiría quedarse con una suma de dinero, mientras que los participantes a los que sí se les lanzaba la pelota perderían dinero cada vez que la recibieran. Aun así, los participantes que pudieron quedarse con el dinero exhibieron la misma reacción adversa que aquellos a los que no se recompensó. ¡Resulta que ni el dinero ayuda!

La conclusión de los estudios llevados a cabo a lo largo de varias décadas es que el cerebro humano ha sido «programado» a lo largo de la evolución para experimentar la exclusión como algo profundamente personal y doloroso. Y, nos guste o no, disponemos de muy pocos medios para controlar ese efecto inmediato. Incluso cuando sabemos que es una simulación, incluso si nos excluyen personas que no nos gustan, incluso si nos pagan dinero a cambio de soportarlo.

El rostro inexpresivo

El efecto Cyberball no es exclusivo de las interacciones entre un grupo de tres o más personas: también es posible sentirse excluido e ignorado cuando solo son dos las personas presentes. Es lo que llamo el «efecto del rostro inexpresivo», por el famoso experimento del mismo nombre que diseñó el doctor Ed Tronick, profesor de la Universidad de Harvard y la Universidad de Massachusetts. En el experimento, una criatura de pocos meses y el adulto a su cargo se encuentran cara a cara, interactuando como lo harían normalmente. El padre o la madre hacen muecas graciosas para que el bebé reaccione con los característicos balbuceos infantiles. Luego se le pide al adulto que aparte el rostro un momento y que, cuando vuelva a mirar al bebé, interrumpa cualquier interacción verbal o física con la criatura y se muestre inmutable. En otras palabras: que le presente un rostro inexpresivo. La reacción del bebé es inmediata. Primero intenta llamar la atención del adulto señalando algo, aplaudiendo o sonriendo. Cuando eso no funciona, al cabo de pocos segundos, recurre a medidas más drásticas. Alza los brazos y chilla con fuerza, desesperado por la atención del adulto. Al ver que sus gritos son desoídos, se da la vuelta, se retrae y en muchos casos se echa a llorar. Por suerte, el experimento no dura demasiado, pues el padre o la madre reestablecen la conexión emocional con el bebé muy poco después y la criatura se calma.

Creo que el experimento del rostro inexpresivo revela que, desde una edad muy temprana, nuestros circuitos neuronales aborrecen que se nos ignore o que se nos someta a una desconexión emocional. Nuestro cerebro está programado para apreciar la continuidad emocional con las personas que nos rodean y, cuando se ve interrumpida o se detiene por la razón que sea, nos molesta muchísimo.

Muchas personas no se dan cuenta del enorme poder emocional que ejercen cuando someten a alguien a ese tratamiento. Cuando se les planta cara al respecto, suelen contestar cosas como «pero ¿qué quieres de mí? Yo no he dicho nada» o «¿qué he hecho yo? Estaba ahí a lo mío». Pero, en realidad, desde el punto de vista del cerebro, presentar un rostro inexpresivo es un acto de agresión que genera sufrimiento en nuestro sistema nervioso y despierta emociones dolorosas e incómodas que llevan a la desconexión y, a la larga, a replegarse en uno mismo.

De hecho, que nos observe un rostro inexpresivo desencadena una reacción tan poderosa e instintiva que podemos sentir sus efectos incluso sin darnos cuenta, como demuestra el siguiente experimento.

Ser víctima del efecto del rostro inexpresivo sin saberlo

¿Analiza el cerebro nuestro entorno en busca de posibles desconexiones sociales sin que lo sepamos? O, en otras palabras, ¿puede el efecto del rostro inexpresivo afectarnos incluso sin que seamos conscientes de ello?

Un estudio, titulado «To Be Looked At as Though Air: Civil Attention Matters» («Que te miren como si no te vieran: La importancia de que los demás reconozcan nuestra presencia»), de Eric Wesselmann, entre otros autores, de la Universidad Purdue, examinó esta cuestión. En él, los investigadores evaluaron las distintas reacciones de los transeúntes de una zona concurrida de un campus universitario a que un miembro del equipo de investigación pasara por su lado y reconociera fugazmente su presencia estableciendo contacto visual (a veces junto con una rápida sonrisa), frente a que esa misma persona no estableciera ningún contacto visual, sino que mirase «como a través de ella» (se daba órdenes al investigador de mirar hacia un punto situado más allá de la oreja de esa persona, para asegurarse de que no hubiera contacto visual). Inmediatamente después de cada encuentro, otro integrante del equipo de investigación paraba al transeúnte y le pedía que participara en una encuesta sobre la vida universitaria, que incluía preguntas sobre hasta qué punto se sentía conectado con los demás. La encuesta no indicaba que la evaluación se realizaba tras una intervención con o sin contacto visual.

Los investigadores plantearon la hipótesis de que establecer contacto visual haría que las personas se sintieran más conectadas, mientras que sentir que alguien miraba como a través de ellas las haría sentirse desconectadas. También querían saber si añadir una sonrisa supondría alguna diferencia. Los resultados demostraron una clara tendencia: las personas a las que, sin ellas saberlo, se había ignorado se sentían menos conectadas que aquellas con las que se había establecido contacto visual. Curiosamente, la sonrisa no influía en el resultado. Muchos de los participantes del estudio ni siquiera recordaban la interacción que acababan de vivir, pero, aun así, el comportamiento de los investigadores influyó en sus respuestas. ¿Cómo es posible que el efecto del rostro inexpresivo funcione incluso sin que seamos plenamente conscientes de haberlo vivido? Pues porque nuestro cerebro social está programado para analizar constantemente el entorno, monitorizando nuestras interacciones sociales en un segundo plano, sin que nos demos cuenta.

Un paseo revelador por la naturaleza

Al principio, me costó entender la lógica biológica o la ventaja, desde el punto de vista de la selección natural, del efecto Cyberball o del efecto del rostro inexpresivo. ¿Por qué debería influir de ese modo en nuestro cerebro, y sin que nosotros podamos hacer apenas nada al respecto, un videojuego rudimentario en el que alguien nos hace el vacío?

Entendí al fin la lógica detrás de ese circuito neuronal tan sensible estando de safari en África, un día en que nuestros guías nos llevaron a dar un paseo por la reserva. Caminábamos entre animales salvajes. Un guía abría la marcha y el otro la cerraba, y ambos iban armados. Nos pidieron que camináramos en fila india y que no dejáramos huecos entre nosotros bajo ningún concepto. Cuando uno de los integrantes de la comitiva se entretuvo, dejando un espacio en la fila, el guía de la parte posterior le pidió de inmediato que cerrara ese hueco. Lo ocurrido me permitió vislumbrar cómo debía de ser la vida de nuestros antepasados y empezar a comprender el propósito de la exquisita sensibilidad a la exclusión de nuestro circuito neuronal. Aquello era para lo que estaba programado: para asegurar nuestra supervivencia como animales perseguidos. Para alertar nuestros sentidos ante el peligro potencial de vernos ignorados por nuestros iguales, aunque fuera un segundo.

Normal que a ese circuito neuronal le dé igual el dinero o cómo nos caiga la persona que nos lanza o nos deja de lanzar la pelota. No hay tiempo para consideraciones de ese tipo; se vuelven secundarias frente al peligro real y presente y nuestra necesidad instintiva de sobrevivir. Por eso tantas películas de terror utilizan una misma fórmula para provocar una auténtica sensación de pánico en nuestro cerebro: aislar a los protagonistas cuando acecha el peligro. De hecho, muchas veces, la persona que se queda sola es la que acaba muerta.

Lo contrario es igualmente cierto: la protección de nuestros iguales nos procura un gran consuelo. Es lo que explica por qué existen tantas películas de acción protagonizadas por grupos de personas que trabajan juntas, a menudo corriendo grandes riesgos, para salvar a otros individuos. Más allá de nuestra aversión natural a ser ignorados, nuestro cerebro se siente atraído por la idea de un grupo de personas muy unidas dispuestas a cualquier cosa para rescatar a otras. Es una fórmula infalible para un gran éxito de taquilla.

La exclusión duele en el alma

Incluso antes de llevar a cabo los experimentos con resonancias magnéticas funcionales, las investigaciones del efecto Cyberball llevaron a Kip Williams a realizar descubrimientos notables sobre cómo nos afecta psicológicamente la exclusión. Las conclusiones fueron bastante sorprendentes. En estudios realizados a lo largo de varias décadas, Williams y el resto de los investigadores descubrieron que la exclusión influye en nuestros sentimientos y pensamientos más íntimos sobre nosotros mismos. En concreto, señalaron que tres áreas importantes que suelen considerarse autosuficientes y sin ningún vínculo con nuestras relaciones interpersonales se ven, de hecho, afectadas por nuestro entorno social:

1. El sentido que le vemos a la vida.
2. Hasta qué punto creemos controlar nuestra vida.
3. Nuestra autoestima.

La exclusión hace que sintamos que no encajamos, lo que quizá es de esperar. Pero ¿por qué sentirnos rechazados habría de tener algún efecto en el sentido que le veamos a la vida, en la sensación de controlarla o en nuestra autoestima? ¿Todas esas cosas no tienen más que ver con el amor propio?

Resulta que ámbitos emocionales clave como los que atribuimos al amor propio se ven directamente condicionados por cómo nos tratan los demás; en concreto, se ven afectados negativamente cuando se nos excluye.

Las implicaciones de esos hallazgos experimentales son trascendentales para la vida cotidiana. Para fomentar el amor propio, es fundamental eliminar la exclusión, porque esta daña áreas emocionales esenciales que afectan a nuestra identidad personal. La exclusión tiene un impacto profundo en nuestros sentimientos más íntimos sobre nosotros mismos y sobre nuestra vida y repercute en aspectos de nuestro bienestar que podríamos imaginar únicamente relacionados con nuestra visión personal de nosotros mismos, sin ninguna relación con los demás. ¡Está científicamente demostrado que la inclusión nos conduce hacia el amor propio!

¿Qué hacer a partir de aquí?

Sentimos el dolor de la exclusión a lo largo de toda nuestra vida. Empieza cuando somos muy pequeños, incluso antes de que podamos hablar, y continúa hasta el final de nuestros días.

Lo vemos en los bebés que se ponen «celosos» cuando su padre y su madre interactúan entre ellos o con algún otro hermano. Lo vemos en los colegios, en el trabajo y en casa, e incluso puede dejar una huella duradera en las residencias geriátricas o de manera póstuma, por vía testamentaria.

La exclusión se cobra un precio terrible en todos los ámbitos de nuestra vida, tanto en el mundo digital como en el real. Provoca aislamiento y desconexión. Es más: afecta a la esencia de lo que somos, al influir en nuestra autoestima, en el sentido que le damos a la vida y en la percepción del control que tenemos sobre ella.

Tal como están las cosas, estoy convencido de que, por más que no te guste sentirte excluido, probablemente transijas a menudo con esa sensación en la vida. Seguro que has tenido amigos que en algún momento te han dejado de lado, y aun así no has sentido la necesidad de tomar medidas drásticas de la manera en que lo harías si hubieras recibido una amenaza física. Ni te das cuenta de hasta qué punto puede hacerte daño toparte en las redes sociales con una actividad de la que no has formado parte.

Pero párate a pensar un momento. ¿Qué pasaría si un amigo viniera y te diera un puñetazo en la cara? No creo que te dijeras: «Bueno, no pasa nada. Lo acepto y sigo adelante». Sentirías dolor y rabia y seguramente intentarías evitar a esa persona en el futuro. Sin embargo, desde el punto de vista del cerebro, no hay demasiada diferencia entre que te excluyan y que te den un puñetazo en la cara. El cerebro procesa el dolor físico y la exclusión social a través de circuitos de sufrimiento que se superponen, lo que explica por qué puede ser tan profundamente doloroso sentirse dejado de lado, rechazado o marginado.

Reflexiona sobre tu vida: es probable que hayas dejado que la exclusión se enquiste en muchas de tus relaciones con los demás. Si entiendes los efectos devastadores que la exclusión tiene en tu psique y el dolor que sin saberlo has estado infligéndote a ti mismo y has estado infligiendo a los demás, te darás cuenta de que no tienes por qué hacerlo ni por qué tolerarlo. Puedes optar por evitar el dolor social, igual que evitarías situaciones en las que corrieras peligro de sufrir un daño físico.

Una de las razones por las que parece que intentamos restarle importancia al dolor social (al menos de cara a la galería) es que nuestras normas culturales lo permiten. Cuando alguien no nos incluye en una actividad que organiza, aunque nos haya dolido, tenemos la sensación de que no debemos dejar que nos afecte; no es razonable esperar que vayan a invitarnos a todo. Lo mismo vale para las amistades de la escuela, las reuniones de trabajo, etcétera. Por eso, y aunque esto que digo te parezca cierto e importante ahora, corres el peligro de olvidarlo en las próximas semanas y meses.

Para evitarlo, en el apartado siguiente he resumido esta lección en tres breves puntos que podrás repasar siempre que necesites un recordatorio.

Repasemos lo que hemos aprendido sobre la exclusión

Tu cerebro vive la exclusión como algo muy desagradable, con efectos en lo más profundo de tu psique. La exclusión hace que:

- sientas que no encajas;
- creas tener menos control sobre tu vida;
- disminuya tu autoestima, y
- te parezca que la vida tiene menos sentido.

No te dejes influir por las normas sociales que toleran la exclusión o el rechazo. Únete a otros visionarios sociales. Sé una persona inclusiva y sal en busca de otras que lo sean contigo.

Si te desanima descubrir que eres especialmente sensible a la exclusión, no desesperes. Existe un antídoto muy sencillo contra ello, una forma de proteger tu cerebro de sus efectos nocivos y, al hacerlo, allanar el terreno hacia cambios seguros perdurables. Ese antídoto es lo que he dado en llamar «hiperconectividad» y es el tema del siguiente capítulo.

2

Una vida de PReDiCC: fomentar la hiperconectividad

Imagina que viajas en el tiempo, a la época en la que el *Homo sapiens* no era más que otra especie animal en el medio de la cadena alimentaria, desprovisto de lenguaje y de cualquier otra habilidad compleja, vulnerable a los ataques de los depredadores y que recorría la sabana africana, cazando y recolectando alimentos. No tienes casa, ni dinero, ni propiedades que merezcan ese nombre, salvo por los pocos objetos que llevas contigo cuando sales en busca de comida. Solo tienes a tu clan, el grupo de personas de las que dependes y con las que compartes la vida. Ahora imagínate que un día, de repente, las pierdes de vista. Seguro que se te desboca el corazón, que gritas y corres en todas direcciones, intentando restablecer el contacto. Sin la protección del grupo, eres de pronto una presa fácil para los depredadores que abundan.

No solemos pensar en la vida desde la perspectiva de un animal en el medio de la cadena alimentaria, pero, en muchos sentidos, nuestro cerebro emocional sigue estando allí. Y, desde ese punto de vista, las posesiones materiales, como las casas o las tarjetas de crédito, no son ninguna garantía de seguridad. Lo que te mantenía con vida en la sabana eran las personas que te rodeaban. Os avisabais mutuamente de los posibles peligros y juntas manteníais a los depredadores a raya. En ese contexto, tu nivel de conexión con los demás era tu activo más valioso. Cuantas más personas formaban parte de tu entorno, más «capital» social tenías y más seguro te sentías.

El apoyo mutuo no es un activo preciado solo entre los humanos. Un estudio de Alexis Earl, de la Universidad de Columbia, entre otros autores, observó que los estorninos soberbios (una especie de aves hipersociales que viven en la sabana africana) forman fuertes vínculos no solo con su familia, sino también con otros miembros de su especie con los que no están emparentados. Se ha llegado a ver a estorninos soberbios alimentar a los polluelos de «amigos» con los que no tenían ningún parentesco. De media, cada estornino tenía unos cinco amigos de ese tipo, pero algunos contaban hasta con dieciséis ayudantes que alimentaban a sus polluelos. Además, no esperaban una reciprocidad inmediata: las aves parecían confiar en que el favor sería devuelto a su debido tiempo. Los investigadores señalaron que, en entornos donde los recursos son escasos, ese tipo de cooperación contribuía a la supervivencia de la bandada entera.

La hiperconectividad es algo así como el reverso del experimento Cyberball; aquí, los dos jugadores le pasan siempre la pelota al participante y este, a su vez, se la devuelve a cada uno de

Una vida de exclusión versus una vida de hiperinclusión. El clásico experimento Cyberball, que conduce a la exclusión, frente al experimento Cyberball inverso, que conduce a la hiperinclusión.

ellos. El participante está, básicamente, hiperincluido. Quienes han estudiado la hiperconectividad han descubierto que tiene enormes beneficios. Cuantas más veces se lanza la pelota en nuestra dirección, más sentimos que tenemos el control de nuestra vida. Acabamos pensando que encajamos e incluso nos parece que la vida tiene más sentido. Pero va mucho más allá de eso: sentirnos conectados tiene un impacto profundamente positivo tanto en la mente como en el cuerpo y mejora nuestra memoria, nuestro estado de ánimo y nuestra salud física.

La conexión nos hace más listos, más felices y más sanos

Llegar a ser personas más seguras por medio de la conexión puede proteger drásticamente nuestro cerebro en el nivel biológico más fundamental. Dos estudios, uno de Joel Salinas, de la Universidad de Nueva York, entre otros autores, y otro de Isabelle van der Velpen, del Centro Médico Universitario Erasmus, y sus colaboradores, han analizado la relación entre el apoyo social y el volumen y las facultades cognitivas del cerebro. ¡Los estudios revelaron que, cuanto más conectadas estaban las personas, mayores eran su funcionamiento cognitivo y su volumen cerebral! Otros hallazgos sugieren que las sociedades cohesionadas socialmente promueven la felicidad y el bienestar, incluso frente a factores que podrían actuar en su contra. Por ejemplo, pese a su clima frío y sus recursos en cierto modo limitados, Islandia está entre los países más felices del mundo, año tras año, incluso en las épocas de recesión económica. Los sociólogos lo atribuyen a la cohesión social de su población y al apoyo que se prestan unos a otros.

Pero la sociabilidad no tiene consecuencias solo para el cerebro, sino también para el cuerpo. Multitud de estudios han descubierto que las personas socialmente conectadas disfrutan de una salud mejor. Muchas de ellas demuestran que la conexión proporciona una protección clara contra las enfermedades coronarias —la principal causa de muerte en Estados Unidos— y que, por el contrario, una falta de vínculos sociales puede incrementar el riesgo de obesidad o de hipertensión. Y, pese a ello, esa no es una información que los médicos suelan comunicar a sus pacientes.

Las relaciones sociales no solo nos protegen de las enfermedades coronarias. Un metaanálisis de Julianne Holt-Lunstad, de la Universidad Brigham Young, entre otros autores, que combinaba 148 estudios epidemiológicos en los que se examinaba a unas trescientas mil personas, descubrió que los vínculos sociales tienen un impacto mayúsculo en la longevidad. En los participantes con lazos sociales más fuertes se observó un espectacular descenso del 50 por ciento en el riesgo de mortalidad. La ventaja de los vínculos sociales en materia de supervivencia era aplicable a todos, independientemente de su edad, estado de salud o género. Fueran cuales fueran sus circunstancias, estar conectados los ayudaba a vivir más años.

Otro estudio destacado sobre los efectos perdurables de la conexión social en la salud fue el que llevó a cabo Sheldon Cohen, de la Universidad Carnegie Mellon, entre otros autores. Los investigadores expusieron deliberadamente a los voluntarios al virus del resfriado común y descubrieron que los que declaraban ser más sociables y estar más conectados tenían menos probabilidades de enfermar. ¡Como si su mayor nivel de conexión fortaleciera su sistema inmunitario y los ayudara a combatir el virus!

Está claro que la conexión es uno de los factores más importantes a la hora de determinar nuestra salud, tanto física como mental. Sin embargo, este potencial para la salud y el bienestar viene con una salvedad: como hemos descubierto en el capítulo 1, las experiencias sociales adversas y excluyentes pueden tener el efecto opuesto y ser perjudiciales para nuestra salud física y mental. Por lo tanto, cabe preguntarse: ¿cómo fomentamos la conexión en nuestra vida cotidiana? ¿Cómo nos aseguramos de que la mayor parte de las veces nos lancen la pelota?

La respuesta es esta: creando una vida de hiperconectividad.

PReDiCC: los cinco pilares de una vida segura y conectada

Si estar hiperconectados es una manera segura de alcanzar la felicidad y vivir una vida larga y llena de sentido, ¿cómo podemos estarlo? Parece un concepto escurridizo.

Durante mucho tiempo busqué una respuesta, una forma sencilla pero eficaz de estar hiperconectados. Me llevó un tiempo, pero, al profundizar en los circuitos neuronales del apego y el estrés, descubrí un conjunto de reglas que, si las sigues, te ayudarán sin duda alguna a sentirte más conectado y seguro.

Curiosamente, descubrí que estar conectado, desde el punto de vista del cerebro, no es algo tan intangible ni requiere demasiado esfuerzo. No significa que debas pasar horas abriendo tu corazón y manteniendo conversaciones desgarradoras. Tampoco tiene que ver con recibir montones de regalos o con hacérselos a los demás, ni con convertirte en inseparable de nadie.

El circuito neuronal del cerebro que determina si estás a salvo es básicamente un sistema de vigilancia que analiza la disponibilidad de las personas con las que te relacionas. Es como un radar que escanea constantemente tu entorno para detectar posibles cambios en tus conexiones. El circuito establece un estándar de disponibilidad para cada persona de tu vida y, si detecta un cambio en ese estándar, dispara una alarma —el sistema nervioso autónomo y los circuitos neuronales relacionados con el estrés— que te lleva a adoptar ciertas actitudes (lo que se conoce como comportamientos de protesta) para intentar reconectar con la otra persona. Si funcionan, todo vuelve a la normalidad; el sistema regresa al modo latente y tú sigues con tu vida. Si no funcionan, el sistema pasa a una fase de hiperactividad y tú puedes llegar a sentirte bastante incómodo, incluso frenético. Si la persona sigue mostrándose inaccesible pese a tus intentos por restablecer la conexión, los circuitos neuronales de tu cerebro acabarán rindiéndose y te descubrirás pensando cada vez menos en esa persona y hasta viéndola bajo una luz más realista o incluso negativa. En la jerga del apego, esto se llama «estrategias de desactivación».

¿Cómo conseguir que nuestro sistema interno de vigilancia social no sufra sobresaltos?

Es más fácil de lo que podría parecer. El truco está en evitar que se dispare la alarma de conexión del cerebro prestando atención a lo que he dado en llamar los cinco pilares de una vida segura: predictibilidad, reactividad, disponibilidad, confiabilidad y consistencia, o PReDiCC, para abreviar. Conseguir que tus interacciones con los demás sean PReDiCC evita que tu radar y el radar de las personas con las que interactúas sufran sobresaltos y te permite crear un entorno hiperconectado. Con ello das forma a una vida en la que tú y las personas que te rodean os pasáis activamente la pelota unos a otros, sin interrupciones dolorosas que desestabilicen ningún cerebro.

He desglosado a continuación lo que significa ser PReDiCC.

Consistencia

La constancia es crucial para la seguridad en el apego. Un ritmo regular proporciona consuelo, no solo a los bebés, sino también a los adultos. Para que haya conexión es importante mantener un nivel de interacción constante con las personas de tu vida. Una vez establecido un estándar, como llamar una vez al día, una vez a la semana o una vez al mes, el circuito neuronal del apego se acompasa a ese ritmo. Cualquier cambio repentino —como un descenso de la frecuencia o un silencio absoluto— puede disparar una alarma psicológica.

Disponibilidad

Tú tomas mentalmente la decisión de estar ahí para las personas de tu vida cuando te necesitan. Eso significa aceptar el compromiso personal de seguir en contacto y asumir cierta responsabilidad en relación con su bienestar emocional y físico. Sin esa decisión es difícil pasar a la siguiente fase de PReDiCC: la reactividad.

Reactividad

Ser reactivo es la consecuencia más sencilla y práctica de estar disponible. Se trata de que, cuando los demás se comunican contigo, respondas de la forma más rápida y consistente que puedas. Si te has comprometido plenamente a estar disponible, es algo que te resultará fácil hacer y que puede incluso proporcionarte cierta satisfacción altruista, porque consigues que las personas que forman parte de tu vida sepan que pueden contar contigo. Es lo más noble que puede hacerse desde la perspectiva del apego.

Quizá creas que eres ReDiC, pero, a menos que la otra persona te confirme que te ve como alguien predecible y confiable, tu trabajo no ha terminado. Ser PReDiCC no es una experiencia individual: es algo que se desarrolla en la interacción entre dos personas.

Para estar seguro de que de verdad eres una persona ReDiC, debes determinar si es así como te perciben los demás. Comprobarlo implica utilizar un proceso de verificación en dos pasos y preguntarle a la otra persona si te ve como alguien confiable y predecible, es decir, si eres PReDiCC.

He aquí la explicación de la verificación en dos pasos y de las dos letras del acrónimo que faltan.

Confiabilidad

Ser confiable significa que la otra persona sienta que puede contar contigo de forma constante, disponible y reactiva. Eso consolida tu comportamiento ReDiC y le hace saber al sistema de apego de los demás que esa proximidad va a mantenerse. Ayuda a que se sientan seguros de que no desaparecerás emocionalmente, de que no les fallarás y de que no los tendrás preguntándose qué es lo que quieres de ellos.

Predictibilidad

Les asegura que no les darás la desagradable sorpresa de desaparecer sin previo aviso. ¡Te mantienes firme en tu compromiso ReDiC! Tu manera de actuar de ayer es la que pueden esperar también mañana.

La predictibilidad puede tener una connotación negativa en la jerga cotidiana. «Siempre igual», podrías decir, poniendo los ojos en blanco, sobre alguien que nunca paga lo que le corresponde. Pero no te equivoques: desde la perspectiva de tu cerebro, sobre

Los cinco pilares de una vida segura

Predictibilidad	La otra persona es capaz de anticipar tus acciones. No hay sorpresas desagradables: ni desapariciones repentinas *(ghosting)* ni otros comportamientos erráticos o súbitos; y el efecto Cyberball y el del rostro inexpresivo brillan por su ausencia.
Reactividad	Cuando la otra persona se pone en contacto contigo, tú respondes.
Disponibilidad	La otra persona puede contar contigo cuando lo necesita.
Consistencia	Mantienes el mismo nivel de implicación a lo largo del tiempo, sin fluctuaciones.
Confiabilidad	La otra persona siente que puede contar con que seas consistente, estés disponible y respondas cuando se dirija a ti.

todo en el contexto de PReDiCC, la predictibilidad es importante en la búsqueda de un apego más seguro. Tu circuito neuronal del apego, tu radar de seguridad, se activa ante lo impredecible; y, para ser una persona segura, debes mantenerlo a raya. Y eso es algo que consigues asegurándote de que las personas que te rodean y tú mismo actuáis de una manera ReDiC predecible. No significa que no puedas organizarle una fiesta de cumpleaños sorpresa a alguien —eso está muy bien—, sino que no puedes actuar un día de una forma y otro día de otra respecto a alguien sin previo aviso. La disponibilidad variable es una forma infalible de boicotear tu búsqueda de la hiperconectividad para ser una persona más segura.

Construir una tribu segura

Establecer conexiones sociales más seguras es más fácil de lo que te imaginas. Solo tienes que seguir el diagrama de flujo de la página 54 y, con el tiempo, serás capaz de afinar tu entorno social hasta el punto de sentirte una persona con un apego fundamentalmente seguro.

Empieza haciendo un inventario de tus relaciones. Elabora una lista de las personas que forman parte de tu vida. Luego examínalas una a una. ¿Son PReDiCC? Si lo son, estupendo. Puedes, y deberías, potenciar tus interacciones con ellas para formar una red social hiperconectada y cosechar todos los beneficios que he descrito en este mismo capítulo.

Pero ¿qué pasa con esas personas de tu vida que no son PReDiCC? Ahí es donde deberás esforzarte un poco más y realizar lo que yo llamo una «intervención PReDiCC». Una intervención de ese tipo consiste en intentar que otras personas de tu vida se unan a tu tribu segura. Las abordas y compartes con ellas la importancia de ser PReDiCC, con la esperanza de que se muestren receptivas. Si tienes un amigo que ignora constantemente tus mensajes, puedes pedirle que sea más reactivo. Si sientes que alguien te está excluyendo de ciertas actividades, puedes hacerle saber que te gustaría que te incluyera. Por medio de intervenciones pequeñas, concretas y factibles podrás ayudar a esas personas a entender la importancia de ser PReDiCC en la vida y los sencillos pasos que podrían dar para unirse a la revolución PReDiCC. Es algo con posibilidades de tener un impacto profundo en los demás. Les ofrece la oportunidad de encontrar un núcleo seguro en su interior y empezar a expresarlo también en su propia vida.

Si tu intervención ha funcionado, ¡enhorabuena! Un fan de PReDiCC más. Dale a esa persona un poco de tiempo para que no haya dudas de que perseverará en ese nuevo enfoque y concédele un hogar permanente en tu tribu segura. No obstante, si tu intervención no ha funcionado, deberás reducir la intensidad de vuestras interacciones y relegar esa relación a un segundo plano, para que no tenga prioridad en tu vida. Eso debería resultar relativamente fácil si estás ocupado prestando la máxima atención a todas las personas PReDiCC a las que hasta ahora habías dejado de lado por culpa de la energía que dedicabas a quienes no lo eran.

Puede que haya personas clave en tu vida que no sean PReDiCC y que no tengas más remedio que seguir relacionándote con ellas. Tal vez sean un padre o una madre, un hijo o una hija, un hermano o una hermana, alguien de tu trabajo o, sencillamente, una persona a la que no puedas dejar de lado. Aquí es donde deberás recurrir a tu perspicacia y creatividad para idear una versión de PReDiCC que funcione para esa relación en concreto. Explicaré a continuación lo que hizo Michelle con sus dos hijos universitarios.

Cuando Michelle llamaba a sus hijos, ellos la ignoraban o contestaban enfadados, lo cual le dolía en lo más hondo. Se lo había dado todo a aquellos chicos y, ahora que ya no vivían en casa, ¿así se lo pagaban?

Entonces se le ocurrió una idea. Sus hijos estaban siempre mirando el móvil, así que ¿por qué no intentar conectar con ellos por ese medio? Puso en marcha un grupo familiar en la plataforma digital favorita de los chicos y empezó a compartir fotos graciosas del perro de la familia y otras publicaciones ligeras y divertidas. Los agregó también a su círculo de amigos en una aplicación para hacer deporte, donde todos podían ver la actividad que practicaban los demás.

Se estableció un ritmo de conexión diaria constante: pasos realizados, rutinas de ejercicios y retazos de la vida de los demás. Todo ello sin necesidad de hablar demasiado.

Por medio del grupo privado y del seguimiento compartido de sus actividades físicas, Michelle creó una sensación de hiperconectividad diaria. Redefinió el marco de intercambio de información con sus hijos para mantener intacto el lazo del apego.

Todo el mundo quejándose de que las redes sociales impiden establecer conexiones reales, bromeaba Michelle con su mejor amiga, y para ella habían tenido el efecto contrario. Sentía que la habían acercado a sus hijos, porque le permitían comunicarse con ellos a diario.

Michelle hizo otras dos cosas: dejó casi por completo de llamar a sus hijos, porque sabía que era probable que la ignoraran y que eso le dolería, y se esforzó por estar disponible durante las horas en las que ellos solían llamarla. Quizá te parezca que estaba dejándose pisar por sus hijos, pero, para ella, se trataba de mantener el contacto con ellos de un modo que no activara su sistema de apego ni la hiciera sentirse rechazada. Encontró una manera de sentirse cerca de sus hijos sin sufrir las consecuencias de un desprecio.

Aunque PReDiCC es un concepto que no tiene ningún misterio, ponerlo en práctica puede ser más difícil para las personas con un estilo de apego inseguro. Si ese es tu caso, encontrarás más detalles sobre cómo implementar PReDiCC en tu vida en la segunda parte de este libro. Por ahora, en cualquier caso, quiero que veas PReDiCC como una forma de adoptar una posición más segura en tus interacciones diarias. PReDiCC es, en resumidas cuentas, una forma segura de otorgarles tu atención a las personas importantes de tu vida.

Simone Weil, una filósofa francesa considerada una de las pensadoras más originales y apasionadas del siglo XX, dijo en una ocasión: «La atención es la forma más rara y pura de generosidad». Estoy completamente de acuerdo. PReDiCC es una manera estructurada de dar rienda suelta a esa forma de generosidad en nuestra vida cotidiana.

Diagrama de flujo para construir una tribu segura*

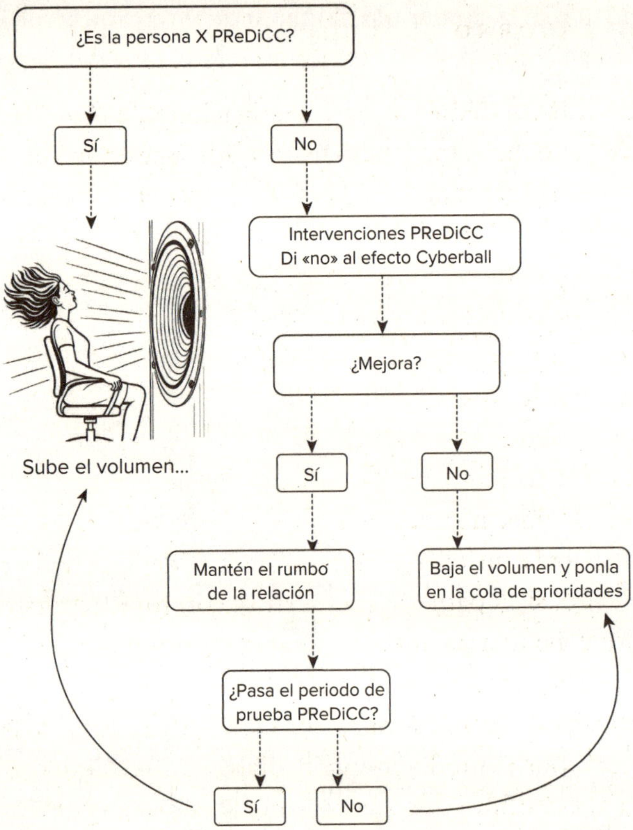

* PReDiCC = Predictibilidad, reactividad, disponibilidad, consistencia y confiabilidad.

3

Neuroplasticidad: la ciencia (y el arte) de las IMAI

El efecto transformador de un entorno seguro

En las últimas décadas, las investigaciones, tanto en animales como en seres humanos, han demostrado que estar inmerso en un entorno enriquecedor y seguro puede tener un efecto sanador transformativo. Ese es el tipo de entorno en el que Eric, un íntimo amigo y compañero de trabajo, se vio casi por casualidad.

Eric se crio con un padre muy severo que lo castigaba por hacer cualquier cosa que a él le pareciera que estaba mal, y muchas cosas se lo parecían. Por ejemplo, cuando la madre de Eric lo apuntó a unas clases extraescolares que no le gustaron y quiso dejarlas, las críticas arreciaron. Su padre le decía: «No llegarás a nada en la vida; nunca acabas lo que empiezas. Eres un inútil».

Eric tenía un talento natural para el deporte y destacaba en todos. Pero, si su padre lo veía vestirse con ropa deportiva o coger una raqueta o una pelota para jugar con sus amigos, no tardaba en burlarse: «No vas a hacer deporte de verdad. Es todo apariencia». Lo criticaba de forma similar por cómo pedía comida en un restaurante o por el modo en que hablaba con sus amigos. Nada escapaba al escrutinio de su padre, que le dedicaba comentarios denigrantes casi a diario.

La madre de Eric, una mujer en general cariñosa y que apoyaba a su hijo, parecía sentirse impotente cuando ocurría eso y se retraía a un segundo plano. «No lo provoques», le decía a Eric, como si llevar ropa para hacer deporte fuera una provocación. «Pero si no lo hago», replicaba Eric, en vano. Daba igual cuántas veces le dijera a su madre lo doloroso que le resultaba su distanciamiento: cada vez que su padre la tomaba con él, lo ninguneaba para que no se enfadara también con ella. Eric era un chico alegre y sociable y un estudiante excelente, pero los comentarios humillantes de su padre y el distanciamiento de su madre le pasaron factura. Con los años, Eric se fue apartando de sus amigos y dejó de practicar los deportes que le gustaban. De hecho, en cuanto entraba a la pista de atletismo o a la de baloncesto, oía la voz burlona de su padre como un eco en la cabeza y notaba cómo se le escapaba la energía del cuerpo. Se quedaba quieto, paralizado, incapaz de moverse.

En la universidad, una compañera suya de clase empezó a ir a terapia y le resultó tan útil que convenció a Eric para que fuera también. «Tienes que ir a ver a esta mujer. Es fabulosa», le decía su amiga. Eric ni siquiera estaba seguro de necesitar terapia, pero le picó la curiosidad y decidió probar.

Deborah era una profesora universitaria jubilada que se había hecho terapeuta ya con una cierta edad, tras recuperarse de un cáncer. Al principio, Eric se mostró suspicaz y cauteloso durante la terapia, pero cambió pronto de actitud. Deborah era cariñosa y transmitía calidez. Había algo en ella que desarmó a Eric de inmediato. Mostraba la misma amabilidad e inteligencia que la madre de Eric, pero, a diferencia de ella, Deborah era fuerte, sensata y decidida, y se mostraba poco dispuesta a que nadie dictara sus acciones o decisiones. Con una actitud resueltamente protectora, animaba a Eric a llamarla si le parecía que algo no iba bien. «¿Por qué tienes que gestionar tú solo las emociones difíciles —le decía— si puedes llamarme y hablar conmigo cinco minutos y sentirte mejor?» Cuando Eric le explicó el lema de su padre —«cuenta solo contigo mismo y no dependas de nadie más»—, ella lo desestimó con un gesto. «Vaya tontería —dijo—. Vivimos en una sociedad humana; nuestra existencia entera depende de la confianza y la cooperación.» Cuando a Eric le costaba entrenar, allí estaba Deborah. «¿Por qué deberías correr solo? Yo voy contigo a tu próximo entrenamiento», decía, y efectivamente allí estaba y corrían juntos. Deborah integró con total naturalidad un enfoque conductista para ayudar a Eric a sobreponerse a una barrera emocional contra la que había luchado durante años.

Poco a poco, Eric empezó a cambiar. Pasó de ser una persona calculadora y siempre a la defensiva con quienes lo rodeaban a actuar de forma más natural y sin tantas reservas. Sus relaciones se hicieron más profundas, logró silenciar la voz áspera que había adoptado, a imitación de la de su padre, para hablarse a sí mismo y comenzó a sentirse más feliz. Eric le atribuye a Deborah su éxito en la vida, su paz mental y su renovado aprecio por sí mismo, además de un amor renovado por cualquier tipo de actividad física. Ahora va al gimnasio, hace natación, sale a correr, va en bicicleta... No hay deporte que no practique, porque no hay voces descorazonadoras que lo retengan.

Sin saber gran cosa sobre neurociencia, Deborah, una terapeuta con un talento natural para su oficio, entendió de forma intuitiva que la hora de terapia podría no bastar para generar un cambio radical en el cerebro de Eric. Así que lo rodeó de un entorno seguro y enriquecedor, le pidió que la llamara en los momentos de desánimo para poder ayudarlo e incluso salió a correr con él para que se sobrepusiera al obstáculo psicológico que le impedía hacerlo. El entorno seguro y propicio que Deborah le proporcionó a Eric contribuyó a transformar su cerebro e hizo que pasara de ser una persona cauta y desconfiada a un hombre abierto y cariñoso.

El maleable cerebro social

La especie humana es una de las más adaptables que existen. Podemos habitar en casi cualquier nicho ecológico del planeta, del Sáhara al Polo Norte. Podemos incluso pisar la Luna, y no en virtud de nuestra aptitud fisiológica, sino por nuestra capacidad de formar conexiones sociales altamente complejas y de cooperar para encontrar la forma de sobrevivir incluso en los climas más hostiles. Un ejemplo llamativo de ello es la erradicación en todo el mundo de la viruela, una enfermedad devastadora que se calcula que se ha cobrado quinientos millones de vidas a lo largo de la historia y que ha contribuido a la aniquilación de muchas comunidades indígenas. Un esfuerzo internacional sin precedentes que se prolongó durante décadas llevó a los profesionales sanitarios a cruzar fronteras, zonas de guerra y barreras lingüísticas para vacunar a toda la población. En 1980, la Organización Mundial de la Salud declaró erradicada la viruela, la primera y única enfermedad humana que hemos logrado hacer desaparecer de la faz de la tierra.

En su libro *Sapiens*, que explica la historia del auge de la civilización humana, Yuval Noah Harari sostiene que nos convertimos en la especie dominante que somos hoy por nuestra inigualable capacidad para colaborar en grandes grupos y crear instituciones sociales complejas. Desde una perspectiva neurocientífica, dado que la colaboración es nuestra principal fortaleza, hemos evolucionado hasta crear un intrincado repertorio de interacciones sociales y hemos desarrollado circuitos neuronales sociales que son mucho más versátiles y complejos de lo que la mayor parte de nosotros somos conscientes. Nuestras redes neuronales responden y se adaptan constantemente a las situaciones sociales en perpetuo cambio y nuestras interacciones sociales diarias siguen conformando y cambiando nuestro cerebro, reconfigurando quienes somos en un plano biológico fundamental.

Como hemos visto en el capítulo 2, las experiencias sociales positivas son también enormemente beneficiosas para nuestro organismo. Los estudios demuestran que las personas que reciben un reconocimiento social, como los premios nobel o los medallistas olímpicos, tienden a vivir más años.

La buena noticia es que no hace falta ser medallista olímpico o premio nobel para obtener esos beneficios. Las relaciones cercanas y provechosas pueden tener un impacto profundo en nuestra salud y en nuestra longevidad. E incluso aunque a lo largo de nuestra vida hayamos tenido que enfrentarnos a la adversidad, como le ocurrió a Eric con su padre, nuestro cerebro puede cambiar y sanar cuando nos sumergimos en un entorno seguro.

Con una salvedad: lleva tiempo convencer al cerebro de que el entorno ha cambiado, sobre todo si esas experiencias tempranas fueron particularmente duras o castrantes. Por ejemplo, varios estudios realizados en roedores revelan que existe una diversidad de estilos de crianza entre las madres rata: algunas lamen y acicalan a menudo a sus crías y las atienden con frecuencia, mientras que otras las lamen y acicalan mucho menos. Esos distintos estilos de maternidad condicionan el comportamiento de las crías. Las cuidadas por madres que las lamen y acicalan con frecuencia son, al crecer, más intrépidas y curiosas, y sufren menos ansiedad. Tienden, además, a ser a su vez madres que lamen y acicalan a sus crías. En cambio, las cuidadas por madres menos lamedoras y acicaladoras son más tímidas y ansiosas y, al crecer, las hembras tienden a repetir ese mismo patrón de menor cuidado con sus crías.

Lo destacable es que esa diferencia está relacionada con cambios en el cerebro. En las crías a las que se acicala de forma frecuente, determinados «marcadores» moleculares* desaparecen del ADN en el hipocampo.** Esa desaparición incrementa la expresión de los receptores de glucocorticoides, los sensores cerebrales para las hormonas del estrés. Como resultado, esas ratas crecen menos ansiosas y más seguras de sí mismas. Las experiencias vitales tempranas, por lo tanto, dejan literalmente una huella molecular en el cerebro.

* La metilación del ADN, un tipo de interruptor que se añade al ADN y activa o desactiva genes.

** Una región del cerebro crucial para la memoria, el aprendizaje y la gestión del estrés.

La pregunta es: ¿puede esa biología cambiar más adelante en la vida? Bajo las condiciones adecuadas, sí. En un experimento, Debora Cutuli, de la Universidad Sapienza de Roma, y sus colaboradores utilizaron ratas hembra adolescentes destinadas a convertirse en madres poco lamedoras y acicaladoras y las colocaron en un entorno enriquecedor, algo así como un hotel de cinco estrellas para ratas. Se trataba de un recinto espacioso y estimulante, lleno de juguetes y de ruedas para correr y de ratas hembra acogedoras que permanecían juntas y se acicalaban entre ellas constantemente. («Dormían literalmente una encima de otra y se acicalaban y jugaban el día entero», me contó uno de los investigadores). Al cabo de un mes —lo que no es poco en la vida de una rata— esas futuras madres poco cuidadoras se transformaron. Mostraron un repunte en la densidad del receptor de oxitocina del cerebro, lo que incrementó su propensión al apego, y cuando se convirtieron en madres mostraron un comportamiento extremadamente lamedor y acicalador. Es más: sus hijas también. El cambio se mantuvo durante generaciones.

De modo que, si al cerebro se le proporcionan las condiciones adecuadas con regularidad, es posible superar incluso el condicionamiento de la infancia y convertirse en una persona más segura. Los estudios revelan también que el entorno adecuado puede hacer surgir nuevas neuronas en el cerebro de los roedores y en el de los primates no humanos, en un fenómeno llamado «neurogénesis». ¿El truco para que el cerebro se vuelva más seguro? Sumergirse a lo largo de periodos de tiempo prolongados en pequeñas pero muy beneficiosas interacciones cotidianas.

El entorno seguro y el arte de sanar

Vivir en un entorno seguro tiene un efecto sanador poderoso. Le ocurrió a Ava, una buena amiga de mi familia.

Una mañana de agosto, el marido de Ava se desplomó en el suelo. Todos los intentos de reanimarlo, tanto por parte de su mujer como de los paramédicos que no tardaron en llegar a su casa, fracasaron, y lo declararon muerto por lo que parecía un infarto agudo de miocardio. A Ava, durante mucho tiempo, le costó asimilarlo. Pasó de estar desayunando, tomando café y hablando de las noticias con su marido a que este muriera, en cuestión de segundos. A veces se despertaba e instintivamente miraba el lado de la cama que solía ocupar su marido, esperando encontrarlo allí. Otras veces creía oírlo llegar por el camino de la entrada o atravesar quedamente la habitación de al lado, para acto seguido recordar que se había ido y hundirse en la desesperación. La tristeza y la rabia la embargaban y a ratos se sentía aletargada, como desconectada del mundo que había conocido hasta entonces. A veces pasaba días sin hacer gran cosa. No ayudaba que Ava viviera en un pueblo en el que todos los conocían a los dos.

Un día, decidió que necesitaba cambiar de aires si quería superar el duelo; sencillamente, no podía seguir viviendo en la casa que su marido y ella habían compartido. Hizo las maletas y se fue a vivir a la otra punta del país, a un barrio tranquilo lleno de jardines y de vegetación. Se levantaba cada mañana con el piar de los pájaros en el patio trasero y desde la cama veía los rayos de luz colándose entre los árboles.

Al cabo de pocas semanas, Ava se acercó al centro cívico más próximo. Estaba a punto de empezar una clase de yoga y se sorprendió a sí misma apuntándose. Al pasar de una asana a otra con los demás alumnos de la clase, se encontró dejándose guiar por la respiración, tal como indicaba la profesora. Eso la ayudó a sentirse un poco mejor. Al finalizar la clase, varias mujeres se acercaron a saludarla. Ninguna conocía su historia; tampoco se la preguntaron. Estaban siendo agradables porque sí, no porque se compadecieran de ella. Aquello fue un soplo de aire fresco.

Le hablaron de otras clases del centro a las que valía la pena asistir y le propusieron que fuera a comer con ellas. Se sintió bienvenida e incluida. Y era solo el principio. A lo largo de las semanas siguientes, empezó a aventurarse fuera de casa cada vez más. Ava descubrió algo de lo más curioso: todas las personas, literalmente todas, con las que se cruzaba la saludaban y le sonreían. Y no solo los peatones; también quienes pasaban en coche la saludaban. Las primeras veces aquello la descolocó. Incluso miró hacia atrás por encima del hombro para ver si saludaban a otra persona. Pero pronto se dio cuenta de que era lo normal allí. En aquella comunidad te saludaban hasta los desconocidos. Al cabo de un tiempo, una mañana se despertó y se sintió invadida por una sensación inesperada: un sentimiento espontáneo de bienestar y felicidad inexplicables.

Sin ser consciente de ello, Ava había creado un entorno enriquecedor para sí misma que la ayudó a sobreponerse al dolor y a sanar. Si te fijas bien en la historia de Ava, verás que su entorno enriquecedor lo formaron muchas pequeñas interacciones que, al repetirse a diario, cambiaron su vida a mejor. He dado en llamar a esas pequeñas interacciones «interacciones menores aparentemente insignificantes», o IMAI, para abreviar. De lo que muchas personas no se dan cuenta es de que nuestras IMAI, las que escapan a menudo a nuestra atención porque creemos que no tienen mayor trascendencia, son, en realidad, de una gran importancia en el proceso de transformar nuestro cerebro y nuestra vida en el camino hacia un apego más seguro.

Las interacciones menores aparentemente insignificantes (IMAI) de la vida cotidiana

A menudo, cuando alguien busca ayuda profesional para sobreponerse a una dificultad emocional y social, piensa en ponerse a revisar con un terapeuta sus primeros años de infancia como principal método de curación y cambio. Pocas veces presta demasiada atención a los pormenores de sus interacciones sociales cotidianas. Pero, desde el punto de vista del cerebro, las pequeñas interacciones que tenemos con los demás, no en el pasado, sino en nuestra vida actual y cotidiana —ya sean interlocutores cercanos (parejas, amigos y familia) o simples compañeros de trabajo, conocidos o personas con las que nos cruzamos en la calle— pueden ser un medio muy eficaz para conseguir una transformación radical. De hecho, tomar las riendas de las IMAI de nuestra vida cotidiana puede provocar ese cambio.

Los estudios neurocientíficos revelan que las IMAI tienen la capacidad de moldear y reconfigurar nuestro cerebro infinidad de veces. Pueden fortalecer los circuitos neuronales preexistentes o superponerse a ellos para abrir nuevos caminos. Las IMAI positivas nos brindan la oportunidad de superar adversidades pasadas, puesto que las nuevas experiencias se superponen a las antiguas. Por el contrario, las IMAI negativas pueden solidificar aún más las experiencias relacionales pasadas que no nos ayudaron entonces y no nos ayudarán ni ahora ni en el futuro. Cada IMAI positiva es una oportunidad para el cambio neuroplástico, lo que significa que la IMAI adecuada tiene el potencial de modificar el cerebro en el nivel molecular más fundamental y ayudarnos a vivir una vida más enriquecedora y satisfactoria.

Mientras que la mayoría de los animales, movidos sobre todo por el instinto, tienen un control muy limitado sobre cómo y con quién interactúan, los seres humanos disponen de un mayor grado de libertad. En nuestra sociedad actual, no tenemos por qué quedarnos en una empresa o un trabajo concretos, ni en ninguna relación —ya sea romántica, familiar o platónica— perjudicial para nuestro cerebro. Podemos abandonar un entorno social y probar suerte en otro. Y podemos intentar cambiar determinadas dinámicas en un contexto social preexistente, lo que, en caso de conseguirlo, puede suponer una mejora drástica de nuestro bienestar y nuestra felicidad.

Cuando las IMAI no son PReDiCC: la terapia que no era terapéutica

Gerry acudió a mí para aprender a impartir terapia de imprimación segura. Durante una de nuestras sesiones, me explicó una experiencia que se remontaba a diez años atrás. Él era, por aquel entonces, residente de Psiquiatría y había decidido que quería dedicarse al psicoanálisis, lo que implicaba embarcarse en su propio proceso psicoanalítico durante al menos un año, con sesiones cuatro veces por semana, tumbado en el diván y explicando lo primero que le viniera a la cabeza.

Gerry acudía a la consulta de un psicoanalista de mucho renombre y muy respetado en un edificio señorial de Park Avenue, en el Upper East Side de Manhattan. Todos los días de la semana, salvo los viernes, Gerry se daba prisa para completar sus tareas en su hospital, en el West Side, a fin de salir con tiempo suficiente para coger el metro hasta el centro de la ciudad y desde allí un autobús abarrotado que le permitiera llegar puntual al East Side.

En aquella sesión, Gerry me contó un detalle del comportamiento de su terapeuta que lo desconcertaba mucho. Se removió incómodo en la silla y dudó durante unos segundos antes de explicarme que aquel reconocido psicoanalista no se tomaba los tradicionales diez minutos de descanso por hora entre pacientes, sino que encadenaba una sesión tras otra, lo que significaba que siempre llegaba varios minutos tarde a sus sesiones con Gerry. Cuando era puntual, lo era a expensas del paciente anterior. Inevitablemente, Gerry u otra persona salían perdiendo.

Cuando Gerry le dijo al psicoanalista que le incomodaba su continua tardanza, él le quitó importancia con un gesto con la mano. «¿Qué más da? —dijo—. Mis sesiones duran unos cuarenta y cinco minutos; a veces un poco más y a veces un poco menos, pero es una cuestión de minutos. Al final, lo que se pierde un día se gana al otro.»

Sin embargo, para Gerry, aquello no era una minucia. Se pasaba el día corriendo para salir del trabajo con tiempo suficiente para llegar puntual a su sesión, y todo para acabar sentado en la sala de espera preguntándose cuándo empezaría esta vez. Y aquello pasaba casi cada día. Al final dejó de acudir a aquel especialista y decidió no formarse como psicoterapeuta.

En nuestra sesión, Gerry y yo debatimos de qué manera el psicoanalista no había conseguido proporcionar todos los pilares básicos PReDiCC de seguridad. Aunque la sesión empezaba solo unos minutos tarde, ese detalle no dejaba de ser importante. Quería decir que el terapeuta no estaba disponible de forma consistente, ni era confiable, y que la hora de inicio de la sesión era impredecible. Además, cuando Gerry le sacó el tema (lo que no dejaba de ser una intervención PReDiCC), tampoco se mostró reactivo.

El psicoanalista de Gerry también había ignorado una regla esencial de la psicoterapia en relación con el marco terapéutico. Desde los tiempos de Sigmund Freud, se ha remarcado siempre la importancia de crear un espacio terapéutico seguro para los pacientes, empezando por una estructura de sesiones en la que la consistencia y la puntualidad sean fundamentales. Sin eso, aseguraba Freud, el tratamiento serviría de poco. Pese a que Freud no conocía la neurociencia detrás de las IMAI y que la teoría del apego surgió mucho después de su era, él y sus discípulos intuyeron, con su aguda comprensión clínica y su maestría, la importancia de las IMAI PReDiCC para el bienestar del cerebro del paciente. En mis sesiones con Gerry me esforcé por ser siempre puntual, lo cual le permitió experimentar IMAI PReDiCC seguras que contrarrestaron su anterior experiencia negativa, que se le había enquistado en la mente desde la residencia. El propio Gerry ha utilizado esas mismas IMAI positivas para crear un espacio terapéutico seguro —una base segura— también para sus pacientes.

Incluso algo tan insignificante como ser puntual o realizar un gesto de reconocimiento con la cabeza es importante para el cerebro. Esto es una buena noticia, porque podemos conseguir un efecto enorme introduciendo pequeñas IMAI positivas en nuestra vida.

LAS OPORTUNIDADES PARA LAS IMAI SEGURAS ESTÁN POR TODAS PARTES

Tú también puedes sacar provecho de las IMAI seguras para enriquecer tu entorno social. Piensa en esas IMAI como en joyas ocultas diseminadas a lo largo de tu día, momentos pequeños y significativos que esperan a que los descubran. Puede haber una IMAI en cualquier sitio: tal vez con la persona con la que te cruzas en el ascensor de camino al trabajo, el camarero de tu cafetería preferida o la representante de atención al cliente con la que hablas por teléfono. Basta con un simple gesto de saludo o un tono amable al teléfono. Al reconocer la presencia de las personas que te rodean, enriqueces tanto tu vida como la suya y contribuyes a impulsar la revolución segura. ¿Y si no responden del mismo modo? No importa. No es más que un pequeño revés: te lo tomas con filosofía y pasas a la siguiente persona que sí lo hará. No todo el mundo forma parte aún de la revolución de las IMAI. En cualquier caso, las IMAI positivas son una forma de obtener tu dosis diaria de hiperconectividad para mejorar tu autoestima. Hacen que sientas que la vida vale la pena, además de proporcionarte una sensación de control sobre tu existencia, como hemos visto en el capítulo 2.

Las IMAI seguras pueden ayudar al cerebro a cualquier edad

En 1949, Donald Hebb, uno de los pioneros del campo de la neurobiología, observó que las ratas del laboratorio que de vez en cuando se llevaba a casa para que sus hijos jugaran con ellas y luego devolvía a sus jaulas puntuaban mejor en tareas cognitivas, como encontrar la salida de un laberinto para conseguir un premio en forma de comida. Lo atribuyó al hecho de que la estimulación en casa con sus hijos, a diferencia de la vida rutinaria en una jaula del laboratorio, mejoraba la memoria y la capacidad de aprendizaje de las ratas. Se trata de una de las primeras menciones de lo que luego se ha denominado «enriquecimiento ambiental»: el hecho de que determinados tipos de entorno pueden ser beneficiosos para el cerebro.

Desde la observación de Hebb, múltiples estudios sobre varias especies, entre ellas el ser humano, han llegado a conclusiones similares, lo que ha provocado todo un nuevo enfoque de la educación infantil que hace hincapié en proporcionar a los niños estímulos favorables al desarrollo cerebral. Inicialmente se creyó que ese enriquecimiento ambiental era importante durante periodos críticos del desarrollo infantil y que, una vez que una persona alcanzaba la edad adulta, el cerebro permanecía básicamente inmutable y había pocos cambios posibles, pero investigaciones más recientes revelan que los entornos enriquecedores pueden alterar el cerebro de un modo beneficioso también en la edad adulta.

El enriquecimiento no tiene por qué limitarse a la interacción social. También puede proceder de retos que estimulen el cerebro, como aprender una nueva habilidad. En experimentos en los que a los participantes se les enseñaba a hacer malabares, tanto adolescentes como personas de la tercera edad mostraron un aumento de la materia gris en áreas del cerebro relacionadas con el movimiento, el aprendizaje y la memoria. Sin duda los jóvenes mostraron una mayor destreza y aprendieron a hacer malabares de manera más competente, pero los mayores también lo asimilaron, aunque a otro ritmo. ¡Lo principal es que participar en el estudio y aprender a hacer malabares proporcionó a las personas de la tercera edad un entorno enriquecedor que trajo cambios positivos a su cerebro!

Eso demuestra que el enriquecimiento sigue reconfigurando el cerebro hasta bien entrada la edad adulta. Y cuando ese enriquecimiento proviene de nuestro entorno social —en forma de conexiones seguras y beneficiosas— los efectos pueden ser aún más profundos. De hecho, estudios realizados por Nathan Hudson, de la Universidad Metodista del Sur, entre otros autores, revelan que ya solo aprender sobre los estilos de apego y los rasgos seguros puede ayudar a los adultos a lograr, con el tiempo, un apego más seguro.

Crear IMAI seguras

¿Cómo se crean IMAI beneficiosas para el cerebro y la vida? Si ya has empezado a rechazar el efecto Cyberball y aceptar el PReDiCC, vas por el buen camino.

El principal aprendizaje que espero que te lleves de esta primera parte del libro es que cambiando nuestro entorno social podemos transformar el cerebro y mejorar nuestra vida. Podemos crear nuestro propio «entorno social enriquecedor» en el que vivir el día a día sintiéndonos a salvo y seguros. Las herramientas que encontrarás a lo largo de este libro te ayudarán a eliminar posibles obstáculos inseguros y a desarrollar una mayor seguridad, IMAI a IMAI. Puedes empezar ahora mismo haciendo lo siguiente:

1. Sé consciente del efecto Cyberball y de su impacto perjudicial en el cerebro.
2. Practica el antídoto para la exclusión: una vida PReDiCC que creará un entorno hiperinclusivo e hiperconectado en el que podrás prosperar. La hiperconectividad te ayuda a que sientas que la vida tiene sentido, te proporciona una sensación de control sobre tu vida y aumenta tu autoestima.
3. Teniendo en cuenta el efecto Cyberball y el PReDiCC, presta atención a las interacciones menores aparentemente insignificantes (IMAI) de tu vida cotidiana. Reconfigura tu cerebro y tu vida hacia un apego más seguro, IMAI a IMAI.

SEGUNDA PARTE

Vivir en modo seguro

Piensa en lo que harías si te pasara algo malo. Supón que recibes malas noticias o sufres un daño físico de algún tipo. Es probable que enseguida se te ocurra a quién acudirías en busca de consuelo y, en caso de que no estuviera disponible, a qué otra persona a continuación, y a qué otra después de esa. Y, muy a menudo, solo con hablar con una de esas personas, o incluso solo con abrazarlas, ya te sientes mejor.

Eso es vivir en modo seguro. Eres capaz de encontrar consuelo rápidamente porque una de las formas más poderosas de gestionar la angustia emocional es estar cerca de una persona con la que tienes una conexión segura. No hay ansiolítico o relajante en el mundo que produzca nada parecido al efecto inmediato y profundo de una conexión segura. Y eso se debe a que somos una especie social, y estar en presencia de personas en las que confiamos es una manera fundamental de regular nuestras emociones y sentirnos seguros.

Con una salvedad: cuando las relaciones implican patrones de apego inseguro, pueden ser uno de los principales generadores de angustia emocional. Lo que vives como un desaire por parte de alguien puede fácilmente sentarte fatal y fastidiarte el día. Así que nuestros apegos pueden ser tanto la razón de nuestro sufrimiento como el antídoto que lo alivie. La pregunta que surge entonces es esta: ¿cómo asegurarnos de que las relaciones sean una fuerza sanadora en nuestra vida y no una destructiva?

En el transcurso de mi trabajo en los últimos años he descubierto la inesperada respuesta a esa pregunta: para que nuestras relaciones sean una fuerza sanadora en nuestra vida, debemos asegurarnos de que cargan el cerebro de energía, en lugar de agotarla.

Cuando utilizo la palabra «energía» no lo hago en sentido metafórico. Hablo de verdadera energía a nivel celular en el cerebro. Resulta que la peculiar forma en que el cerebro utiliza la energía está directamente relacionada con nuestra búsqueda de un apego más seguro. El siguiente capítulo está dedicado a ese asunto.

El resto de la segunda parte explora cada uno de los estilos de apego inseguro (ansioso, evitativo y temeroso-evitativo) y ofrece herramientas e intervenciones a medida para avanzar hacia un apego seguro. Estos capítulos son para todo el mundo, porque incluso las personas principalmente seguras tienen momentos de inseguridad y todos interactuamos con personas cuyos estilos difieren del nuestro. Entender esos patrones y aprender a contrarrestarlos nos ayuda a no malgastar energía en dinámicas frustrantes y a dedicarla en mayor medida a la conexión y el crecimiento.

4

Aprovechar la energía de tu cerebro para maximizar tu potencial

A menudo nos vemos sobrepasados por emociones difíciles ante las que poco podemos hacer. Nos preocupamos por cosas o nos obsesionamos por nuestro propio comportamiento o el de los demás. «¿Por qué he hecho eso? ¿Por qué no puedo hacerlo mejor? ¿Por qué no estoy a la altura de mi potencial?» O bien: «Han sido injustos. Me han dejado de lado. Me las pagarán». También puede ocurrir lo contrario: que caigas en la autosuficiencia compulsiva, en repetir la idea de que no necesitas a nadie, que estás bien sin nadie y que tratar con los demás exige un esfuerzo excesivo. La lista es interminable.

Como terapeuta, se confía en mí para que ayude a mis pacientes a encontrar una manera de resolver esas emociones y alcanzar una mayor satisfacción. A menudo me encuentro con que las dificultades de mis pacientes tienen un denominador común: todas ellas requieren grandes cantidades de energía mental difícil de refrenar. Como veremos en este capítulo, esa energía es indispensable y, cuando se libera, puede encauzarse hacia empeños más importantes y disfrutables, lo que se traduce en una mayor productividad y satisfacción.

Con los años, me he dado cuenta de que la manera en que el cerebro utiliza la energía está directamente ligada a nuestra programación del apego. Las personas con un apego seguro son sistemas de eficiencia energética de cinco estrellas: saben cómo canalizar la energía del cerebro de un modo focalizado y equilibrado. En cambio, las personas con un apego inseguro tienden a utilizar el cerebro de forma muy ineficiente. Algunas gastan energía sin parar en una vigilancia y una preocupación constantes, mientras que otras dedican la misma cantidad de energía a reprimir sus necesidades relacionales y a insistir en su independencia. Así que ¿cómo podemos pasar de un modo inseguro a uno seguro y liberar toda esa valiosa energía?

A menudo se recomiendan técnicas de meditación o atención plena, que pueden ser de ayuda. Pero he descubierto que existe otra manera, sorprendente pero muy eficaz, de conseguir ese objetivo. Tiene que ver con el modo en que el cerebro humano utiliza la energía y con cómo podemos ayudarlo a que lo haga de forma más eficiente y ayudarte a ti a convertirte en una persona más segura.

Para conseguirlo, primero debemos entender de qué forma consume energía el cerebro, sumergiéndonos en su funcionamiento interno hasta un nivel neuronal, y de qué forma utilizan las neuronas la energía para hacernos quienes somos.

La energía emocional consume una enorme cantidad de energía real

En *Lucy*, una película de 2014 protagonizada por Scarlett Johansson y Morgan Freeman, este último, que interpreta a un renombrado profesor universitario, se dirige a un auditorio lleno de estudiantes y declara con gran autoridad: «Se calcula que la mayoría de los seres humanos utilizan solo el 10 por ciento de su capacidad cerebral [...]. Imaginaos que pudiéramos llegar al cien por cien». La película sigue luego al personaje de Johansson, Lucy, que, debido a una droga a la que se ha visto expuesta de forma accidental, es capaz de utilizar todo el potencial de su cerebro y, al hacerlo, adquiere la capacidad de alterar las leyes de la física.

Aunque la idea de que utilizamos solo un pequeño porcentaje de nuestro cerebro atrapa nuestra imaginación y, desde luego, en

Lucy resulta muy entretenida, en realidad es un mito que lleva décadas perpetuándose en la cultura popular. La verdad es que utilizamos un amplio porcentaje de nuestro cerebro a todas horas; de hecho, el consumo de energía del cerebro es colosal, casi insaciable.

Para empezar, toda forma de vida, empezando por las células, requiere grandes cantidades de energía. No se trata de una metáfora, sino de una descripción objetiva. Todas las células vivas (y los humanos somos esencialmente un amontonamiento de células) tienen una carga eléctrica que atraviesa sus membranas. Esa carga se denomina «potencial de reposo», suele ser estática, invariable, y oscila entre los cuarenta y los noventa milivoltios negativos.

Mantener ese potencial de reposo requiere un suministro constante de energía. Pequeñas bombas en la membrana cerebral trabajan sin descanso, las veinticuatro horas del día, para introducir iones de potasio en nuestras células y eliminar tres iones de sodio a cambio, de modo que se crea un desequilibrio que conduce a una carga negativa en el interior de la célula. Para impulsar ese proceso, esas bombas dependen del trifosfato de adenosina (TFA), la fuente de energía de la célula, lo cual significa que incluso conservar un potencial «de reposo» exige que la célula queme combustible constantemente, solo para mantener su valor basal, lo que es un distintivo de la vida. Piensa en ello como en achicar incansablemente agua de un barco con fugas para que se mantenga a flote.

Las células cerebrales, o neuronas, han evolucionado para hacer algo más que limitarse a tener un potencial de reposo: pueden cambiar las cargas a lo largo de la membrana y crear un «potencial de acción». Cuando eso ocurre, una avalancha de iones de sodio penetra en la célula e invierte la carga en un único punto de la membrana, lo que dispara una corriente eléctrica que traspasa la neurona como una hilera de fichas de dominó cayendo de un solo empujón. Los potenciales de acción, el elemento clave que permite la creación de un sistema nervioso, fueron un avance evolutivo fundamental que permitió la comunicación ultrarrápida entre las células del cuerpo. Con el potencial de acción, conglomerados de células pueden funcionar colaborativamente y constituir formas de vida multicelulares más grandes y complejas, como tú y como yo.

Mueve el dedo gordo del pie. ¿Has podido? En caso de que sí, eso significa que se han dado una multitud de potenciales de acción —el primero, leer esto e interpretar la orden; y el último, enviar una señal ultrarrápida desde la corteza motora del cerebro, situada en la parte frontal de la cabeza, hasta el dedo gordo del pie— para poner en marcha el movimiento. El hecho de que seas capaz de hacer algo así es absolutamente asombroso, si te paras a pensar en el ingenio biológico necesario para hacer posible ese sencillo movimiento. Para complicar aún más las cosas, el mensaje no va directamente de tu cerebro al dedo del pie, sino que se detiene por el camino en determinados puntos de transferencia, llamados sinapsis, que son pequeños espacios entre neuronas que la carga eléctrica no puede atravesar. Aquí el mensaje sigue viajando a través de neurotransmisores, elementos químicos que se descargan en las sinapsis para que el mensaje continúe transmitiéndose. Esos elementos químicos se liberan, se absorben y se descomponen constantemente, incluso mientras lees estas líneas.

Con una salvedad: los potenciales de acción y las transmisiones sinápticas tienen un coste energético elevado. Imagina recoger tu casa a todas horas para que esté limpia y ordenada solo para que vengan unas grandes olas que lo destrocen todo en cuanto acabas. Tú intentas poner las cosas de nuevo en su sitio, pero el caos se impone una y otra vez. Piensa en el trabajo que supondría algo así. Ahora imagínate haciéndolo veinticuatro horas al día y siete días a la semana, porque eso es lo que hace el cerebro. Los potenciales de acción se producen a todas horas, incluso mientras duermes. No descansan nunca. Esa actividad continua convierte al cerebro en un devorador de energía formidable. Aunque el cerebro representa solo un 2 por ciento de nuestro peso corporal, utiliza en torno al 20 por ciento de la glucosa del cuerpo y entre un 15 y un 20 por ciento del flujo sanguíneo, ¡en gran parte debido a los potenciales de acción! Y hay más...

Las neuronas, esas devoradoras de energía, son unas células tan exigentes y demandantes que ni siquiera se toman la molestia de disponer de un lugar propio en el que almacenar la energía, como sí hacen la mayoría de las células. Son demasiado grandes e importantes como para gestionar un almacén, de modo que dependen exclusivamente de un suministro constante e inmediato de glucosa (o cetonas, una fuente de combustible alternativa cuando la glucosa está baja) para producir TFA y asegurar un funcionamiento continuado. La jugada sale cara: la dependencia del suministro rápido e ininterrumpido de glucosa y oxígeno hace del cerebro uno de los órganos más vulnerables del cuerpo.

Echa un vistazo a la siguiente tabla. Verás que, sin un suministro constante, el cerebro fallará en cuestión de minutos, mientras que otros tejidos pueden permanecer viables mucho más tiempo gracias a su capacidad para minimizar sus necesidades energéticas y almacenar energía.

Tiempo de supervivencia de los tejidos en situación de privación de oxígeno*

TEJIDO	TIEMPO DE SUPERVIVENCIA
Cerebro	Menos de 3 minutos
Hígado y riñón	15-20 minutos
Músculos esqueléticos	60-90 minutos
Músculos lisos	24-72 horas
Cabello y uñas	Varios días

* R. M. Leach y D. F. Treacher, «Oxygen Transport2: Tissue Hypoxia», *British Medical Journal,* 317, n.º 7169 (14 de noviembre de 1998), pp. 1370-1373.

Tu cerebro y la energía: demanda creciente, suministro invariable

Existe, además, una complicación añadida: ¿qué sucede cuando el cerebro necesita de repente más energía?

Esa necesidad de energía adicional no es inusual en determinados órganos y tejidos del cuerpo. Cuando hacemos deporte, nuestros músculos envían un mensaje —«Eh, estoy haciendo un esfuerzo extra aquí; necesito más energía»— y, a su vez, los vasos sanguíneos se expanden para aumentar el flujo sanguíneo hacia los músculos. Cuando comemos, nuestro intestino necesita más energía para digerir los alimentos, así que el flujo sanguíneo aumenta también en ese caso, ¡hasta un 200 por ciento! Pero ¿cómo se las arregla el cerebro cuando debe realizar un esfuerzo extra y necesita energía adicional? Supongamos que estás estudiando para un examen o te han asignado un proyecto importante en el trabajo o acabas de tener un hijo y quieres rendir al máximo. ¿Puede el cerebro incrementar su flujo sanguíneo para estar a la altura de esa demanda creciente?

La respuesta es que no. El cerebro no tiene esa opción. No es posible aumentar el flujo sanguíneo porque el cerebro, un tejido blando y mayoritariamente graso, está contenido por el cráneo y no puede expandirse. Sin espacio para aumentar de tamaño, tiene que apañárselas con una cantidad limitada de flujo sanguíneo y energía. Cualquier aumento del flujo incrementaría la presión en el interior del cráneo al instante, lo que haría reventar los capilares y causaría una hemorragia en el cerebro. Cuando el flujo sanguíneo desciende, no llega suficiente energía al cerebro y las neuronas mueren en pocos minutos, lo que provoca un derrame cerebral.

Esto hace que nuestro cerebro se enfrente a un problema: cómo satisfacer necesidades de energía cambiantes con un suministro de energía invariable.

Lo mejor que puede hacer tu cerebro es desviar un poco de energía de un área a otra, manteniendo algunas zonas más activadas que otras. Es lo que se ve en las resonancias magnéticas: al cerebro distribuyendo la energía —la glucosa— entre las distintas regiones en función de las necesidades. Las diferencias en cuanto a qué regiones están más activadas que otras quizá sean pequeñas, pero no te confundas: pueden tener un impacto enorme en tu vida. Si la amígdala, la parte del cerebro que te avisa de un posible peligro, se activa con más frecuencia, vivirás episodios frecuentes de preocupación, miedo y ansiedad. Si el núcleo *accumbens*, el centro de recompensa de tu cerebro, se impone a la amígdala, puede llevarte a actuar de forma arriesgada e ignorar los riesgos de tus actividades más hedonistas. Los niveles de activación de las diferentes regiones del cerebro condicionan nuestra vida cotidiana y guían nuestras emociones, pensamientos, comportamientos y formas de ver el mundo.

LIBERAR ENERGÍA CEREBRAL PARA LLEGAR A LO MÁS ALTO

Entender cómo funciona la energía en el cerebro puede ayudarnos a utilizarla mejor. El cerebro tiene una reserva de energía limitada y gran parte de ella debe destinarse a la supervivencia más inmediata, a mantenerte respirando, alerta y consciente de tu entorno para garantizar tu seguridad. Incluso mientras lees esto, una parte de tu cerebro está pendiente de posibles amenazas; si de repente oyeras un fuerte golpe o vieras moverse algo por el rabillo del ojo, dejarías de leer para comprobar si estás en peligro.

Una de las partes del cerebro que más energía consume es la corteza prefrontal, la región responsable del pensamiento abstracto, la creatividad, la planificación y la reflexión. Sus neuronas son grandes y tienen un metabolismo exigente. Por eso, el cerebro limita el acccso a esa área tan preciada. No puedes pasarte el día entero reflexionando sobre el sentido de la vida o haciendo planes para tu nueva gran idea. Esa energía se raciona con cuidado y mucha se reserva para los sistemas que se encargan de la supervivencia básica.

Así que ¿cómo podemos asegurarnos de tener un acceso más constante a esas áreas corticales más elevadas, las que nos permiten pensar de forma abstracta, crear y planificar nuestro futuro?

Cómo ahorra energía el cerebro

Imaginemos que tu cerebro es el ministro de Hacienda. Quiere destinar determinados recursos a mejorar la educación y fomentar la innovación, pero se mueve dentro de unos estrictos límites presupuestarios. ¿Cómo hacerlo sin poner en riesgo la seguridad de su país? Una posible solución es contener el gasto militar, pero eso conlleva riesgos evidentes. Una estrategia mejor sería formar alianzas con otras naciones y compartir la responsabilidad y el gasto en defensa.

Eso es justo lo que hace el cerebro: monitoriza la presencia de otras personas a tu alrededor para que, sabiéndote acompañado, te sientas un poco más seguro. En otras palabras: externaliza tu seguridad. No es una estrategia exclusiva de los seres humanos: evolucionó en el cerebro de muchos animales sociales hace millones de años y es una fórmula excelente para hacerlos sentir más seguros. La capacidad del cerebro de externalizar la seguridad supuso un enorme avance evolutivo. Las especies que no podían relajar la vigilancia porque carecían de este sistema de seguridad incorporado se vieron en desventaja. Debían permanecer siempre alerta, lo que les dejaba poco tiempo para buscar comida, reproducirse o descansar. Puedes notar ese circuito neuronal de primera mano. Imagínate estar a solas en un callejón oscuro y luego la misma situación pero acompañado. Te sentirías mucho más ansioso estando solo. Ahí tienes tu circuito de seguridad externalizado en acción.

Algunos de los estudios más reveladores sobre la externalización del circuito neuronal de seguridad del cerebro se han llevado a cabo en diversas especies de pájaros sociales. La mayoría de las aves dedican gran parte de su existencia a buscar comida: van dando saltitos de un lado a otro picoteando el suelo en busca de semillas y gusanos mientras dirigen una y otra vez la mirada hacia el cielo con inquietud, por miedo a los depredadores que puedan decidir abalanzarse sobre ellas. Los estudios observacionales realizados en pájaros sociales revelan que, cuando están solos, tienden a alzar la mirada constantemente, preocupados por la posibilidad de que un depredador los alcance. Sin embargo, cuando están en un grupo la situación cambia radicalmente: las aves miran hacia el cielo con muchísima menos frecuencia. Las neuronas que registran la presencia de otros pájaros cerca indican a las neuronas que vigilan la presencia de amenazas que pueden relajarse, lo que, a efectos prácticos, libera energía neuronal para centrarse en otras actividades.

Si te paras a pensarlo, solo el hecho de tener cerca a otra ave reduce las posibilidades de que un pájaro muera por el ataque de un depredador un espectacular 50 por ciento; al fin y al cabo, el depredador, o bien atrapará a esa ave, o bien a la que está al lado. Y eso sin siquiera tener en cuenta las ventajas de que haya otros pájaros cerca que puedan avisar al grupo de un peligro potencial, o acudir al rescate, o enseñar nuevos comportamientos —como utilizar herramientas o evitar trampas—, todo lo cual se ha observado en la naturaleza.

La mejora en la «percepción de seguridad» de tu cerebro

La externalización del circuito neuronal en los seres humanos incorpora una mejora fundamental: los humanos no solo tienen la capacidad de detectar el número de personas que están cerca y de traducir ese dato en forma de una mayor sensación de seguridad, sino que son capaces de determinar al mismo tiempo su nivel de seguridad en función de la calidad de esas relaciones.

Algunos de los estudios más citados en este campo son los experimentos llevados a cabo por Jim Coan, de la Universidad de Virginia, entre otros autores. En esos estudios, se pidió a los participantes que evaluaran la amenaza potencial de una descarga eléctrica suave mientras sostenían la mano de su pareja, de un desconocido o estando solos. Se analizaba al mismo tiempo el cerebro de los participantes por medio de una resonancia magnética funcional, que mide el consumo de glucosa. Coan y sus colegas descubrieron que, cuando los participantes estaban solos, las áreas del cerebro relacionadas con la detección y el procesamiento de las amenazas se mostraban más activas y consumían más glucosa. Se activaban menos cuando los participantes le daban la mano a un desconocido y la menor activación se producía cuando sostenían la mano de su pareja o de un buen amigo. Significativamente, cuanto más seguros se sentían los participantes en su relación con esa persona, menor era la activación relacionada con la amenaza.

Pero no se queda ahí la cosa: nuestro cerebro tiene en cuenta el entorno social incluso al ponderar la dificultad de los desafíos físicos. Un estudio llevado a cabo por Simone Schnall, de la Universidad de Plymouth, entre otros autores, descubrió que, a la hora de evaluar lo empinado de una colina, los participantes juzgaron que la pendiente estaba menos inclinada cuando estaban con un amigo que cuando estaban solos. Y la calidad de la relación era relevante: las relaciones más estrechas y sólidas iban de la mano con estimaciones de pendiente menores. La conclusión fue que, a mayor confianza y cercanía en la relación, menos intimidante parece el reto físico que se tiene por delante.

Como podemos ver por estos estudios, en la vida real el secreto para gestionar la energía que el cerebro necesita no reside en nuestro interior. Quizá cueste creerlo, pero los resultados demostraron que para incrementar el potencial del cerebro debemos buscar ayuda fuera de nosotros, en la gente que nos rodea. No podemos hacerlo solos.

Cuando estás rodeado de personas que te hacen sentir bien, tu cerebro pasa a modo seguro y gasta menos energía en vigilancia defensiva, lo que libera recursos para amar, trabajar, crear y prosperar.

Energía cerebral y estilos de apego

Si tienes un apego seguro, tu cerebro funciona de forma automática en modo seguro. Los estudios demuestran que, en las personas que son seguras, la amígdala suele ser menos reactiva y, en las ocasiones en las que se activa, se calma con mayor facilidad. Si eres una persona con un apego seguro, puede que solo necesites desviar tu atención de la situación que ha alterado la amígdala para volver al modo seguro. Si tienes un estilo de apego ansioso, tu amígdala se activa fácilmente al percibir cualquier amenaza para la relación (una expresión airada en un amigo o en una pareja, por ejemplo) y es más difícil refrenarla. En los experimentos en los que a las personas con un estilo de apego ansioso se les pide que piensen y luego dejen de pensar en un incidente relacional problemático, el cerebro sigue activando áreas asociadas con las emociones difíciles y les cuesta calmar esa activación.

Si eres evitativo, dedicas mucha energía cerebral a reprimir las regiones del cerebro que suelen reaccionar a las interacciones relacionales. También reaccionas menos a los estímulos relacionales tanto positivos como negativos, de modo que una cara sonriente —que típicamente activaría el área de recompensa del cerebro— no tendría el mismo impacto en ti que en una persona segura. Esto te impide aprovechar las interacciones relacionales positivas, como, por ejemplo, hallar consuelo en los demás cuando quizá lo necesites. También significa que es más difícil para ti acceder al modo seguro externalizado de ahorro de energía.

Si tienes un estilo de apego inseguro, tu cerebro —ya sea por tus genes, por tus experiencias vitales o por ambas cosas— tiende a gastar más energía en la vigilancia o la autosuficiencia. Si puntúas alto en la dimensión evitativa o ansiosa, o en ambas (algo que descubrirás a través del cuestionario del capítulo siguiente), o bien eres muy consciente de las amenazas potenciales y suelen agobiarte (la dimensión ansiosa), o bien dedicas mucho tiempo a pensar en tu autosuficiencia (la dimensión evitativa). En cualquiera de los dos casos, no se te da muy bien recurrir a los demás para ahorrar energía. Si ese es tu caso, vale la pena que te plantees reconfigurar tu entorno para poder entrar en el modo seguro de ahorro de energía. Pero ¿cómo?

El resto de la segunda parte está dedicado a hacer precisamente eso: ayudar a cada estilo de apego inseguro a entender mejor las ventajas y las desventajas de su orientación y a cómo usar PReDiCC, IMAI y otras herramientas para pasar a tener un apego seguro. El objetivo es relajar nuestras defensas inseguras sumergiéndonos en un entorno enriquecedor y seguro que nos ayude a liberar energía.

En el capítulo siguiente deberás determinar en qué lugar te sitúas dentro del espectro del apego —es decir, cuál es tu estilo de apego predominante— para poder utilizar las herramientas de la manera más beneficiosa para ti.

Taller para maximizar el potencial de tu cerebro

La guerra contra las matemáticas

Leanora llevó a su hijo Nathan, de nueve años, al médico. Era un terremoto: no sabía estarse quieto y le costaba concentrarse. Tenía problemas en el colegio, sobre todo con los deberes. Cada ejercicio de matemáticas era una batalla. Él los posponía; ella le recordaba que tenía que hacerlos. Él respondía: «Dentro de un rato», y luego pasaba una hora. Ella se lo recordaba de nuevo. Él intentaba sentarse a hacerlos, pero casi enseguida empezaba a removerse en la silla y a mirar a todos lados. La situación acababa casi siempre con Nathan llorando, frustrado y agobiado. Y luego, no se sabe cómo, se ponía a hacerlos y los acababa en diez minutos, sin ningún esfuerzo. Lo llamaban «la guerra contra las matemáticas». Se libraba cada vez que Nathan tenía deberes; y, cuando terminaba, Leanora se sentía absolutamente exhausta y apenas capaz de cuidar de su otra hija, de seis meses.

Cuando finalmente Leanora llevó a Nathan al médico, este le diagnosticó TDAH y le recomendó que tomara metilfenidato. Pero Nathan odiaba la medicación. «Cuando me la tomo es como si no fuera yo», le decía a su madre. También le hacía rascarse la piel. Probaron con otras opciones; todas ellas ayudaban, pero ninguna era sostenible a largo plazo.

El médico sugirió entonces dos cosas: ejercicio continuado —tanto deporte como fuera posible— y una canguro de deberes, algo nuevo para Leanora. «No son clases particulares para el niño —le explicó—. Solo alguien que se sienta a su lado mientras hace los deberes. Ha funcionado muy bien con algunos pacientes de mi consulta.»

Leanora decidió probar. Contrató a Tich, una estudiante universitaria que a Nathan enseguida le pareció que molaba. Desde el momento en que Tich se sentó a su lado, todo cambió. De repente, Nathan era capaz de concentrarse. Trabajaba de manera diligente e incluso empezó a destacar. Su profesora lo notó y comenzó a darle deberes de matemáticas adicionales para que se enfrentara a material más avanzado.

Señala la afirmación que mejor refleja lo que ayudó a Nathan a mejorar a la hora de hacer los deberes:

1. La madre de Nathan era controladora y autoritaria, lo que hacía que el cerebro de su hijo se cerrara en banda. Con ella lejos, su cerebro podía al fin concentrarse y era capaz de hacer los deberes.
2. Tras probar la medicación y experimentar los efectos secundarios, Nathan tuvo miedo de que lo obligaran a tomarla de nuevo y empezó a estudiar más.

3. Nathan no tiene TDAH. Solo está malcriado. Los niños de hoy en día necesitan más disciplina.
4. Aunque la medicación no era una solución a largo plazo, hizo que Nathan viera que era capaz de concentrarse y de destacar en Matemáticas, lo que le sirvió de motivación.
5. Tener a Tich a su lado ayudó al cerebro de Nathan a ver los deberes como algo que estaba a su alcance, lo que le permitió concentrarse y hacerlos.

La respuesta correcta es la número 5. A causa de su TDAH, Nathan tiende a interactuar con su entorno más que la mayoría de las personas: mira a su alrededor, se remueve en la silla, su mente salta de una cosa a otra..., de modo que concentrarse le requiere un mayor esfuerzo. Como ocurría en los estudios que hemos visto en este capítulo —en los que los pájaros que no estaban solos podían mirar menos hacia arriba y en los que las personas juzgaban una pendiente menos empinada si iban acompañadas de un amigo—, cuando Tich se sentaba a su lado, el cerebro de Nathan dejaba de ver la tarea como algo imposible. La presencia de alguien con quien estaba a gusto le daba a su cerebro el chute de energía adicional que necesitaba para concentrarse. Era capaz de prestar atención y los deberes le costaban menos esfuerzo.

La madre de Nathan no era autoritaria, pero el estrés que arrastraba —por librar la batalla de los deberes de matemáticas al mismo tiempo que trataba de cuidar de un bebé de seis meses— no ayudaba a activar el circuito neuronal de externalización del cerebro de su hijo. Seguramente él notaba que estaba tensa, lo que quizá hacía que sus deberes parecieran aún más difíciles.

Taller de externalización: recurrir a tu cerebro social para abordar una tarea que parece imposible

Reflexiona por un momento sobre tu vida. ¿Eres capaz de recordar alguna ocasión en la que algo te pareciera más fácil —o incluso posible— gracias al circuito neuronal de externalización de tu cerebro?

Por ejemplo:

- Recuerdo meterme en las frías aguas del océano de principios de primavera de la mano de Lila y que el agua me pareciera menos helada. Jamás habría entrado de no haber sido por ella.
- Creí que no iba a ser capaz de estudiar todo el temario de mi examen de final de carrera. Lo que de verdad me ayudó fue compartir habitación con Roy. Estudiamos codo con codo. Intentar hacerlo solo me pareció mucho más difícil.
- Cuando llegó el momento de abandonar mi residencia universitaria, me sentí desbordado. Me tumbé en la cama y me veía incapaz de ponerme a hacer cajas. Luego mi madre me hizo una videollamada y, estando al teléfono con ella, me puse en pie y lo empaqueté todo en dos horas.

Escribe ahora tus propias experiencias:

____

____

____

____

____

____

¿Cuáles son las metas con las que el circuito neuronal de externalización del cerebro podría ayudarte?

Por ejemplo:

- Quiero escribir.
- Quiero hacer más deporte.
- Quiero organizar mi casa.

____

____

____

____

____

____

Enumera de qué modo el circuito neuronal de externalización del cerebro puede ayudarte a cumplir tus propósitos. Anota planes específicos. Sé creativo.

Por ejemplo:

- Pedirle a un amigo que me acompañe a llevar a mi perro a la peluquería canina; me parte el corazón verlo temblar y llorar.
- Apuntarme con Miranda a una clase de *spinning* que llevo tiempo mirando.
- Invitar a Dan a casa para hacer el pan de masa madre que llevo tanto tiempo queriendo hornear.

____

____

____

____

____

____

Repasemos lo que hemos aprendido sobre la energía y el cerebro

- Tu cerebro dispone de una cantidad limitada de energía, que debe distribuir entre las diferentes regiones cerebrales.
- El modo en que se distribuye esa energía tiene un efecto determinante en tu felicidad y tu bienestar.
- Las relaciones seguras permiten que el cerebro ahorre energía que de otro modo gastaría en vigilancia para sentirse a salvo y la dedique a funciones de un nivel más elevado, para que puedas llegar a más en la vida.
- Hacer cualquier cosa junto a una persona con la que tienes un apego seguro resulta más fácil. ¡Utiliza ese truco de ahorro de energía cerebral en tu beneficio!

5

Descubre tu estilo de apego en todos los ámbitos de la vida

Imagínate lo siguiente: estás fuera de casa, en un viaje de trabajo importante, y al volver lo primero que te espera es un mensaje de tu pareja que dice: «Llámame cuando recibas esto, tenemos que hablar».

¿Qué te pasa por la cabeza? ¿Piensas que quizá tenga algo emocionante que anunciarte, un ascenso en el trabajo o buenas noticias familiares, y esté intentando localizarte? ¿O piensas que algo le ha molestado, que quizá incluso esté pensando en dejarte? ¿O no le das más vueltas y, como tienes mucho que hacer, te olvidas de llamarla?

Situaciones similares pueden darse con amigos, familiares y compañeros de trabajo. Recibes un *email* en el que alguien te pide que llames a tu jefe, o un amigo te comunica que no podrá quedar contigo para cenar. ¿Qué te pasa por la cabeza?

Omri Gillath, de la Universidad de Kansas, junto con otros autores, planteó una pregunta similar a los participantes en un estudio y descubrió que había un patrón en las respuestas de cada persona. Sea cual sea tu reacción a algo así, no es casualidad. Estás respondiendo según una programación predeterminada en lo más profundo de tu cerebro: tu estilo de apego.

Los estilos de apego, las dimensiones y tú

Tu estilo de apego se sitúa dentro de un espectro determinado por tu posición con respecto a dos dimensiones independientes: la ansiedad y la evitación.

La *dimensión ansiosa* evalúa hasta qué punto a una persona le preocupa sentirse abandonada o poco querida. Una puntuación alta en esta dimensión indica un nivel elevado de ansiedad relacionada con el apego, que se caracteriza por el miedo al rechazo y por una necesidad frecuente de reafirmación.

La *dimensión evitativa*, por otro lado, mide hasta qué punto una persona se siente incómoda con la cercanía y la intimidad. Una puntuación alta en esta dimensión refleja un nivel elevado de evitación relacionada con el apego, que se caracteriza por un fuerte deseo de independencia y por sentir aversión a la idea de depender de otros.

Cuando una persona teme tanto el rechazo como la proximidad, puntúa alto en ambas dimensiones y recibe el nombre de *temeroso-evitativa*.

Si puntúas bajo en ambas dimensiones, eres una persona con un apego seguro. Tus interacciones con quienes te rodean no te suponen ningún esfuerzo; de hecho, te ayudan a conservar la energía cerebral y a utilizarla de forma más eficiente. Cuanto más alto puntúas en las dos dimensiones, más energía tienes que dedicar a tus relaciones y menos de ella conservas.

El objetivo de esta segunda parte es proporcionarte estrategias para externalizar tu seguridad y ayudarte a tener un apego más seguro. Descubrirás herramientas específicas para cada estilo de apego inseguro: ansioso, evitativo y temeroso-evitativo. Pero veamos primero en qué lugar te sitúas dentro del espectro del apego.

Cómo surgieron las dimensiones de apego

Hemos avanzado mucho en la interpretación de los estilos de apego desde que los psicólogos Cindy Hazan y Phillip Shaver los introdujeron por primera vez en «El amor romántico conceptualizado como un proceso de apego», su revolucionario artículo de 1987. Ese estudio identificaba tres categorías de estilo de apego en adultos (ansioso, evitativo y seguro) a partir de un cuestionario diseñado para evaluar las emociones y actitudes de los participantes en torno a sus relaciones románticas.

Pero aquello no fue más que el principio. Los investigadores del campo de la psicología son expertos en estadística; tienden a preferir formas más matizadas de medir determinados rasgos que la de clasificar a las personas en una categoría entre varias. A medida que la especialidad se desarrollaba y empezaba a ser reconocida, aumentó también la precisión con la que se medía el apego en la edad adulta. Se creó una nueva herramienta para determinar los estilos de apego que supuso un gran avance: la escala de experiencias en relaciones cercanas, publicada por primera vez en 1998 por Kelly Brennan, Catherine Clark y Phillip Shaver. En lugar de dividir a las personas en categorías fijas, esta herramienta las sitúa en relación con cuatro cuadrantes distintos según si tienen una alta o una baja ansiedad y una alta o una baja evitación, en función de sus puntuaciones. La evaluación, perfeccionada más adelante por Chris Fraley, Niels Waller y Brennan en 2000, refleja el hecho de que el modo en que vivimos las relaciones está dentro de un espectro, más que de una categoría fija.

El diseño de un cuestionario con múltiples mediciones precisas de las dos dimensiones supuso un gran avance para el estudio del apego en adultos, pues permitió a los investigadores examinar más de cerca y distinguir aspectos concretos de la evitación y la ansiedad en las relaciones cercanas, lo que condujo a un mejor entendimiento de cómo viven las personas la conexión. Y lo que es más importante: extendió la investigación sobre el apego en adultos más allá de las relaciones románticas, al permitir el estudio de los estilos de apego en todo tipo de relaciones (amigos, compañeros de trabajo y familiares), y sentó las bases para entender cómo se manifiesta en todos los ámbitos de la vida.

Este enfoque se consolidó en 2011 cuando Fraley, de la Universidad de Illinois, junto con otros autores, introdujo el cuestionario de la Escala de Experiencias en Relaciones Cercanas-Estructura de Relaciones (ECR-RS, por sus siglas en inglés), que permite evaluar los estilos de apego en un amplio abanico de relaciones, no solo las románticas, y nos proporciona una idea del rango y la versatilidad de nuestro apego.

Lo que los investigadores descubrieron es que, aunque quizá tengas un estilo de apego general que refleje tus actitudes y creencias mayoritarias sobre las relaciones, también puedes desarrollar patrones de apego específicos —e incluso distintos— con determinadas personas de tu vida.

Eso es tanto una buena como una mala noticia. Significa que, aunque a grandes rasgos tengas un estilo de apego inseguro, puedes llegar a desarrollar relaciones seguras con personas concretas. Pero también significa que, incluso si por lo general tienes un apego seguro, determinadas personas pueden desencadenar respuestas inseguras en ti, según el tipo de relación que tengas con ellas.

Por ejemplo, quizá tengas un estilo de apego ansioso, pero patrones relacionales seguros con determinados amigos o compañeros de trabajo. O tal vez tengas por lo general un estilo de apego seguro, pero de pronto respondas de forma más ansiosa o evitativa con alguno de tus progenitores o hermanos.

La clave está en utilizar las relaciones seguras como vehículo para convertirte en una persona con un apego en general más seguro y ser consciente de las relaciones que tienden a provocarte inseguridad para que no impidan tu evolución.

Tendrás la oportunidad a continuación de completar el cuestionario de ECR-RS de Fraley y demás autores. Es el primer paso de tu plan personalizado para convertirte en una persona más segura.

Evaluar tu estilo de apego: el cuestionario de estructuras relacionales*

Este cuestionario en dos partes está diseñado para medir tu estilo de apego en un abanico de relaciones. En la primera, se te pedirá que evalúes tu estilo de apego general a través de una serie de afirmaciones sobre tus creencias y actitudes hacia las relaciones.

En la segunda, se te pedirá que evalúes tu estilo de apego en relaciones concretas. Responderás a afirmaciones sobre tus sentimientos y creencias respecto a personas que forman parte de tu vida, una a una. La idea es que completes este cuestionario varias veces, centrándote en cada ocasión en una persona diferente: tu padre, tu madre, otros miembros de tu familia, tu pareja, un colega o un jefe, tus amigos íntimos o cualquier otra persona de la que te sientas cerca o con la que pases mucho tiempo.

Para completar este cuestionario, hazte con un lápiz y una calculadora. Deberás llevar a cabo algunas sumas, divisiones y gráficos sencillos, pero el esfuerzo vale la pena. Al finalizar, obtendrás una panorámica general de tu topografía del apego en tus distintas relaciones. Serás capaz de identificar patrones —tanto similitudes como diferencias— y entender más a fondo tus fortalezas y tus ámbitos de mejora. Esta visión general te servirá como hoja de ruta para el resto de la segunda parte en tu camino para ser una persona más segura.

* Reproducido con permiso de R. C. Fraley, a partir de R. C. Fraley *et al.*, «The Experiences in Close Relationships–Relationship Structures Questionnaire: A Method for Assessing Attachment Orientations Across Relationships», *Psychological Assessment,* 23, n.º 3 (septiembre de 2011), pp. 615-625.

Descifrar tu estilo general de apego

Instrucciones

Para cada una de las afirmaciones que aparecen a continuación, rodea con un círculo el número que mejor refleja tu posición al respecto, utilizando una escala del 1 (totalmente en desacuerdo) al 7 (totalmente de acuerdo). Contesta de forma sincera: no hay respuestas correctas ni incorrectas.

Escala de valoración

1—Totalmente en desacuerdo
2—En desacuerdo
3—Ligeramente en desacuerdo
4—Neutral
5—Ligeramente de acuerdo
6—De acuerdo
7—Totalmente de acuerdo

Una vez que hayas rodeado con un círculo tu número para cada afirmación, sigue los pasos que se indican a continuación para calcular tu puntuación.

Instrucciones para la puntuación inversa

Algunos elementos (las preguntas 1 a 4) que aparecen sombreados están formulados de un modo que requiere una puntuación inversa. Eso significa que, antes de añadirse al total, tu respuesta debe convertirse. Encontrarás una columna adicional para anotar allí la puntuación inversa.

Utiliza la siguiente clave de puntuación inversa:

- 1 → 7
- 2 → 6
- 3 → 5
- 4 → 4

- 5 → 3
- 6 → 2
- 7 → 1

Por ejemplo, si en la pregunta 3 has marcado el número 2, tu puntuación inversa será 6.

Las preguntas 5 a 9 se puntúan tal cual, sin que sea necesaria ninguna conversión.

Puntuar cada elemento

Tras puntuar todos los elementos (utilizando la puntuación inversa cuando sea necesario), anota la puntuación ajustada para cada uno en la columna de la derecha.

Totalmente en desacuerdo 1 2 3 4 5 6 7 Totalmente de acuerdo

PREGUNTA	ESCALA DE RESPUESTA	PUNTUACIÓN INVERSA 1 → 7; 2 → 6; 3 → 5; 4 → 4; 5 → 3; 6 → 2; 7 → 1	PUNTUACIÓN FINAL
1. Es útil recurrir a otras personas en momentos de necesidad.	1 2 3 4 5 6 7		
2. Hablo a menudo de mis problemas y preocupaciones con otras personas.	1 2 3 4 5 6 7		
3. Me gusta hablar las cosas con los demás.	1 2 3 4 5 6 7		
4. Me resulta fácil depender de otras personas.	1 2 3 4 5 6 7		

Totalmente en desacuerdo 1 2 3 4 5 6 7 Totalmente de acuerdo

PREGUNTA	ESCALA DE RESPUESTA	PUNTUACIÓN INVERSA 1 → 7; 2 → 6; 3 → 5; 4 → 4; 5 → 3; 6 → 2; 7 → 1	PUNTUACIÓN FINAL
5. No me resulta cómodo abrirme a los demás.	1 2 3 4 5 6 7		
6. Prefiero no mostrar a los demás cómo me siento por dentro.	1 2 3 4 5 6 7		
7. Me preocupa a menudo no importar de verdad a los demás.	1 2 3 4 5 6 7		
8. Temo que los demás puedan abandonarme.	1 2 3 4 5 6 7		
9. Me preocupa no importar a los demás tanto como ellos me importan a mí.	1 2 3 4 5 6 7		

Puntuación por dimensión

Ahora que has escrito tus puntuaciones finales en la columna de la derecha, ha llegado la hora de calcular tus **puntuaciones por dimensión** e introducirlas en la siguiente tabla.

Para tu puntuación de evitación:

- Suma las puntuaciones de las preguntas 1 a 6.
- Escribe el total (la suma) en la columna «Suma».

- Copia esa cifra en la columna «Fórmula», añade el signo de la división (÷) y divide entre seis.
- Calcula el resultado.
- Anota la media que has calculado en la columna «Puntuación media» de la misma fila.

Para tu puntuación de ansiedad:

- Suma las puntuaciones de las preguntas 7 a 9.
- Escribe el total (la suma) en la columna «Suma».
- Copia esa cifra en la columna «Fórmula», añade el signo de la división (÷) y divide entre tres.
- Calcula el resultado.
- Anota la media que has calculado en la columna «Puntuación media» de la misma fila.

TIPO DE PUNTUACIÓN	**SUMA**	**FÓRMULA**	**PUNTUACIÓN MEDIA**
Puntuación media de evitación (eje X)	Suma de las preguntas 1 a 6	(Suma de las preguntas 1 a 6) ÷ 6	
Puntuación media de ansiedad (eje Y)	Suma de las preguntas 7 a 9	(Suma de las preguntas 7 a 9) ÷ 3	

Descifrar tu estilo de apego con personas concretas de tu vida

Instrucciones

Responde, por favor, a las siguientes preguntas sobre personas concretas de tu vida, como tu pareja (actual o anterior), miembros de tu familia, amigos, compañeros de trabajo o cualquier otra persona de la que te interese saber qué estilo de apego tienes con ella.

Consulta las instrucciones del cuestionario sobre el estilo de apego general para saber cómo puntuar tus respuestas.

Totalmente en desacuerdo 1 2 3 4 5 6 7 Totalmente de acuerdo

PREGUNTA	ESCALA DE RESPUESTA	PUNTUACIÓN INVERSA 1 → 7; 2 → 6; 3 → 5; 4 → 4; 5 → 3; 6 → 2; 7 → 1	PUNTUACIÓN FINAL
1. Me resulta útil recurrir a esa persona en momentos de necesidad.	1 2 3 4 5 6 7		
2. Hablo a menudo de mis problemas y preocupaciones con esa persona.	1 2 3 4 5 6 7		
3. Me gusta hablar las cosas con esa persona.	1 2 3 4 5 6 7		
4. Me resulta fácil depender de esa persona.	1 2 3 4 5 6 7		
5. No me resulta cómodo abrirme a esa persona.	1 2 3 4 5 6 7		

Totalmente en desacuerdo 1 2 3 4 5 6 7 Totalmente de acuerdo

Pregunta	**Escala de respuesta**	**Puntuación inversa** 1 → 7; 2 → 6; 3 → 5; 4 → 4; 5 → 3; 6 → 2; 7 → 1	**Puntuación final**
6. Prefiero no mostrar a esa persona cómo me siento por dentro.	1 2 3 4 5 6 7		
7. Me preocupa a menudo no importar de verdad a esa persona.	1 2 3 4 5 6 7		
8. Temo que esa persona pueda abandonarme.	1 2 3 4 5 6 7		
9. Me preocupa no importarle a esa persona tanto como ella me importa a mí.	1 2 3 4 5 6 7		

Ahora que ya has anotado tus puntuaciones finales en la columna de la derecha, ha llegado la hora de calcular tus **puntuaciones por dimensión** e introducirlas en la tabla que aparece a continuación.

Para tu puntuación de evitación:

- Suma las puntuaciones de las preguntas 1 a 6.
- Escribe el total (la suma) en la columna «Suma».
- Copia esa cifra en la columna «Fórmula», añade el signo de la división (÷) y divide entre seis.

- Calcula el resultado.
- Anota la media que has calculado en la columna «Puntuación media» de la misma fila.

Para tu puntuación de ansiedad:

- Suma las puntuaciones de las preguntas 7 a 9.
- Escribe el total (la suma) en la columna «Suma».
- Copia esa cifra en la columna «Fórmula», añade el signo de la división (÷) y divide entre tres.
- Calcula el resultado.
- Anota la media que has calculado en la columna «Puntuación media» de la misma fila.

TIPO DE PUNTUACIÓN	SUMA	FÓRMULA	PUNTUACIÓN MEDIA
Puntuación media de evitación (eje X)	Suma de las preguntas 1 a 6	(Suma de las preguntas 1 a 6) ÷ 6	
Puntuación media de ansiedad (eje Y)	Suma de las preguntas 7 a 9	(Suma de las preguntas 7 a 9) ÷ 3	

Trazar tu topografía del apego

Ahora que has rellenado el cuestionario de estructuras relacionales, ha llegado la hora de trazar tu topografía del apego en relación con las personas más importantes de tu vida.

1. Trazado de tus puntuaciones en el gráfico:

- Para la evaluación del apego, encuentra el punto en el que la puntuación sobre la ansiedad (eje X) y la puntuación sobre la evitación (eje Y) se cruzan.
- Marca ese punto en el gráfico que aparece a continuación.
- Etiqueta cada punto claramente para saber qué relación representa.

2. Interpretación del gráfico:

- La posición de cada punto te indicará el estilo de apego para esa relación en particular.

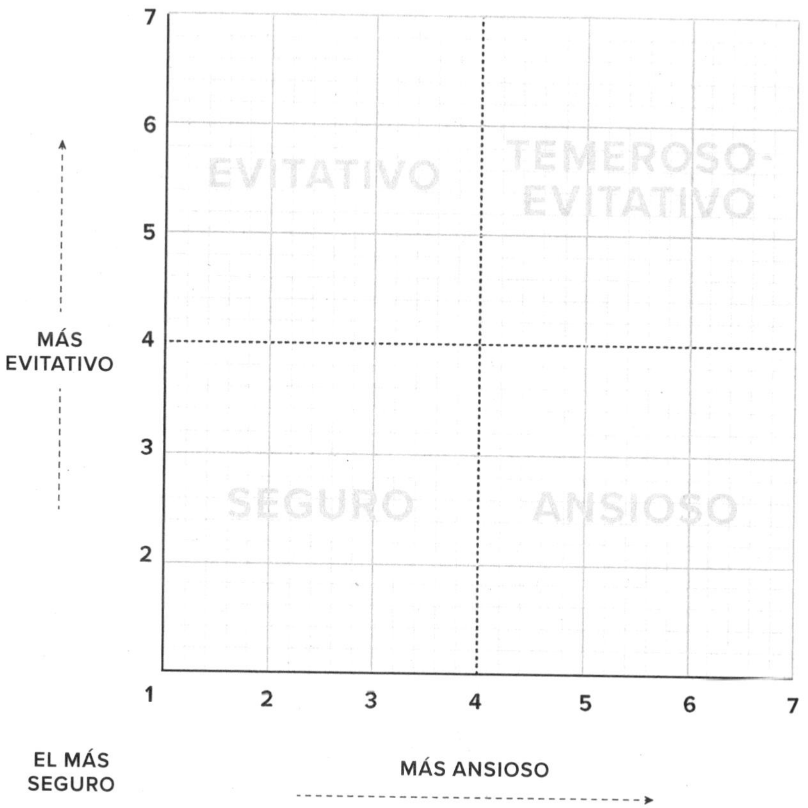

- Las puntuaciones de evitación más altas (más hacia arriba en el eje Y) indican una evitación mayor.
- Las puntuaciones de ansiedad más altas (más hacia la derecha en el eje X) indican una mayor ansiedad.

Una vez que hayas situado en el gráfico todas las puntuaciones, tendrás una representación visual de tu estilo de apego en tus distintas relaciones. Quizá te sorprenda descubrir que tu apego puede ser versátil y maleable y que responde y se reconfigura para adaptarse a las diferentes situaciones sociales. Este es un mensaje fundamental que espero que te lleves de este libro. La clave está en crear un entorno que contribuya a que tu apego tienda hacia una mayor seguridad.

Un consejo adicional: vuelve a este gráfico cuando quieras incorporar nuevas personas a tu topografía del apego o siempre que desees comprobar si tu estilo de apego con una persona en concreto ha cambiado con el tiempo. Una forma útil de llevar un seguimiento es utilizar lápices de colores y asignar un color diferente a cada persona.

A continuación tienes un cuestionario de ejemplo ya rellenado.

Totalmente en desacuerdo 1 2 3 4 5 6 7 Totalmente de acuerdo

PREGUNTA	ESCALA DE RESPUESTA	PUNTUACIÓN INVERSA 1 → 7; 2 → 6; 3 → 5; 4 → 4; 5 → 3; 6 → 2; 7 → 1	PUNTUACIÓN FINAL
1. Me resulta útil recurrir a esa persona en momentos de necesidad.	1 2 3 4 5 (6) 7	6 → 2	2
2. Hablo a menudo de mis problemas y preocupaciones con esa persona.	1 2 3 4 (5) 6 7	5 → 3	3
3. Me gusta hablar las cosas con esa persona.	1 2 3 (4) 5 6 7	4 → 4	4
4. Me resulta fácil depender de esa persona.	1 2 3 4 5 6 (7)	7 → 1	1
5. No me resulta cómodo abrirme a esa persona.	(1) 2 3 4 5 6 7		1
6. Prefiero no mostrar a esa persona cómo me siento por dentro.	1 (2) 3 4 5 6 7		2
7. Me preocupa a menudo no importar de verdad a esa persona.	1 (2) 3 4 5 6 7		2
8. Temo que esa persona pueda abandonarme.	1 2 (3) 4 5 6 7		3
9. Me preocupa no importarle a esa persona tanto como ella me importa a mí.	1 (2) 3 4 5 6 7		2

Puntuaciones medias por estilo de apego

Tipo de puntuación	Suma	Fórmula	Puntuación media
Puntuación media de evitación (eje X)	Suma de las preguntas 1 a 6	(Suma de las preguntas 1 a 6) ÷ 6	
	13	13/6=2.16	2.2
Puntuación media de ansiedad (eje Y)	Suma de las preguntas 7 a 9	(Suma de las preguntas 7 a 9) ÷ 3	
	7	7/3=2.33	2.3

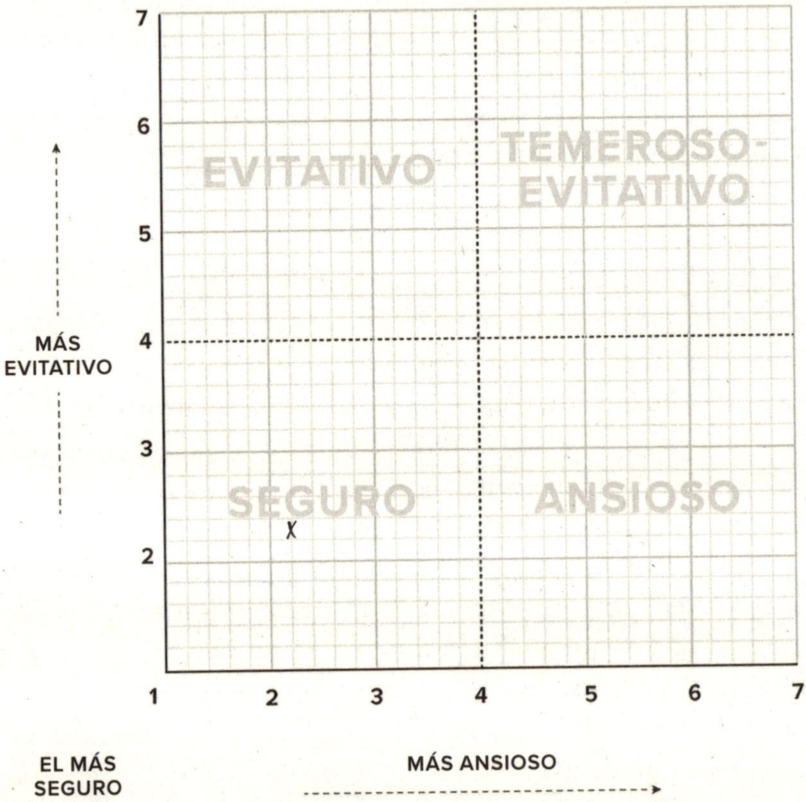

Interpretación del apego

CUADRANTE 1: Apego seguro: ansiedad baja y evitación baja

En muchas de tus relaciones tiendes a ser una persona cercana y cariñosa. Disfrutas de la proximidad y no sueles sentirte amenazado por las sorpresas que te depara la vida en materia de relaciones. Sueles ser la última persona en saber que alguien intenta perjudicarte; te cuesta ver el posible peligro en las relaciones. Dicho esto, en las ocasiones en las que algo llega a molestarte, perdonas rápido, no tardas en pasar página y es fácil consolarte.

CUADRANTE 2: Apego ansioso: ansiedad alta y evitación baja

Tienes el umbral de tolerancia muy bajo a la hora de detectar el peligro potencial en una relación. Tu radar está configurado de tal manera que incluso el menor incidente dispara la alarma. Ese estado de alerta permanente puede ser muy útil en un entorno peligroso, ya que serás capaz de ver las posibles amenazas antes que nadie. Sin embargo, si tu ambiente es relativamente seguro, tenderás a excederte y en ocasiones verás peligros donde apenas existen. Si creas un entorno libre de la mayoría de las amenazas, con el tiempo serás capaz de asentarte en una rutina más segura, disfrutar de la proximidad con los demás y sentirte a todos los efectos más a salvo. Pero no te equivoques: seguirás teniendo esa capacidad especial de detectar cosas que otros no ven y podrás sacarle un buen partido en todos los aspectos de tu vida.

CUADRANTE 3: Apego evitativo: ansiedad baja y evitación alta

Valoras muchísimo tu independencia y eres en gran medida autosuficiente. Piensas a menudo en cómo resolver los problemas por tu cuenta en lugar de acudir a alguien para que te ayude. Tu filosofía de vida es que todo el mundo debería velar por su propio bienestar y no llevas muy bien que otras personas invadan tu privacidad para satisfacer sus necesidades y deseos. Tú te ocupas de ti mismo, y los demás deberían hacer igual. En cuanto a la cercanía, tiende a incomodarte cuando es excesiva. Necesitas hacer las cosas a tu ritmo. Eres como un gato callejero: si alguien quiere acercarse a ti, que te deje un platito de leche y ya te acercarás cuando estés preparado. Sin presiones, porque ante la presión retrocedes instintivamente.

CUADRANTE 4: Apego temeroso-evitativo: ansiedad alta y evitación alta

Anhelas la cercanía, pero también temes sus posibles peligros. Pasas mucho tiempo solo; las relaciones no te resultan fáciles. Como las personas con apego ansioso, tienes un radar muy sensible para el peligro, pero, a diferencia de ellas, que disfrutan de la cercanía mientras no exista una amenaza, para ti la cercanía en sí misma puede suponer una amenaza. Aunque deseas proximidad, procedes con tanta cautela que abandonas incluso la perspectiva de cualquier posible vínculo solo para evitar que puedan romperte el corazón. En las relaciones que ya tienes es fácil herirte, pero tampoco tardas mucho en apartar a los demás cuando invaden tu espacio.

La mayoría de las personas descubren que, aunque tienden a caer en uno de los cuatro cuadrantes en el cuestionario de apego general, su estilo de apego puede variar considerablemente en cada una de sus relaciones. Ese tipo de flexibilidad es, en realidad, una fortaleza, y la utilizarás a tu favor a medida que aprendas a configurar tu entorno para hacerlo más seguro.

Cómo se manifiestan las dimensiones del apego en la vida real

Volvamos al experimento de Gillath con el que hemos empezado este capítulo. Llegas a casa después de un viaje de trabajo y recibes un mensaje que dice: «Llámame, tenemos que hablar». Los resultados del estudio muestran que las personas con un estilo de apego seguro son más propensas a reaccionar de forma positiva: si ese es tu estilo de apego, esperarás una sorpresa agradable, que tu jefe quiera felicitarte u ofrecerte un ascenso o que un miembro de la familia tenga buenas noticias.

Si eres evitativo, lo más probable es que ignores la petición y te «olvides» del todo de llamar a esa persona, o que pienses algo como «siempre buscando atención; no puedo con esto ahora. Acabo de llegar, va a tener que esperar».

Si eres ansioso, tiendes a ver el peligro en las relaciones. Supondrás que tu jefe quiere echarte, que tu pareja está a punto de romper contigo o que tus amigos o tu familia están molestos contigo.

Si eres temeroso-evitativo, quizá creas que la persona está distanciándose o se dispone a romper la relación. Pero, en lugar de llamar y expresar tus temores, quizá decidas preventivamente no enfrentarte a ello y evitar lo que parece una conversación emocionalmente intensa. Mantendrás la distancia al mismo tiempo que te sentirás muy infeliz.

Es fácil ver cómo las diferentes formas de evaluar la situación crean distintos resultados para la relación. Si tienes un apego seguro, llamas a tu pareja de buen humor, lo que conduce a una interacción más fácil y fluida. Si tu apego es inseguro —ya sea ansioso, evitativo o temeroso-evitativo—, respondes de una forma que no es la ideal. Por ejemplo, al devolver la llamada quizá actúes de forma fría o distante porque esperas que la otra persona esté molesta contigo; o quizá ni siquiera llames, lo que provoca tensiones relacionales y activa al máximo el circuito neuronal de vigilancia del cerebro, ese gran devorador de energía.

Taller de estilos de apego

¿Quién tiene razón? La pelea sobre la fiesta de cumpleaños

Andrew, el marido de Jessica, ha recibido una invitación para la fiesta de cumpleaños de su cuñado. Se la enseña a Jessica para ver si pueden acudir.

—No estarás planteándote en serio ir a esa fiesta, ¿verdad? —pregunta Jessica, sorprendida.

—Sí, ¿por qué no? —contesta Andrew.

—Bueno, la pregunta sería más bien «¿por qué sí?» —dice ella—. ¿Después de todo lo que te han hecho? ¿De la forma en que tu hermana te trataba de pequeño y de cómo se rieron de ti hace poco en aquella cena porque no estaban de acuerdo con tus opiniones políticas? Se rio toda la mesa a tu costa y a ti no te sentó bien. ¿No te acuerdas?

—Me acuerdo —replica él—. Pero ¿y qué? Aquello se quedó allí, en esa mesa. No vale la pena darle más vueltas.

¿Cuál de las siguientes afirmaciones es la más acertada?

1. Andrew es evitativo.
2. Jessica es ansiosa y Andrew es seguro.
3. Jessica es ansiosa y Andrew es evitativo.
4. Tanto Jessica como Andrew son ansiosos.
5. Ninguna de las anteriores.

La respuesta correcta es la 5: ninguna de las anteriores. Es importante no sacar conclusiones precipitadas a la hora de valorar los estilos de apego. También es importante ver dónde encajan las personas dentro del espectro tanto de la dimensión ansiosa como de la evitativa y no solo si encajan en una u otra. No tenemos información suficiente para saber si Andrew es evitativo o seguro. Lo que está claro es que no se recrea en las interacciones negativas que haya podido tener con su familia. Eso elimina el dominio ansioso, ya que su puntuación en él sería baja. Nos quedan dos opciones: evitativo o seguro. Podría ser cualquiera de las dos; no podemos saberlo con la información que se nos ha dado aquí. Quizá esté bloqueando, de manera defensiva, el recuerdo de los momentos negativos de la relación y sienta que la autosuficiencia es clave (es decir, que puntúe alto en evitación). O podría no darles mucha importancia a las interacciones negativas con su familia política y valorar la cercanía (es decir, puntuar bajo en evitación); si ese fuera el caso, su apego sería seguro.

Voy a darte un poco más de información: Andrew le dice a continuación a Jessica que sabe que su familia no es perfecta y que entiende que sus opiniones políticas puedan molestar a algunos de sus miembros. Pero todos ellos son importantes para él y los quiere. Tras el incidente de la cena, ha decidido no volver a sacar ningún tema espinoso en la mesa, porque sabe que eso contribuirá a que todo el mundo se lleve bien. No quiere renunciar a ver a su hermana y a su cuñado solo por sus diferencias políticas. Andrew dice que perdona a su hermana por tratarlo mal de pequeño. Se da cuenta de que no fue un niño fácil, lo que les complicó las cosas a todos.

Teniendo en cuenta lo que sabemos ahora, ¿qué afirmación es la más acertada?

1. Jessica puntúa bajo en ansiedad.
2. Andrew puntúa bajo en evitación y en ansiedad.
3. Andrew puntúa alto en evitación.
4. Jessica puntúa bajo en ansiedad y en evitación.
5. Ninguna de las anteriores.

La respuesta correcta es la 2: Andrew es seguro. Puntúa bajo en evitación y en ansiedad. Jessica puntúa alto en la dimensión ansiosa; ve peligro en la forma en que la familia de Andrew interactúa con él. Podría puntuar también alto en la dimensión evitativa, porque su solución es esquivar la situación por completo.

¿Quién tiene razón en esta discusión?

1. Jessica.
2. Andrew.
3. Ninguno.
4. Los dos.

La respuesta correcta es la 4: los dos. Ambos tienen puntos de vista válidos, porque experimentan la situación desde perspectivas diferentes debido a sus estilos de apego. Jessica, que es ansiosa, ve el peligro de exponerse a una situación en la que los demás no respetan tus opiniones o intentan hacerte de menos. Y, como es más sensible a las infracciones potenciales en las relaciones, para ella eso es importante, porque puede salir muy perjudicada. Andrew, que es seguro, es mucho menos sensible a esas dinámicas relacionales. Su sistema de apego no las registra como una amenaza (tal vez piense: «Las cosas se salieron un poco de madre en un momento de acaloramiento; esas cosas pasan»), así que las posibilidades de que le hagan daño son mucho menores. La situación le parece, de manera justificada, mucho menos grave.

¿Seguro... y ansioso?

Recibí un mensaje de un amigo que había rellenado el cuestionario de estructuras relacionales. Me envió una captura de pantalla con los resultados:

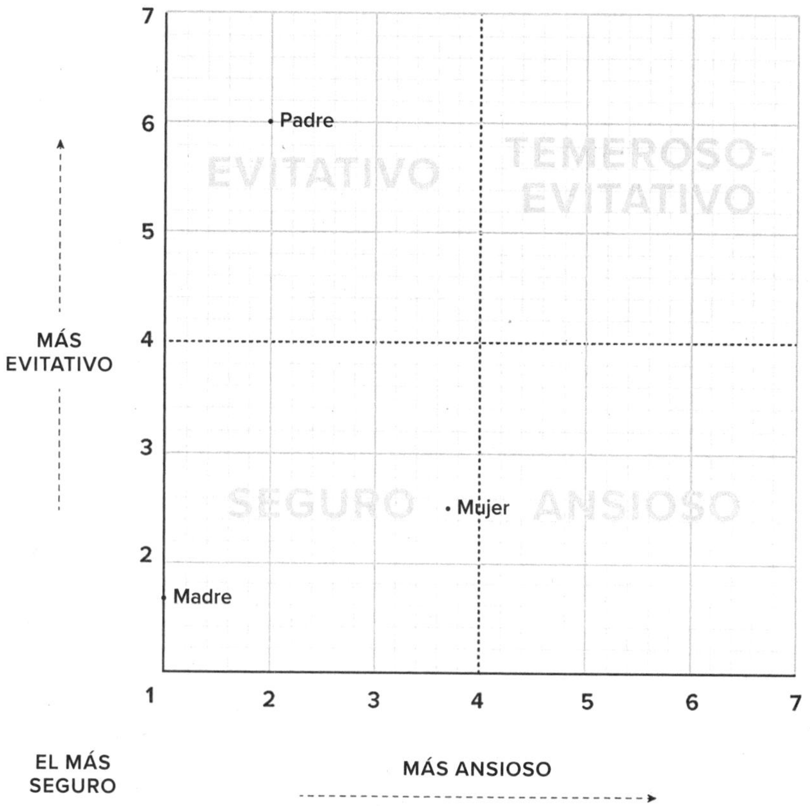

	Puntuación	
	Ansiedad	Evitación
Madre	1	1,67
Padre	2	6
Mujer	3,67	2,5
General	1,67	1,67

Cada puntuación refleja cómo interactúa mi amigo con personas importantes de su vida: su madre, su padre y su mujer. Calificó sus interacciones con su padre como evitativas, las que tenía con su madre como seguras, él en general se puntuó como seguro y sus interacciones con su mujer como cercanas a lo ansioso. ¿Cuáles de las siguientes afirmaciones son correctas?

1. Estamos ante una persona muy dispersa. Ha rellenado mal el cuestionario.
2. Esta persona ha identificado correctamente sus interacciones con diferentes figuras de apego importantes de su vida.
3. El hecho de que sea una persona segura pero su relación con su mujer raye lo ansioso plantea algunas preguntas sobre sus interacciones.
4. Se trata de alguien que muestra más ansiedad con su mujer y, puesto que las relaciones de pareja soportan el mayor peso en el apego, ese patrón es el que realmente cuenta.

Tanto la 2 como la 3 son correctas. Como hemos explicado en este capítulo, ahora sabemos que los estilos de apego se sitúan dentro de un espectro. En este caso, mi amigo se identificó como bastante seguro en sus interacciones en general, pero con un apego más ansioso en relación con su mujer. Sorprendido con los resultados, me envió un mensaje junto con la puntuación:

> ¡Hola! Me ha sorprendido que mi resultado sea seguro, porque, aunque diría que es verdad, con Mia soy cien por cien codependiente, sin límite alguno, así que... ¿cómo voy a tener un apego seguro?

¿Cómo es posible que mi amigo puntúe como seguro en general pero sea ansioso con su mujer? Rodea con un círculo la respuesta correcta.

1. Esta persona tiene un trastorno de la personalidad; de ahí que sus emociones al tratar con distintas personas sean inconsistentes.

2. Los resultados de esta persona no tienen ningún sentido. Debe de haberse equivocado al rellenar el cuestionario. Tendría que volver a hacerlo.
3. Hay algo muy concreto en las interacciones de esta persona con su mujer que hace que no le sea fácil tener un apego seguro con ella.
4. Al tener un apego evitativo con su padre, esta persona ha desarrollado un estilo de apego ansioso hacia su mujer.

La respuesta correcta es la 3.

Quizá te sea útil saber un poco más sobre la situación de mi amigo. Cuando completó el test, su mujer estaba en rehabilitación. Pese a ser una persona en gran medida segura, el alcoholismo de su mujer hizo que sintiera más ansiedad en relación con ella, y con razón. Su mujer desaparecía durante horas sin previo aviso; a veces incluso pasaba noches enteras fuera de casa. La habían multado por conducir bajo los efectos del alcohol y en varias ocasiones se había desmayado y al despertarse había descubierto que la caída le había provocado lesiones graves. Incluso la persona más segura del mundo podría experimentar una activación de sus circuitos neuronales del apego en esas circunstancias y vería su estilo de apego desplazarse hacia el cuadrante ansioso.

Todo ello pone de relieve de qué modo la impredecibilidad relacional reiterada puede desestabilizar incluso el apego seguro, lo que pone de manifiesto la adaptabilidad y la vulnerabilidad de nuestros circuitos neuronales del apego.

Ahora que ya estás más familiarizado con tu topografía del apego y que has visto que, además de tu estilo principal, es posible tener todo un repertorio de estilos dentro de ti según con quién interactúes, es hora de arremangarse y abordar cada uno de los estilos inseguros en los capítulos siguientes. Aunque en esta segunda parte hay capítulos diferenciados para los estilos ansioso, evitativo y temeroso-evitativo, las estrategias sobre cómo llegar a tener un apego más seguro están repartidas por todos ellos. Para sacarle el máximo partido a este libro es esencial leer todos los capítulos, sea cual sea tu estilo de apego, porque cada uno de ellos contiene herramientas que todos podemos utilizar.

6

El estilo de apego ansioso: vivir con superpoderes de percepción

El primer día del curso escolar, Natalie se dio cuenta de que su hija de nueve años, una niña adoptada, se hacía amiga enseguida de una nueva compañera de clase que venía de otro colegio. Hablando con la madre de la otra niña, se enteró de que también era adoptada.

Al verlas juntas, de repente se quedó helada. Enseguida lo supo: ¡eran hermanas!

«Estaba allí de pie y la madre de la otra niña me hablaba, pero yo ni la oía. Lo único que era capaz de ver era lo mucho que se parecían las dos. La manera en que caminaban, los pequeños gestos que hacían... Era increíble. Observé sus caras y me parecieron iguales. Los detalles diferían (mi hija tiene los ojos castaños y la otra niña, azules; mi hija tiene el pelo liso y la otra niña, ondulado), pero sus facciones y sus expresiones eran idénticas.»

Presa de la emoción, Natalie le explicó a todo el mundo su corazonada. Pero nadie se la tomó en serio. Se lo contó a la profesora, a la trabajadora social que había llevado su adopción y a la madre de la otra niña, pero ninguna creía que aquello tuviera sentido. La madre de la otra niña insistía en que su hija le había dicho que era la única hija de la mujer que la había dado en adopción. «Todo el mundo quería que me olvidara de aquello —recuerda Natalie—. Pero yo no podía. No podía fingir no ver lo que tenía delante de las narices.» Se negó a rendirse y empezó a investigar por su cuenta, a revisar los informes que tenía y a intentar saber más sobre lo ocurrido con la madre biológica. Tras meses de insistencia, una trabajadora social aceptó echarle un vistazo al caso.

Finalmente recibió la llamada que esperaba. «¿Estás sentada? —le preguntó la trabajadora social—. Tengo noticias. Tenías razón: las niñas son hermanas.» A Natalie se le llenaron los ojos de lágrimas. «Estoy tan contenta de no haber tirado la toalla... Es como un pequeño milagro. Ahora mi hija puede compartir su trayecto de vida con su hermana.»

Han pasado años desde ese primer día de escuela y las dos niñas siguen siendo inseparables.

La historia de Natalie quizá parezca extraordinaria, pero, al analizar los estudios sobre apego, se hace evidente que no es inusual que las personas con apego ansioso vean cosas que los demás a menudo pasan por alto.

Un estudio hecho a partir de resonancias magnéticas funcionales y llevado a cabo por Zahra Nasiriavanaki, entre otros autores, en la Universidad de Harvard descubrió que las personas con apego ansioso mostraban una mayor actividad en las regiones del cerebro que advierten la presencia de otros rostros aproximándose. Se demostró que las personas con ese tipo de apego detectaban esos rostros acercándose cuando otros cerebros no registraban nada. En la Universidad de Illinois, Chris Fraley y su equipo demostraron que las personas con apego ansioso pulsaban antes que las demás un botón cuando un rostro pasaba poco a poco de una expresión neutra a otra de emoción (tristeza, rabia o felicidad). Aquello les facilitaba la detección de cambios de ánimo sutiles que otras personas no advertían.

Y no son solo rostros y expresiones: las personas con apego ansioso también captan otras señales de su entorno. Tsachi Ein-Dor y Mario Mikulincer, de la Universidad Reichman, demostraron que las personas con apego ansioso eran las primeras en detectar que salía humo de un ordenador y de informar al respecto. En un experimento relacionado con el anterior, Ein-Dor y Orgad

Tal descubrieron que, cuando se pedía a los participantes de un estudio que informaran de la amenaza de un programa de *software* maligno, las personas con apego ansioso eran las más proclives a insistir hasta hacer llegar el aviso al servicio técnico, incluso cuando una persona que actuaba de cebo trataba de evitarlo.

Esos estudios dibujan un panorama claro: las personas con un estilo de apego ansioso tienen un sistema nervioso muy sensible, que capta los cambios sociales y ambientales con más rapidez y responde también con más intensidad. Esa capacidad de percepción puede ser increíblemente útil en todos los ámbitos de la vida. Puede proporcionar una ventaja importante en los asuntos empresariales y las negociaciones, conducir a avances científicos y ayudar a los demás a ser mejores cuidadores o propietarios de viviendas, por poner algunos ejemplos.

La pregunta que surge a continuación es la siguiente: ¿de dónde vienen esos poderes de percepción de las personas con apego ansioso? La respuesta podría cuestionar gran parte de lo que creemos saber sobre este estilo de apego.

El origen del apego ansioso

Muchas de las investigaciones que se han hecho plantean la hipótesis de que el apego ansioso tiene su origen en la infancia, de que es el resultado de que tus cuidadores no estuviesen a la altura de tus necesidades emocionales, lo que hizo que fueras menos capaz de calmarte o de sentirte a salvo en las relaciones. Supone, por tanto, que tus padres no te hicieron sentir lo bastante seguro y, como consecuencia, desarrollaste una especie de hipervigilancia social, un sistema de radar incorporado que busca siempre el peligro. Pero esa teoría no se ha demostrado del todo. De hecho, quizá fuera al revés: que las personas con apego ansioso sencillamente tengan unos sentidos extraordinarios que les permiten identificar cosas que otros no son capaces de reconocer. Eso significa que a las personas con apego ansioso se les da bien detectar señales de peligro. Pero va mucho más allá de eso. No es solo que se les dé mejor detectar el peligro, sino también todo un universo de matices y sutilezas que a los demás a menudo se les escapan. Como le pasó a Natalie cuando reconoció las similitudes entre las dos niñas cuando nadie más lo hizo.

De hecho, del análisis de los estudios que se han hecho, si dejamos de lado las hipótesis y los sesgos más habituales y nos centramos solo en los datos, emerge un patrón claro: las personas con apego ansioso —en torno a un 20 por ciento de la población— poseen capacidades de percepción notables que sobrepasan con mucho las de los demás.

Ver el apego ansioso a través del prisma de los superpoderes de percepción, en lugar de como un déficit a la hora de tranquilizarse a uno mismo, cambia también el modo en que podríamos estar valorando nuestra infancia. En lugar de contemplar el apego ansioso como el resultado de una crianza insuficiente, podemos valorar lo exigente que debió de ser para nuestros padres criar a un hijo con una sensibilidad perceptiva aguda. Así que la «mala crianza» que los investigadores observan y sobre la que teorizan como la causa del apego ansioso quizá no sea más que el reflejo de las dificultades que presenta en el día a día cuidar de un niño muy sensible. De hecho, existe toda una serie de investigaciones que plantean que algunas de esas sensibilidades sociales y de percepción podrían ser incluso hereditarias.

Orquídeas y dientes de león

Como psiquiatra infantil, siempre me sorprende ver lo rápido que algunos niños se sienten en terapia como pez en el agua. Puede que en su vida cotidiana discutan con sus padres y tengan problemas en la escuela, y que las dificultades los superen. Pero en el momento en el que entran en la consulta, en un entorno en el que saben que se los apoyará y que nadie los juzgará, es como si se transformaran, como si se despertara en ellos una vocación genética, como si algo en lo más profundo de su interior hubiera permanecido dormido, a la espera de las condiciones adecuadas para abrirse al mundo y florecer.

Dibujamos juntos, escribimos libros e inventamos mundos imaginarios y, a través de ese juego creativo, contemplo con admiración cómo mejoran, cambian y empiezan a destacar. Para mí, como terapeuta, es una de las cosas más maravillosas que presenciar. Así que, cuando me topé con la teoría biológica de las orquídeas y los dientes de león, para mí enseguida tuvo sentido.

Varios estudios demuestran que un determinado porcentaje de la población tiene una mayor sensibilidad a su entorno social debido, en parte, a una variante específica del gen del receptor D4 de dopamina. En condiciones adversas, los niños con esa variante genética más sensible suelen tener problemas: dificultades con la regulación emocional, mal comportamiento o problemas para alcanzar hitos de desarrollo temprano. A medida que crecen, pueden ser más propensos a meterse en problemas o adoptar comportamientos de riesgo durante la adolescencia. Sin embargo, en un entorno adecuado, el patrón se invierte: los niños y los adolescentes con ese gen de la sensibilidad suelen desarrollarse mejor y superar en gran medida a los demás.

Los investigadores han comparado a estos individuos genéticamente sensibles con las orquídeas: delicadas y difíciles de cuidar, pero capaces de producir una flor maravillosa en las condiciones adecuadas. En contraste, quienes no tienen esa sensibilidad genética y tienden a desarrollarse bien incluso en condiciones que no son ni mucho menos ideales son como dientes de león: resilientes y adaptables, capaces de crecer casi en cualquier sitio. Los dientes de león no sufren tanto como las orquídeas en situaciones difíciles, pero tampoco florecen como ellas cuando las cosas van bien.

En resumen, la presencia de esa sensibilidad genética no conduce inevitablemente a un mal resultado; solo amplifica la capacidad de respuesta al entorno. Las personas con apego ansioso, muchas de las cuales encajarían en la categoría de orquídeas, no están condenadas por su aguda capacidad de percepción: solo necesitan las condiciones adecuadas para que esos rasgos se conviertan en fortalezas.

El problema del superhéroe

Si estás programado biológicamente como una orquídea, necesitas las condiciones adecuadas para desarrollarte. Sin embargo, muchas personas con apego ansioso se quedan atrapadas en entornos —externos e internos— que bloquean su camino hacia la seguridad.

En mi consulta he aprendido a valorar el papel que desempeñan los sentidos exquisitamente afinados, propios del apego ansioso, en la vida de mis pacientes, con las ventajas e inconvenientes específicos que conllevan.

Esas capacidades perceptivas pueden ser notables. Pero, como les ocurre a los superhéroes en las películas, un poder sin control puede acarrear muchos problemas. Uno de mis pacientes describió así esa espada de doble filo en nuestra primera sesión:

> Me encanta relacionarme con la gente. Entenderme bien con alguien es algo que me hace muy feliz; me llena de energía y me ayuda a avanzar. Es mi lugar feliz; en ese estado mental soy capaz de hacer muchas cosas y los demás disfrutan de mi compañía. Se me da muy bien mi trabajo —soy capaz de identificar tendencias en el mercado de valores mucho antes que cualquiera— y, cuando estoy lo bastante seguro de mí mismo como para actuar en consecuencia, mi empresa se hace de oro.
>
> Pero, aunque en el trabajo me va todo muy bien y estoy casado y tengo dos niños preciosos, no todo es tan bonito como podría parecer desde fuera. Soy extremadamente sensible a cualquier desaire. Me ofendo con facilidad y, cuando eso ocurre, me afecta mucho.

Puede ser un desprecio de un amigo, que un compañero de trabajo me desautorice o que mi mujer o mis hijos me ninguneen. Sea cual sea la situación, acaba ocupando tanto espacio en mi cabeza que no sé pasar página. Cuando las cosas se ponen muy feas, no siempre sé gestionarlo bien. A veces la emprendo a gritos con la persona involucrada y luego me siento fatal. Entonces necesito contárselo a alguien para desahogarme. Pero cuando me pongo a hablar del tema no tengo fin y sé que eso puede ser agotador para los demás.

¿La peor parte? Que, cuando me activo de ese modo, no se me pasa fácilmente. No tengo un botón de apagado. La obsesión puede durar mucho tiempo, desde unas pocas horas hasta varios días. En los casos más graves puede alargarse semanas, incluso meses.

Lo odio.

Me parece una descripción muy esclarecedora del problema del superhéroe en el apego ansioso. Cuando las cosas van bien en el ámbito interpersonal, las personas con este estilo de apego sobresalen y prosperan, pero, cuando algo falla, sus agudos sentidos pueden hacer que les cueste mucho superarlo y volver a la normalidad. Las mismas cualidades que las ayudan a destacar —la afinada percepción que mostró Natalie y el convencimiento de que no debía ignorarla— se convierten en ese momento en su talón de Aquiles. ¿Cómo encontrar la paz con ese superpoder perceptivo que puede poner patas arriba su mundo?

La solución es sencilla: si creas un entorno seguro para ti, podrás poner a trabajar tus superpoderes sensoriales a favor de iniciativas de vida positivas y, a la vez, destacarás y prosperarás tú mismo.

¿Cómo crear ese tipo de entorno seguro? Aquí es donde entra en juego PReDiCC.

PReDiCC, como recordarás, equivale a predictibilidad, reactividad, disponibilidad, consistencia y confiabilidad. Piensa en ello como el traje y la armadura de superhéroe de la persona ansiosa, el arma secreta que evita que tus agudos sentidos se vuelvan en tu contra. Cuando las personas son PReDiCC contigo, tu radar deja de prestar atención a los conflictos interpersonales y te vuelves capaz de utilizar tus poderes para el bien común, lo que te beneficia tanto a ti como a quienes te rodean. Los comportamientos no-PReDiCC, en cambio, son tu kriptonita. Te debilitarán y desgastarán tus poderes. Una intervención PReDiCC como la descrita en el capítulo 2 será tu manera de enseñar a los demás la seguridad que necesitas para desarrollarte. Cuanto más PReDiCC sean tus intercambios cotidianos, incluyendo las interacciones menores aparentemente insignificantes (IMAI) descritas en el capítulo 3, más seguro será tu mundo.

Cuando la gran mayoría de tus IMAI sean PReDiCC, tus superpoderes de percepción podrán canalizarse hacia la creación y la prosperidad, en lugar de consumirse en una vigilancia constante.

Y aunque la solución es, en principio, sencilla, en la práctica tendrás que superar obstáculos concretos por el camino.

Los obstáculos que impiden que las personas con apego ansioso pasen a ser seguras

¿Qué es lo que impide que muchas personas con apego ansioso desplieguen todo su potencial?

En mi experiencia, suele reducirse a dos poderosos obstáculos, que he dado en llamar «luz de gas del apego» y «ciclo de protesta-arrepentimiento».

- La *luz de gas del apego* hace referencia a los mensajes internos y externos que nos hacen dudar de nuestras percepciones.

- El *ciclo de protesta-arrepentimiento* es un bucle doloroso de apego que mantiene nuestro sistema nervioso atrapado en una angustia perpetua.

Esas dos fuerzas consumen mucha energía cerebral y nos dejan agobiados e infelices, como le ocurría a mi paciente del apartado anterior. Refuerzan la inseguridad, lo que nos impide crear el entorno social enriquecedor que necesitamos para convertirnos en personas con un apego más seguro.

Echémosles un vistazo más de cerca.

Luz de gas del apego

Suelo prevenir a mis pacientes ansiosos contra la luz de gas del apego, que ocurre cuando te convences —o alguien te convence— de que hay algo malo en ti solo por tus agudas capacidades de percepción.

Supongamos que una amiga, tras darte tú cuenta de que lleva tres semanas ninguneándote, te dice: «Estás viendo cosas donde no las hay» y desmiente con ello categóricamente tus sospechas. O puede que tú mismo te digas para tus adentros: «Le estoy dando demasiada importancia. Debería relajarme un poco: es una persona ocupada. Deja de hacer una montaña de un grano de arena». Algo así puede hacer que sientas que eres demasiado sensible o que tiendes a exagerar las cosas.

La negación tanto externa como interna de tus percepciones puede llevarte a sentir mucha inseguridad. Acabas batallando contra tu biología, intentando «aguantar», como quizá hacen otros, solo para verte superado una y otra vez por todo eso. Es un ciclo que te hace sentir avergonzado y creer que hay algo malo en ti y que no es fácil tratar contigo.

Pero lo que está pasando no es un defecto tuyo: es el choque entre IMAI que no son PReDiCC y tu biología. La luz de gas del apego tiene muchas formas de manifestarse, tanto internas como externas.

LUZ DE GAS INTERNA: Cuando eres duro contigo mismo, quizá pienses...

- «Podré con ello.»

Te expones a situaciones y relaciones inseguras pensando que serás capaz de manejarlas y que todo saldrá bien. «Si los demás pueden, ¿por qué no habría de poder yo?», piensas. Pero negar tus agudas capacidades de percepción es como plantar una orquídea en la nieve y esperar que florezca.

- «No debería dejar que esto me afectara.»

Una vez que estás en una dinámica no-PReDiCC, te regañas por dejar que te afecte. En lugar de reconocer que tu reacción es válida, te juzgas por tenerla.

- «Es por la infancia que tuve.»

Justificas tu inseguridad actual por lo que viviste en tu niñez. Te dices: «Estoy reaccionando a esto por lo que viví de pequeño, no por el comportamiento de esta persona aquí y ahora». Pero, si una situación actual reabre viejas heridas, ¿no es una razón más para resolverla con una intervención PReDiCC o intentar dejarla atrás y rodearte de experiencias seguras que puedan invalidar esos viejos patrones?

LUZ DE GAS EXTERNA: Cuando otros te ignoran, quizá digan...

- «Eres demasiado sensible.»

Deslegitiman tu forma de experimentar el mundo haciendo un juicio de brocha gorda sobre ti.

- «Nadie más se molestaría por algo así.»

Los demás podrían invalidar tu biología de orquídea comparándote con el 80 por ciento de la población, aproximadamente, cuyo sistema nervioso funciona de manera diferente al tuyo.

- «Todo está en tu cabeza.»

Eso, de hecho, es verdad: está «en tu cabeza» porque tu sistema nervioso capta cosas que el 80 por ciento de la población no. Pero ellos no lo dicen en ese sentido, sino que lo afirman con desdén, casi burlándose, como si tus percepciones no fueran reales o válidas. No obstante, los estudios a los que me he referido anteriormente en este capítulo demuestran que, en realidad, a menudo lo son. Esos comentarios niegan tu vivencia de lo ocurrido y hacen que te cuestiones tus percepciones, incluso cuando estas son correctas.

Una amiga mía me hizo hace poco una reflexión sobre una situación de pareja que tuvo un mal final. Cuando la relación empezaba a ir en serio, ella le pidió a su novio que estuviera en contacto con ella durante el día, aunque no fuera más que enviándole un emoticono gracioso, para que ella supiera que seguía ahí. «¿De verdad esperas que te envíe mensajes durante el día? Los dos trabajamos. ¿No te parece excesivo? No puedo darte eso. Nadie puede. Tú eres la responsable de tu propio bienestar, no yo.»

A mi amiga la ponía nerviosa que durante la jornada él ni siquiera respondiera a sus mensajes ocasionales, y al final terminó con la relación.

En aquel momento, se sintió avergonzada y se convenció de que era ella la que tenía un problema, que lo que pasaba era que necesitaba demasiada atención, pese a que yo le insistía en que no era así. «Cuesta dos segundos enviar un emoticono gracioso —le decía—. No es pedir mucho.»

Meses después de la ruptura, estando de paseo los dos por Central Park, me dijo: «¿Sabes qué? Me he enterado de que tenía varias aventuras en el trabajo. ¿Te lo puedes creer? Intuí algo entonces y ahora veo que atacó por dos frentes: engañándome de la manera tradicional y haciéndome luz de gas del apego. Sabía que no estaba realmente comprometido con la relación. Me da rabia que en aquella época consiguiera convencerme de que el problema era yo. Da miedo, pero me lo creí».

Ciclo de protesta-arrepentimiento

Si la luz de gas del apego te hace dudar de tu sensibilidad, el ciclo de protesta-arrepentimiento te atrapa en ella. Es el segundo mayor obstáculo que se interpone en el camino de la persona con apego ansioso hacia la seguridad y es igualmente doloroso. En ese círculo vicioso se activan dos mecanismos de apego clave: los comportamientos de protesta y las estrategias de activación.

COMPORTAMIENTOS DE PROTESTA: Todos tenemos un mecanismo cerebral que evalúa la disponibilidad de los demás. Si notas que la otra persona (ya sea un amigo, un compañero de trabajo o tu pareja) no está disponible o se muestra distante, ese mecanismo hace saltar la alarma. Tus sentidos captan su distanciamiento y sufres una gran intranquilidad hasta que se reestablece el contacto. Si lo consigues, todo vuelve a la normalidad, pero, si no, el malestar se mantiene. En función de cuál sea la situación, puede que incluso te sientas impelido a actuar de algún modo. Por ejemplo, enviando un mensaje como «¿Va todo bien?» o un simple «?», o recurriendo a medidas más extremas, como llamar a esa persona docenas de veces o abordarla de forma abrupta de algún otro modo. Todo ello al servicio de reestablecer ese vínculo emocional y aunque suponga enfadar a esa persona: para el sistema de apego, la atención negativa a menudo es preferible a la falta de atención.

A esos intentos de reestablecer una conexión se los llama «comportamientos de protesta».

ESTRATEGIAS DE ACTIVACIÓN: Otra reacción habitual cuando sentimos que hemos perdido ese vínculo emocional son las estrategias de activación. Se trata de respuestas internas que genera nuestro circuito neuronal del apego, tácticas ingeniosas que tu cerebro utiliza para mantenerte involucrado en la relación cuando notas que la otra persona se está distanciando. Ese tipo de estrategias pueden adoptar muchas formas: un pensamiento, una sensación o un impulso que mantiene la conexión en primer plano. Las estrategias de activación pueden enquistarse durante largos periodos de tiempo en la mente de la persona con apego ansioso y consumir energía y espacio mental. Son una de las principales fuentes de sufrimiento y angustia. Quizá repases conversaciones que habéis mantenido, hiervas de rabia, fantasees con una reconciliación, experimentes sentimientos de culpa o arrepentimiento o simplemente te cueste pensar en cualquier otra cosa. A diferencia de los comportamientos de protesta, que intentan conseguir la reconexión con la otra persona, las estrategias de activación son esos pensamientos y sentimientos que evitan que puedas pasar página. Mantienen la relación activa y omnipresente en tu cerebro. Incluso después de que los comportamientos de protesta disminuyan, e incluso aunque nunca los llevaras a la práctica, las estrategias de activación pueden perdurar, a veces durante años.

Ahora que ya sabes más sobre los comportamientos de protesta y las estrategias de activación, dirijamos nuestra atención de nuevo al ciclo de protesta-arrepentimiento.

El ciclo se produce cuando se acumulan situaciones no-PReDiCC recurrentes en una relación. Debido a tu aguda percepción, posees una capacidad asombrosa para detectar esas indiscreciones del apego y te molestan, aunque te gustaría que no fuera así. Todo ello crea un patrón predecible que se repite una y otra vez, motivo por el cual lo he llamado «ciclo de protesta-arrepentimiento». Lo divido en cinco fases.

Las cinco fases del ciclo de protesta-arrepentimiento

PRIMERA FASE: ACTIVACIÓN DEL SISTEMA DE APEGO. Te entiendes con esa persona, las cosas van bien, y de repente se produce un momento no-PReDiCC. Esa persona se muestra distante, ignora un mensaje o te ningunea. Si tienes un estilo de apego ansioso, lo detectas al instante. Tu sistema hace saltar la alarma y pasas a un estado de rápida activación.

SEGUNDA FASE: LA AVALANCHA DE COMPORTAMIENTOS DE PROTESTA Y ESTRATEGIAS DE ACTIVACIÓN SURTE EFECTO. Al principio, puede que pruebes con una protesta leve, el equivalente emocional de ir a llamar a la puerta de alguien. Llamas por teléfono o envías mensajes repetidamente, escribes *emails*, rastreas sus redes sociales en busca de pistas o repasas conversaciones recientes para averiguar qué ha podido ir mal. Si eso no funciona, la protesta sube de volumen y puede convertirse en un *estallido de reproches*, el estado emocional equivalente a aporrear su puerta y querer echarla abajo. Estando así, podrías ser capaz de arremeter contra esa persona, decir algo mordaz o hiriente, o irte al otro extremo y hacerle el vacío (sometiéndola al efecto del rostro inexpresivo), amenazar con irte o desaparecer del todo, física y emocionalmente.

TERCERA FASE: UNA CONTRARREACCIÓN DEL APEGO. Cuando te tranquilizas, se produce un fenómeno curioso: experimentas una *contrarreacción del apego*. Te parece que has reaccionado de forma exagerada y te sientes culpable y arrepentido por tu comportamiento. Echas muchísimo de menos a esa persona y te preocupa haberle hecho daño con tus palabras y tu actitud. Con la misma intensidad que cuando la culpabas a ella de lo ocurrido, ahora te culpas a ti mismo. Las estrategias de activación te llevan a entregarte a una luz de gas del apego interna feroz —«Es todo culpa mía, he hecho una montaña de un grano de arena, he dicho todas esas cosas tan horribles...»— sin un final a la vista.

La aparición de las estrategias de activación a menudo te inunda, si eres una persona con apego ansioso, de nostalgia, culpa y reproches sobre lo que has hecho, lo que te empuja a tratar de restablecer el vínculo, incluso aunque una parte de ti siga recordando el dolor sufrido. Muchas veces esas estrategias no remiten hasta que claudicas, retomas el contacto con la otra persona y te sometes a ella.

CUARTA FASE: RECONCILIACIÓN Y RESENTIMIENTO RESIDUAL. Como tienes un sistema de apego pegajoso que no suelta fácilmente a otras personas, te descubres sintiendo unos terribles remordimientos por la ruptura de la relación. Buscas la reconciliación y acabas disculpándote. Pero, mientras pides perdón, notas también un presagio del arrepentimiento que sentirás por hacerlo y reaparece un cierto resquemor, porque el comportamiento original no-PReDiCC nunca se ha abordado ni resuelto. El foco ha pasado a situarse en ti y en tu «terrible» conducta, más que en lo que la provocó. Pero decides no mirar atrás y retomas el vínculo de todas formas, sabiendo que sería demasiado doloroso no hacerlo.

QUINTA FASE: OTRO INCIDENTE NO-PREDICC. Inevitablemente, se producirá un nuevo incidente no-PReDiCC que hará que recomience el ciclo. A ratos intentarás contener tu malestar y reprimirlo, como intentando ser el diente de león que nunca fuiste. Pero tus agudos sentidos de orquídea seguirán hiperactivos y tu sistema nervioso acumulará presión de activación hasta que, tras lo que podría parecer un incidente menor, se produzca un estallido. Esto dejará a la otra persona confusa acerca de por qué una pequeña infracción merece una reacción tan «desproporcionada» y hará que parezcas una persona muy poco razonable o, peor aún, «inestable», cuando en realidad la tuya es una respuesta a la tensión acumulada con el tiempo. Eso te llevará de vuelta al principio y te verás atravesando el ciclo de protesta-arrepentimiento una vez más. Para hacer hincapié en el coste potencial del ciclo de protesta-arrepentimiento en tu vida, incluyo a continuación un diagrama de flujo:

Una vida PReDiCC frente a una vida no-PReDiCC para las personas con apego ansioso: vivir de forma segura con superpoderes de percepción*

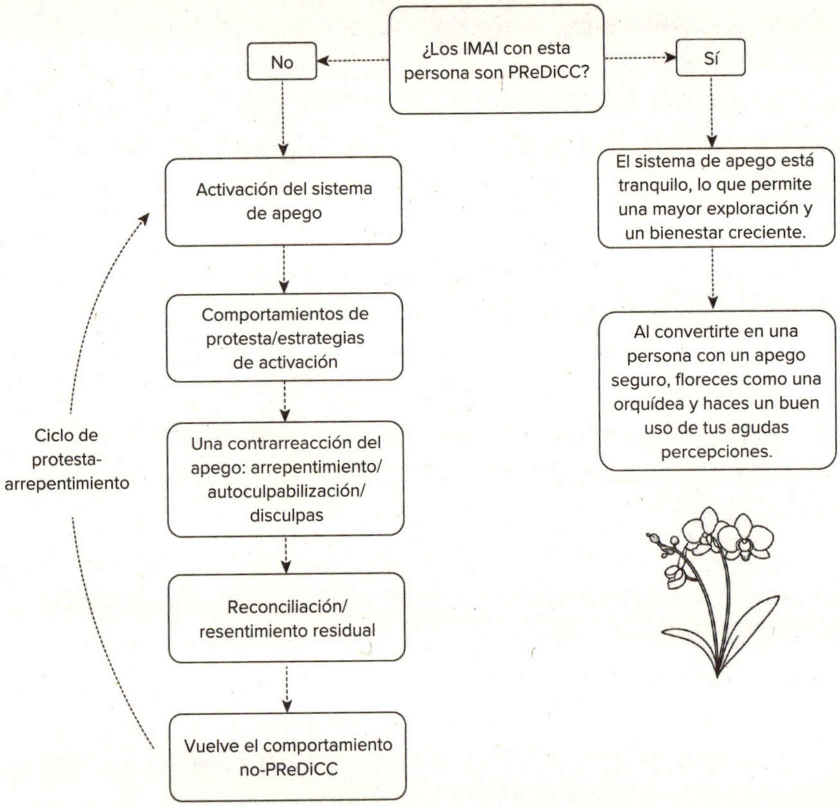

* PReDiCC = Predictibilidad, reactividad, disponibilidad, consistencia y confiabilidad; IMAI = Interacciones menores aparentemente insignificantes (de la vida cotidiana).

Daños colaterales: el ciclo de protesta-arrepentimiento y la quema de naves sociales

Otra consecuencia del ciclo de protesta-arrepentimiento es que, cuando estás en modo de protesta, buscas instintivamente el consuelo de los demás para que te ayuden a lidiar con esa situación dolorosa y perturbadora. Igual que le ocurría al paciente del que he hablado al principio de este capítulo, no puedes dejar de hablar de ello con tus personas de confianza. Explicas lo mal que se ha portado el otro, pero a menudo difundes una versión exagerada y parcial de los hechos, omitiendo cualquier detalle que pueda aportar matices o contexto a la situación. Al hacerlo, no estás favoreciendo que los demás se pongan «de tu lado»: lo que haces es ponerlos de tu lado inseguro.

Luego, cuando el péndulo del apego vuelve a su estado anterior y llega el arrepentimiento, te das cuenta de que has ido demasiado lejos a la hora de demonizar a la otra persona. Entonces tienes por delante la tarea de tender puentes, mientras tu red de apoyo, que ha oído solo la versión exagerada de lo ocurrido, te critica por hacerlo, lo cual añade una capa adicional de estrés e inseguridad con respecto a tus personas de confianza que interfiere con el objetivo seguro de crear una vida hiperconectada (véase el capítulo 2).

La mejor manera de evitar esta situación es incluir la perspectiva de la otra persona, el modo en que podría ver la situación, al explicar lo ocurrido. Por ejemplo, imaginemos que un compañero de trabajo con el que sueles trabajar a gusto decide no incluirte en un proyecto. Como te ha dolido, le cuentas a todo el mundo lo mal que se ha portado. Pero después te acuerdas de lo bien que soléis trabajar juntos y te das cuenta de que quizá has malinterpretado la situación. Así que te ves en un apuro. ¿Cómo vais a volver a colaborar después de haber hablado tan mal de él con tus compañeros?

Cuando estés molesto y te dirijas a los demás en busca de consuelo, intenta ofrecer una narrativa más segura y equilibrada de los acontecimientos, una que invite a la perspectiva, no solo a la queja. Podrías decir, por ejemplo: «Ahora mismo estoy que trino y sé que estoy dando solo mi versión de los hechos. Si intento ponerme en su piel, es posible que le parezca que no tengo los conocimientos suficientes sobre este asunto y que por eso no me lo haya pedido».

Es importante también que acudas a tus aliados seguros en busca de apoyo, aquellos que te ayudan a tener los pies en el suelo. Te dirán cosas como «esta vez no te ha incluido, pero sabes lo mucho que te valora. ¿Y si no lo ha hecho a propósito? Soléis formar muy buen equipo y habéis hecho grandes cosas juntos. No vale la pena echar a perder todo eso».

Ese tipo de refuerzo te ayuda a rebajar la tensión y recuperar una perspectiva más equilibrada y segura sin quemar tus naves de apoyo (hablaremos más sobre ello en el capítulo 13, que trata sobre *coaching* seguro). Fíjate en que no les han restado importancia a tus sentimientos. No te han dicho que hayas tenido una reacción exagerada, porque eso sería hacerte luz de gas del apego. En lugar de eso, te han preparado para lo que vendrá después al recordarte algunos de los aspectos positivos de la relación.

Cuando estés menos enfadado, mantener una visión equilibrada te ayudará a juzgar la situación con más prudencia. Pero recuerda: tus sentidos son únicos y esta no es una invitación a hacerte luz de gas del apego, sino a que, cuando tu sistema se calme, procedas a realizar una intervención PReDiCC, en caso necesario, y valores la calidad de la colaboración de ahí en adelante (hablaremos más sobre evaluación colaborativa en el capítulo 11).

CREAR UN GUION SEGURO PARA CABALGAR LA OLA DEL CICLO DE PROTESTA-ACTIVACIÓN

Si ves que te entran ganas de entregarte a la fase de protesta del ciclo de protesta-arrepentimiento, puede serte de ayuda parar un momento y seguir este guion para ver la situación desde una postura más sensata y segura.

Pregúntate:

- ¿Qué haría una persona segura?
- ¿Cuál podría ser su punto de vista en relación con este asunto?
- ¿He actuado alguna vez de manera similar con otra persona?
- ¿Me arrepentiré de decir o hacer algo ahora mismo?
- ¿Es posible que no haga falta decir o hacer nada en absoluto, que baste con callar y esperar?

Puedes pensar en tu guion como en una forma de evitar decir o hacer algo incendiario que pueda poner en marcha el ciclo de protesta-arrepentimiento o agravarlo. El objetivo aquí es cabalgar la ola de la activación hasta que pase y estés lo bastante tranquilo como para lidiar con la situación de una forma más segura.

A las personas con un apego seguro se les da bien gestionar el conflicto porque responden desde un lugar menos activado. Tú también puedes hacerlo una vez que hayas aprendido a cabalgar la ola y a esperar a haberte calmado antes de responder. Puede que te lleve tiempo tranquilizarte, y tu sistema de apego intentará convencerte de que es urgente actuar ahora, pero no caigas en la trampa.

Tienes mucho que perder entregándote al ciclo de protesta-arrepentimiento y mucho que ganar manteniendo los pies en el suelo, dejando que pase y volviendo a examinar la situación más adelante, cuando tu sistema haya vuelto a la normalidad. Recuerda: notaste algo que debe analizarse. No subestimes tus sentidos. Es la sensación de urgencia, la necesidad de actuar ahora mismo, la que a menudo es engañosa y puede jugar en tu contra.

Agotamiento ansioso

Cuando el ciclo de protesta-arrepentimiento se repite varias veces, acabas viendo que es mejor no agitar demasiado las aguas, pues resulta doloroso y no se resuelve nada. Aprendes a vivir dentro de los confines de una relación insegura, pero nunca acabas de acostumbrarte a ella. Más bien te conviertes en una persona apática, con algunos estallidos emocionales de vez en cuando. Y eso tiene un precio: estás prolongando una interacción que es perjudicial para tu sistema nervioso y que te impide ser una persona con un apego seguro.

El agotamiento ansioso puede incluso llegar al punto de que sientas que te has convertido en una persona evitativa porque ya no te importa nada. Pero el entumecimiento del agotamiento ansioso no es evitación. Carece del empoderamiento del «puedo conquistar el mundo yo solo» propio del apego evitativo. Es más un encerrarse en uno mismo y retraerse. No es que te insensibilices y sigas adelante, sino que te aíslas, te rindes en silencio y aprendes a vivir en un confinamiento emocional.

¿Cómo escapar de ese ciclo de protesta-arrepentimiento y del agotamiento ansioso que se interpone en tu camino hacia el apego seguro? ¿Cómo crear un entorno que permita que tus poderes de superpercepción brillen? Por suerte, existe una fórmula y es más fácil de lo que imaginas: a la hora de llevar a cabo intervenciones PReDiCC, debes aprender a aplicar la regla del apéndice.

La regla del apéndice: tu estrategia de salida

Llamo la «regla del apéndice» a este enfoque implacable de las intervenciones PReDiCC para las personas con apego ansioso por una norma no escrita de los quirófanos por la que los cirujanos extirpaban apéndices no inflamados entre un 10 y un 20 por ciento de los casos, por miedo a la terrible alternativa. Es muy peligroso que se te escape un diagnóstico de apendicitis: un apéndice inflamado puede reventar y, si la infección se extiende por todo el abdomen, las consecuencias pueden ser terribles y acarrear complicaciones a largo plazo. Por eso se enseñaba a los médicos que, en caso de duda, optaran siempre por intervenir, aunque en ocasiones supusiera extirpar un apéndice sano.

El mismo principio se aplica a tu sistema nervioso. Las relaciones no-PReDiCC podrían verse como apéndices sociales inflamados que amenazan el bienestar de tu sistema nervioso. Deberías emitir veredictos no-PReDiCC en tus intervenciones PReDiCC de forma agresiva, incluso a costa de ver menos a determinadas personas importantes para ti, para evitar que haya IMAI inseguras enquistándose en tu día a día. Eso no significa que debas eliminar a esas personas de tu vida; el enfoque seguro tiende a ser mucho más moderado. Lo creas o no, solo el intento de romper tu relación con alguien —incluso si esa persona te ha hecho daño o te ha perjudicado— puede activar tu circuito neuronal del apego y desencadenar una contrarreacción.

La regla del apéndice establece que en el momento en que reconoces un patrón no-PReDiCC en una relación debes desvincularte de ella y dejar de darle prioridad. Sin peros y sin excusas. Si echas un vistazo al diagrama de flujo de la página 132 sobre la diferencia radical entre una relación PReDiCC y una no-PReDiCC para las personas con apego ansioso, te quedará claro el porqué. La diferencia entre tener una vida en la que avanzas hacia adelante y una vida en la que te enfrentas a un bucle infinito de activación está muy clara. Para ver cómo se desarrollaría algo así en la vida real, echemos un vistazo a la historia de Marsha.

La historia de Marsha: la regla del apéndice en la práctica

Nada más instalarse en una nueva ciudad, Marsha se hizo amiga de su vecina Lorna. Compartían la afición por el teatro, la literatura y el arte y siempre tenían temas de conversación. Pero, con el tiempo, Marsha se dio cuenta de algo que la desconcertó: Lorna raras veces compartía información, ya fuera a qué peluquería iba, cuáles eran sus tiendas favoritas e incluso el nombre de su médico un día que Marsha buscaba uno. A Marsha, a la que le encantaba compartir sus hallazgos y recomendaciones con sus amistades, aquello le parecía extrañamente inquietante... y doloroso.

Intentó sacar el tema con delicadeza, diciéndole a Lorna que, al ser nueva en la ciudad, le iría muy bien contar con su ayuda en esas cuestiones. Pero todo siguió igual. Cada vez que Lorna le ocultaba una información, Marsha se notaba resentida y se distanciaba, solo para recaer luego en la rutina de siempre, atrapada en el ciclo de rabia y dolor.

En terapia, Marsha empezó a entender que aquello no iba de recomendaciones, ni de la ausencia de ellas. Sentía una profunda necesidad de conexión; era algo para lo que tenía un verdadero talento. Su aguda percepción la hacía muy consciente incluso de las formas más sutiles de distanciamiento. Lo que ella pensaba que era «reaccionar de forma exagerada» se revelaba como un tipo de luz de gas interna, que negaba sus acertadas percepciones y su necesidad de IMAI que fueran PReDiCC. Eso significaba que debía ser más cuidadosa con las personas a las que dejaba entrar en su círculo de confianza.

Así que aplicó la regla del apéndice. No dejó de hablar con Lorna: las dos siguen saludándose cordialmente y de vez en cuando se paran a hablar un rato al cruzarse. Pero Marsha desplazó a Lorna poco a poco hacia el círculo más externo de su vida y empezó a dedicar su energía a personas como su nueva amiga Jackie, abierta, generosa y totalmente PReDiCC. El contraste era notable. Con Jackie no existían los momentos de inseguridad que había vivido con Lorna. La conexión era real y se sentía cuidada por ella.

Para alguien con un estilo de apego ansioso, ese tipo de cambio deliberado —crear un círculo de confianza PReDiCC y reposicionar discretamente al resto— puede marcar la diferencia entre el agotamiento ansioso y una vida en la que la proximidad se convierta en una fuerza estimulante que te ayude a prosperar de verdad.

Fíjate en que Marsha no cortó del todo los lazos con Lorna, sino que se limitó a bajar el volumen de su relación. El modo en que lo hizo es de la mayor importancia a la hora de aplicar con éxito la regla del apéndice. Si tu apego es ansioso, te costará renunciar a relaciones cercanas, incluso aunque te hagan daño. En terapia segura, Marsha aprendió a utilizar una herramienta crucial para hacerlo, una que tú también deberás dominar: el frontenis con amor.

Frontenis con amor: dejar que la inseguridad pase a un segundo plano

¿Cómo bajar el volumen de una relación insegura sin activar el circuito neuronal del apego? Para evitar la montaña rusa emocional del ciclo de protesta-arrepentimiento, debes hacerlo con cuidado, de una forma que no haga reaccionar a tu sistema de apego.

Si alguna vez has intentado jugar al tenis contra una pared, sabrás que es relativamente fácil: el frontón no va a hacer más que devolverte lo que le envías. La pared no te sorprenderá de ningún modo; ni lanzará un saque fuerte ni te enviará corriendo en la dirección contraria, sino que devolverá la pelota hacia tu posición a una velocidad un poco menor.

A la hora de rebajar la intensidad de las relaciones no-PReDiCC, lo que tienes que hacer es convertirte en el frontón. Nada de iniciar interacciones, nada de fortalecer ni debilitar el vínculo: tú solo respondes con amabilidad y con cariño y dejas poco a poco que esa persona pase a estar en un segundo plano en tu vida. De ese modo, también dejas abierta la posibilidad de que pueda regresar en un futuro en el que quizá las circunstancias hayan cambiado y sea más segura y en el que las IMAI con ella no resulten tan agotadoras. De momento, juega al frontenis con amor con esa persona mientras te sumerges a la vez en IMAI seguras con personas que sí son PReDiCC.

Eso es lo que Marsha hizo con su amiga Lorna. Cuando Lorna le enviaba un mensaje, ella respondía siempre de forma amable y cariñosa. Si Lorna le proponía algún plan, solía poner alguna excusa, pero de vez en cuando aceptaba, si no suponía pasar mucho tiempo juntas; por ejemplo, si se trataba de salir a dar un paseo rápido con los perros o ir a comer con otras amigas. Si Lorna sacaba algún tema, ella respondía con cordialidad. En su papel de frontón, respondía de forma amable a las pelotas que le lanzaba Lorna, pero sin iniciar el contacto ni intentar mantener la chispa de la relación.

Las ventajas de un estado de activación ansioso

Hasta ahora hemos hablado del estado de activación del apego como una fuente de infelicidad y sufrimiento para las personas con apego ansioso. Pero la activación del apego tiene una función importante: en momentos cruciales, ayuda a reunir todas tus fuerzas para centrarte en apoyar a las personas que quieres. Es lo que le pasó a mi amiga Muriel.

Cuando Muriel supo que a su madre le habían diagnosticado un cáncer de mama, se asustó. La mujer tenía poco más de sesenta años, siempre se había cuidado y parecía una persona resiliente y positiva. Pero ahora, de repente, la quimioterapia, la cirugía y la radiación se asomaban por el horizonte. Muriel se puso en marcha de inmediato; hizo la maleta y voló a Nueva York. Durante el viaje no paró de enviarle mensajes a su madre: «¿Cómo estás? ¿Va todo bien? ¿Necesitas algo?». Su madre contestó: «Sí, de momento todo bien, estoy bien», con emoticonos sonrientes. Muriel no podía pensar más que en su madre. Escribió a amigos y conocidos para averiguar cuáles eran los mejores médicos de Nueva York.

En el avión, luchó por contener las lágrimas y no pudo dejar de pensar en lo que podría pasarle a su madre. La ansiedad se apoderó de ella en el taxi desde el aeropuerto, pero sintió alivió al entrar por la puerta y ver a su madre con su aspecto habitual y sonriéndole. Muriel la abrazó durante varios minutos, sin querer soltarla. La cercanía física acallaba su sistema de apego.

La activación del sistema de apego no siempre se desencadena porque alguien no esté disponible, no satisfaga tus necesidades o tenga un comportamiento no-PReDiCC. También puede producirse cuando un ser querido necesita ayuda. En esos momentos, los mismos mecanismos que hacen que te obsesiones con la persona que no está disponible se convierten en un activo. Haces acopio de fuerzas y concentras toda tu atención en la persona que te necesita. En el caso de Muriel, su estado de ansiedad y activación pasó a ser una fortaleza. Durante el tratamiento, se percataba de los cambios sutiles en las expresiones de su madre, alertaba al equipo médico con antelación y presionaba para que recibiera el mejor trato. La misma energía que en otro momento habría dedicado a rumiar sobre la ausencia de respuesta de una amiga —a comprobar sus redes sociales o a reproducir la última conversación mantenida— ahora estaba centrada por completo en ayudar a su madre. No la dejaba ni a sol ni a sombra. Estaba entregada a su cuidado y nada más importaba.

El paso final: liberar tu biología

Si eres una persona con un apego ansioso, tienes tanto la necesidad como la capacidad de establecer relaciones muy cercanas. Es fundamental para tu bienestar que lo entiendas.

En la época prehistórica, era ventajoso que hubiera personas entre la población a las que les atrajera la cercanía, a las que les encantara relacionarse e interactuar con otras. Es algo que puede haber contribuido al avance de la revolución intelectual humana, por la creación de redes sociales cada vez más sofisticadas. Las personas seguras se las arreglan en cualquier situación, pero, para quienes tienen un estilo de apego ansioso, la cercanía con los demás es primordial para su salud y bienestar y, en caso de darse las condiciones adecuadas, es algo que puede permitirles destacar por encima del resto.

Irónicamente, ese mismo progreso impulsado por la estrecha colaboración entre personas ha dado lugar a un estilo de vida moderno marcado por una menor conexión y un mayor aislamiento, en el que, a causa de los avances tecnológicos, los seres humanos a menudo vivimos solos y lejos de nuestra familia, trabajamos en remoto y pasamos más tiempo frente a una pantalla que con otras personas.

Un estudio global revelador, capitaneado por Tyler VanderWeele, entre otros investigadores del Programa para la Prosperidad Humana de la Universidad de Harvard, entrevistó a más de doscientas mil personas de veintidós países y realizó un descubrimiento sorprendente y contrario a la lógica: los habitantes de algunos países de rentas medias y bajas, como Indonesia, Filipinas, Nigeria, Kenia y Tanzania, declararon niveles más altos de prosperidad general que los de muchos de los países más ricos, incluidos Estados Unidos, el Reino Unido, Japón y Alemania. La prosperidad se medía utilizando un índice de seis ámbitos que evaluaba la felicidad, la salud, el sentido y propósito de la vida, el carácter y la virtud, las relaciones sociales más cercanas y la estabilidad económica y material. Por cada ámbito se planteaban dos preguntas. Por ejemplo, se preguntaba a los participantes si sentían que su vida valía la pena (sentido de la vida) y si trataban de hacer el bien incluso en circunstancias adversas (carácter). Pese al menor desarrollo económico, muchos participantes de los países de renta media y baja dijeron tener lazos comunitarios más fuertes, un propósito claro en la vida y un compromiso moral más definido, factores que parecen contribuir al bienestar incluso más que la tecnología o la riqueza. Esas conclusiones cuestionan la premisa de que el progreso y la prosperidad conducen automáticamente a una vida mejor y ponen de relieve, al mismo tiempo, el papel fundamental del compromiso comunitario.

Creo que, además, tienen una especial relevancia para las personas con un estilo de apego ansioso, cuya necesidad de amor y cercanía las hace especialmente vulnerables a la falta de conexiones humanas y vínculos sociales fuertes.

Aquí es donde la importancia de un entorno social enriquecedor, del que hemos hablado en el capítulo 3, vuelve a entrar en juego. Los ansiosos, que tan a menudo protestan por la poca disponibilidad de una persona en concreto, muchas veces no necesitan más que un rápido recordatorio de su afinidad especial por la cercanía para ayudarlos a salir al mundo y relacionarse con los demás, y crear de este modo una vida social enriquecedora para sí mismos. Aumentar su participación social conduce a un cambio radical en su bienestar y desplaza su dial del apego hacia una zona de mayor seguridad y satisfacción.

Es lo que le pasó a David. Estaba siempre enfadado con su novia, Jill, porque no le prestaba suficiente atención y dedicaba parte de su tiempo a quedar con amigas o a trabajar hasta tarde. David se sentía constantemente dejado de lado por la apretada agenda de Jill y, como consecuencia, se recreaba en los comportamientos de protesta: la sometía al efecto del rostro inexpresivo, ponía los ojos en blanco cuando ella hablaba y le respondía de malas maneras. Jill se enfadaba y se iba a dormir al sofá. Las cosas iban de mal en peor y al final ella sacó las maletas y amenazó con irse.

En la consulta trabajé con David en cómo comunicar sus necesidades de forma más eficaz y recurrir con menos frecuencia a los comportamientos de protesta, pero fuimos más allá de eso. Vimos que concentrar toda su atención en Jill no era bueno para él. David tenía tanto la necesidad como la capacidad de sentirse cercano a mucha gente, y tratar de satisfacer esa necesidad con una única persona sencillamente no era suficiente. Llevaba a peleas y disgustos frecuentes, un patrón que David había repetido, además, en varias relaciones anteriores.

David se propuso darle prioridad a su círculo social. Retomó amistades de la infancia, del instituto y de la universidad y se esforzó por hacer nuevos amigos. Se unió a un grupo de meditación semanal, se apuntó a una clase de improvisación y se aseguró de hablar con sus padres varias veces por semana. No le costó demasiado poner en práctica esos cambios, pues a David le gustaba socializar, pero sus amigos y su familia habían quedado relegados a un segundo plano al poner toda su atención en Jill.

Al poco tiempo, David tenía una animada vida social que saciaba su necesidad de cercanía. Ahora está tan inmerso en ese mundo enriquecedor que no vive como un insulto casi nada de lo que hace Jill. Yo solía decirle que necesitaba estar en un coche lleno de gente para ser feliz; ahora decimos bromeando que no necesita un coche, sino un autobús entero, ¡y no pasa nada!

Reflexiones finales para la persona con apego ansioso

A lo largo de este capítulo, te he enseñado que el apego ansioso no es una carencia o un problema que haya que arreglar, sino un conjunto singular de superpoderes de percepción que, canalizados correctamente, pueden ser un activo fantástico para ti y para quienes te rodean. Como cualquier superpoder, el apego ansioso conlleva responsabilidades y desafíos. Mi objetivo en este capítulo ha sido ayudarte a sacar partido a esos dones en tu búsqueda de un apego más seguro.

Taller de apego ansioso

Los problemas de Tom con el «Vale»

Un día Tom empezó a encontrarse mal en el trabajo. Ocurrió muy rápido: estaba bien y de repente tenía escalofríos y dolor muscular, y parecía que iba a estallarle la cabeza. Cuando llegó a casa estaba congestionado, agotado y febril. Se hizo una prueba y descubrió que tenía gripe. Tom envió un *email* breve a su jefa para comunicárselo. Ella replicó enseguida con un simple «Vale». Tom estaba atónito. Se quedó mirando el *email* sin dar crédito. «¿Ya está? —le dijo a su marido—. ¿Nada de "Cuídate mucho", "Mantennos informados de cómo te encuentras" o "Descansa y mejórate"? ¿Nada? ¿Una palabra y basta?» Tom le estuvo dando vueltas al *email* la semana entera que pasó enfermo en casa. Fue casi peor que la propia gripe. Su marido le decía que estaba exagerando: «Debía de estar ocupada, no le des más importancia. Estás haciendo una montaña de un grano de arena y amargándote por nada. Lo haces siempre».

¿Cuáles de las siguientes afirmaciones son correctas?

1. La respuesta de Tom es un ejemplo perfecto de un sistema de apego activado.
2. Tom debería haber llevado a cabo una intervención PReDiCC y enviado un *email* a su jefa haciéndole saber que no entendía que no le deseara una pronta recuperación.
3. La percepción de Tom sobre la situación no debe subestimarse.
4. El marido de Tom tiene razón: le está dando demasiada importancia al asunto.

Las respuestas correctas son la 1 y la 3. Que Tom tenga un estilo de apego ansioso hace que no deba subestimarse su aguda percepción de los comportamientos no-PReDiCC. Capta muy bien las pequeñas señales que se desprenden de las interacciones con su jefa, y su reacción a esta en concreto es, probablemente, la culminación de muchas IMAI inseguras con ella que seguramente sería capaz de recordar a poco que lo pensara con calma.

Tres semanas después de volver a la oficina despidieron a Tom. Él tenía el presentimiento de que algo así estaba a punto de pasar. Su jefa no valoraba lo suficiente su trabajo y les pasaba a otros algunos de los proyectos que él había puesto en marcha. A lo largo de los tres años que habían trabajado juntos, hubo siempre tensión entre ellos y Tom no formó nunca parte del círculo de confianza de su jefa. Él sabía que algo en la reacción de ella a su *email* chirriaba; activó en él una sensación de peligro que demostró estar justificada. Fue a casa y se lo contó a su marido, que no daba crédito, a diferencia de Tom, que no estaba sorprendido en absoluto. Aun así, que lo despidieran le dolió mucho.

¿Cuáles de las siguientes son maneras en las que podría ayudarlo su marido?

1. Recalcando que, en el caso de Tom, el rechazo es una forma de protección.
2. Diciéndole a Tom que le irá mucho mejor en un lugar de trabajo seguro y que su jefa era de todo menos segura.
3. Dándose cuenta de que, mientras que algunas personas pueden desenvolverse bien en entornos laborales inseguros, para Tom es importante contar con un entorno seguro.
4. Diciéndole a Tom que pase página y no se obsesione con su antiguo trabajo: le está impidiendo encontrar uno nuevo.
5. Diciéndole a Tom que, aunque quizá durante un tiempo la situación le duela, al final se olvidará y será más feliz.

Todas las respuestas menos la 4 son correctas. Tom es como una orquídea: se desenvuelve extraordinariamente bien en entornos favorables y enriquecedores, y muy mal en entornos inseguros. Estará mejor en otro lugar de trabajo en el que pueda sentirse más seguro. Puede que otros sean capaces de tolerar la brusquedad de su jefa, pero a Tom le incomoda muchísimo. En este caso, el rechazo es de verdad una forma de protección, porque ahora tendrá la oportunidad de cambiar su entorno. Pero decirle que pase página no sirve de nada. Tom lo haría encantado si supiera cómo hacerlo. A una persona ansiosa le resulta muy difícil apagar el radar y olvidarse de la situación. Con el tiempo, es posible hacerlo, pero, de momento, en lugar de decirle a Tom que deje de pensar en ello, lo mejor que puede hacer su marido es ofrecerle alguna distracción: ir a ver un partido o al cine, o abordar el asunto de forma más práctica encontrando maneras de ayudarlo en su búsqueda de empleo.

Repasemos lo que hemos aprendido sobre el apego ansioso

Para crear un entorno seguro e hiperconectado:

1. Muéstrate predecible, reactivo, disponible, consistente y confiable (PReDiCC).
2. Determina si las personas que te rodean son PReDiCC.
3. Lleva a cabo intervenciones PReDiCC.
4. Evalúa de forma asertiva tus relaciones utilizando la regla del apéndice.
5. Utiliza el frontenis con amor para que las relaciones no-PReDiCC dejen de ocupar un lugar prioritario en tu vida.
6. Crea un entorno social enriquecedor.

7

El estilo de apego evitativo: vivir cómodamente con cierta distancia

Uno de mis pacientes, Brian, me describió una vez qué era para él vivir con un estilo de apego evitativo:

> Yo interactúo con los demás, pero luego, en un momento dado, necesito un poco de espacio para mí y los saco de mi conciencia. La mayor parte de las veces ni siquiera me doy cuenta de que lo estoy haciendo; estoy liado, metido en el trabajo y en otras cosas y no pienso demasiado en nadie. No es que no tenga intención de llamar o enviar un mensaje, o que no quiera estar en contacto; es que no pienso en ello. Luego, cuando alguien se enfada y me envía un mensaje o un *email* en el que me acusa de ser desconsiderado y egoísta, o cuando recibo una mala respuesta al decir algo, siempre me pilla por sorpresa. No entiendo lo que he hecho mal y me siento fatal por haber molestado a esa persona, pero también lleno de resentimiento por verme de nuevo en la posición ya familiar de tener que pedir perdón y esforzarme para «hacerlo mejor», cuando lo único que he hecho ha sido ocuparme de mis asuntos y vivir la vida tal como viene. Es algo que no hace más que reforzar mi sensación de que nada de lo que hago es suficiente, de que los demás necesitan que se les haga mucho caso y de que no puedo confiar en otras personas o depender de ellas porque se volverán en mi contra y se enfadarán conmigo. Solo puedo confiar en mí mismo.

Si tienes un estilo de apego evitativo, es posible que actives a menudo sin querer los sistemas de alarma del apego de otras personas y que la consecuencia sean interacciones inseguras, dolorosas y tristes. Sin darte cuenta, generas justo las IMAI que van en contra de lo que necesitas para sentirte más seguro en una relación, que es espacio. Pero no tiene por qué ser así.

Este capítulo te proporciona las herramientas necesarias para generar IMAI seguras en tu vida y superar, de ese modo, todos los escollos evitativos más comunes, que son también los más fáciles de evitar. Ese tipo de IMAI desempeña un papel clave a la hora de darte la libertad y el espacio que necesitas para formar vínculos que funcionen. Pero, antes de discutir esas herramientas, analicemos la biología básica que hay detrás de la preferencia por la distancia y la cercanía y su relación con el estilo de apego evitativo.

El reno noruego: cuando la distancia es más segura

En 2016 aparecieron en un campo de Noruega trescientos veintitrés renos muertos, debido, al parecer, a un accidente fortuito. Un rayo cayó sobre la manada un día húmedo, frío y lluvioso en el que los animales se habían arracimado para conservar el calor y, en un instante, quedaron todos electrocutados. Aunque pueda parecer una coincidencia poco habitual, se han dado varios casos parecidos. Según el *Libro Guinness de los récords*, han llegado a morir hasta sesenta y ocho animales de un solo rayo y se habla de que en China murieron ciento cuarenta y tres cabras de una vez por el mismo motivo. Y, en 2021, dieciséis personas murieron al caer un rayo en un banquete de boda en Bangladés.

Resulta que la cercanía con los demás conlleva riesgos. ¿El resultado evolutivo? En muchas especies, algunos individuos poseen variantes genéticas que les hacen rehuir la cercanía. Igual que algunas personas son altas y otras son bajas, la evolución se aseguró de que algunos individuos guardaran una cierta distancia del grupo para que, en el caso de una catástrofe masiva, una parte de la población tuviera más posibilidades de sobrevivir.

Un vívido ejemplo de ese principio puede encontrarse en el *C. elegans*, un gusano microscópico muy utilizado en la investigación neurocientífica. Al examinarse en el laboratorio, el *C. elegans* muestra dos comportamientos alimentarios distintivos: un patrón social y un patrón solitario. La mayoría de los *C. elegans* se alimenta en una especie de orgía colectiva; en cuanto uno de ellos descubre una fuente de alimentación, los demás se unen inmediatamente a la fiesta y forman una enorme pila de gusanos, todos atiborrándose a la vez de forma voraz. Sin embargo, un pequeño número de *C. elegans* se alimenta en soledad. Bajo el microscopio, puede verse que, cuando un *C. elegans* social repta hacia un *C. elegans* solitario, este se aleja en dirección contraria. De hecho, los solitarios mantienen una distancia de seguridad con los sociales a todas horas, porque se sienten químicamente repelidos por una sustancia que estos secretan, mientras que los sociales se sienten químicamente atraídos entre ellos. De forma sorprendente, se descubrió que esa desigualdad de comportamiento era atribuible a una diferencia en un solo aminoácido de un único gen, el NPR-1 (receptor de neuropéptidos 1). En los *C. elegans* que se alimentan en grupo, aparece un tipo de aminoácido, la fenilalanina, en un lugar clave de la proteína. En los *C. elegans* que se alimentan en solitario, ese mismo espacio lo ocupa un aminoácido diferente: la valina. ¡Ojo, que los científicos han sido capaces de convertir un *C. elegans* social en solitario, y viceversa, solo intercambiando esos aminoácidos en ese punto en concreto!

La tendencia de individuos de la misma especie a mostrar una mezcla de comportamientos sociales y solitarios no es exclusiva de los *C. elegans*, sino que es habitual en todo el reino animal. Algunos individuos están programados biológicamente para preferir estar solos, sin más. Incluso los animales de compañía difieren en sus preferencias. Algunos gatos son «como perros», muy cariñosos y mimosos, mientras que otros te arañarán si intentas acariciarlos. Algunos perros rehúyen la cercanía; serán fieles y protectores, pero mantendrán la distancia en lugar de acurrucarse a tu lado. Existe una preferencia innata por la cercanía y la distancia en todo lo que nos rodea. Si te fijas bien, te darás cuenta.

Y eso, en pocas palabras, refleja a la perfección lo que creo que es la experiencia de las personas con un estilo de apego evitativo: una preferencia innegable de origen biológico por mantener una cierta distancia de los demás.

Es importante subrayar que poseer un estilo de apego evitativo tiene ventajas más allá de sobrevivir a un acontecimiento catastrófico capaz de hacer desaparecer una población entera. Las investigaciones han demostrado que los evitativos suelen funcionar bien bajo presión en el trabajo y son capaces de tomar decisiones difíciles por sí solos y de ejecutarlas con precisión. Eso podría deberse a su capacidad de «desconectarse» de los demás con más facilidad que las personas con otros estilos de apego. Investigaciones adicionales sugieren que los evitativos se ven menos influidos por las convenciones o por lo que piensen los demás y suelen tener puntos de vista más individualistas, un patrón que me hizo notar Geoff MacDonald, un destacado investigador del apego de la Universidad de Toronto. En el capítulo 6, cuando hablamos del estudio en el que los investigadores simularon una situación potencialmente peligrosa haciendo que saliera humo de un ordenador, señalé que las personas con apego ansioso fueron las primeras en identificar el peligro. Lo que no te dije es que, una vez que estas avisaron a todo el mundo del potencial peligro, fueron los evitativos los primeros en huir, incitando a los demás a hacer lo mismo.

Los orígenes del apego evitativo

Se oye a menudo la teoría de que el apego evitativo en los adultos es consecuencia de una crianza distante y deficiente. La idea es que el niño, al ver que no puede confiar en sus padres, desarrolla un mecanismo de defensa por el que renuncia o incluso suprime activamente su necesidad de cercanía, que tan poco disponible ha estado para él. En otras palabras, que aprende a arreglárselas por su cuenta. Sin embargo, a lo largo de los años he observado, tanto en mi consulta como en personas de mi entorno, que ese no es necesariamente el caso. Algunas personas con un estilo de apego evitativo tuvieron infancias cálidas y entrañables. Es el caso, por ejemplo, de Julia.

La familia de Julia era muy religiosa. Ella era la menor de seis hermanos y recibió mucha atención y afecto de todos ellos. Sin embargo, de adolescente, se dio cuenta de que sus amigas tenían una visión de la vida diferente a la suya. Mientras que todas pensaban en casarse y tener hijos, ella ni concebía esa idea. Cuando los chicos con los que salía mencionaban las palabras «compromiso» o «matrimonio», Julia salía corriendo. No había nada que diera a entender que su falta de interés en la cercanía y el compromiso surgiera de una crianza fría y poco atenta; al contrario, todos en su familia la querían, lo mismo sus padres que sus hermanos. Aun así, cuando estaba más a gusto era cuando podía ser independiente y autosuficiente.

En nuestras sesiones de terapia segura, identificamos la necesidad de Julia de guardar una cierta distancia con los demás y hablamos de la posibilidad de que, cuando conociera a potenciales parejas, empezara por contarlo, que les dijera que necesitaba un ritmo más lento y mucho espacio.

Poco después, Julia conoció a Matt. Matt no se sentía amenazado por la necesidad de espacio de Julia y le dio todo el que necesitaba. Como consecuencia, ella no sentía el impulso de salir huyendo. Al final fue ella la que pronunció la palabra «matrimonio» y él aceptó de todo corazón. No había ninguna herida de la infancia que Julia tuviera que curar para llegar a un lugar en el que pudiera sentir cercanía. Solo necesitaba un tipo de proximidad que se adaptara a ella y le permitiera sentirse segura en una relación, y Matt fue capaz de proporcionársela.

Cuando tienes un estilo de apego evitativo, te resulta incómodo el exceso de cercanía; te repele, notas que te asfixia. Las personas que no necesitan esa distancia suelen hacer que sientas que te pasa algo raro, que esa necesidad de espacio es consecuencia de una infancia difícil y que debes solucionarlo. Pero ¿qué pasa si eres evitativo no por el trauma de una crianza distante que, en caso de sanar, podría llevarte a un deseo mayor de cercanía? ¿Qué pasa si lo que ocurre es que estás programado para preferir la distancia y que no hay «sanación» que vaya a cambiar eso? En ese caso, estarías condenado a una lucha interna y a la posible frustración de ver que no estás «mejorando», cuando, en realidad, sería mejor que encontraras una forma de vivir en paz con ese rasgo básico de tu carácter. De hecho, como en el caso de Julia, cuando las personas evasivas consiguen la distancia que ansían, están mejor y pueden llegar a sentirse bastante felices y satisfechas.

¿Y cómo se hace para conseguir una distancia segura y al mismo tiempo cultivar relaciones fuertes y felices?

Yo propongo un enfoque que deja de lado por completo la cuestión del origen de la evitación. Te ayudará a sentirte más cómodo en las relaciones, de modo que puedas ir acostumbrándote poco a poco a la cercanía sin sentirte asfixiado, independientemente de tu historial de apego. La solución es simple: debes asimilar la paradoja de la cercanía y la distancia y debes aprender a ser PReDiCC.

La paradoja de la cercanía y la distancia

Para entender la paradoja de la cercanía y la distancia, primero debes tener en cuenta las siguientes afirmaciones importantes sobre la ciencia del apego:

- Desde el punto de vista del cerebro social, las relaciones existen para hacerte sentir a salvo.

- Sueles sentirte a salvo, y tu sistema nervioso está más tranquilo y estable, cuando tú y quienes te rodean sois PReDiCC.
- Cuando te sientes a salvo, te animas a explorar el mundo que te rodea.

Es fácil ver de qué forma operan esas afirmaciones y lo que ocurre cuando esas condiciones no se dan al observar a niños pequeños.

Si llevas a un niño pequeño a una habitación llena de juguetes, empezará enseguida a señalar encantado todo lo que hay en la sala y se mostrará inmediatamente interesado en explorar su entorno y jugar con todos aquellos tesoros tan emocionantes recién descubiertos. Mientras el niño sepa que su cuidador está disponible si lo necesita —y de vez en cuando mirará hacia atrás para comprobar si está cerca—, se dedicará a explorar y a jugar y no se preocupará demasiado por nada más. Sin embargo, si nota que su cuidador no está disponible —por ejemplo, si este abandona la habitación—, perderá interés en los juguetes, correrá hacia la puerta llamándolo por su nombre y se echará a llorar. En caso de que el cuidador tarde en volver, el niño llorará con más fuerza e incluso podría tirarse al suelo y patalear para exigir su presencia.

Como persona evitativa, cuando sientes que necesitas tu propio espacio y te alejas abruptamente de los demás, actúas como el cuidador que sale de la habitación y activa el circuito neuronal del apego del niño. Estás creando, sin darte cuenta, una situación en la que la otra persona ahora percibe un peligro potencial y, como consecuencia, busca más cercanía, más compromiso, más contacto, cuando tú lo único que querías era desconectar un rato. En otras palabras, al marcharte de forma repentina —al abandonar la habitación metafórica— activas el circuito neuronal del apego de la otra persona y generas un comportamiento de protesta. Esto es justo lo que Brian describió con tanta elocuencia que le pasaba en todas sus relaciones, para su desconcierto y malestar.

Y eso, en esencia, es la paradoja de la cercanía y la distancia: una conexión segura conduce a la independencia y a la exploración, y una retirada abrupta de esa conexión conduce al fin inmediato de la exploración y a una hiperconcentración frenética en la persona que se ha retirado.

En otras palabras, un poco de cercanía puede conducir a mucha distancia.

La solución es sencilla: asegúrate de no activar los sistemas de alarma de las personas de tu entorno y así no te molestarán. Estarán demasiado ocupadas explorando.

¿Cómo se consigue eso? Pues siendo PReDiCC. Es mucho más fácil de lo que crees.

PReDiCC: el billete del evitativo a una vida sin estrés

Ser predecible, reactivo, consistente y confiable, y estar disponible, quizá sea lo que menos te apetezca cuando necesitas un rato para ti. Pero estás de suerte, porque PReDiCC es el pacificador de relaciones definitivo. El circuito neuronal del apego que controla la paradoja de la cercanía y la distancia no necesita mucha atención. Solo tienes que tranquilizar proactivamente al sistema antes de que estalle. Una respuesta a tiempo, enviada antes de que la otra persona empiece a preocuparse, suele ser suficiente y requiere un esfuerzo mínimo.

Siempre me sorprende lo bien que funciona. A las personas evitativas suele hacérseles muy cuesta arriba lidiar con el circuito neuronal del apego de los demás. Pero si mantienes un cierto grado de disponibilidad constante —si te pones, por ejemplo, en contacto durante un minuto o dos, por medio de un mensaje rápido o una llamada breve— ayudas a que el sistema de apego de los demás permanezca inactivo. En lugar de desencadenar sus comportamientos de protesta, te alineas con sus circuitos neuronales del apego, los mantienes en calma y, *voilà*, consigues la paz mental y el espacio que ansías.

Aunque ser PReDiCC es sencillo —basta con prestarles un poco de atención de vez en cuando a las personas de tu vida—, para ti, como evitativo, puede no ser fácil en un principio, porque te pide que vayas en contra de tu instinto de seguir siendo autosuficiente y de tu convicción de que cada persona es responsable de su propio bienestar. Sin embargo, con un poco de esfuerzo de tu parte, podrás dominar el arte de PReDiCC. Y una vez que lo hagas, te compensará de largo.

Es algo que Shirin pudo comprobar de primera mano. Tenía un compañero de equipo muy ansioso, Miles, que le escribía y la llamaba varias veces al día, sobre todo cuando estaban trabajando en proyectos en los que se jugaban mucho y con plazos muy ajustados, que era precisamente cuando Shirin más necesitaba su espacio.

Por lo general, Shirin ignoraba los *emails* y las llamadas de Miles hasta que había terminado su trabajo y no le contestaba hasta que acababa la jornada, de modo que, cuando finalmente hablaba por teléfono con él, las conversaciones eran tensas y desagradables. Miles se quejaba a menudo de que ella no respondía a sus llamadas. En una ocasión en la que intentaban cumplir con un plazo especialmente estresante, Miles se enfadó tanto que le gritó por teléfono: «¡No te aguanto más, me pones de los nervios! ¡Es que me daría cabezazos contra la pared!». Shirin ignoró sus quejas. Ella no estaba allí para gestionar la ansiedad de Miles, sino para hacer su trabajo.

Tras saber lo que era PReDiCC, Shirin cambió de estrategia. Cuando su equipo tenía un plazo importante que cumplir, cada mañana le enviaba a Miles un *email* preventivo en el que le decía que iba a estar trabajando en ello todo el día y que no estaría disponible para hablar antes de las cuatro de la tarde, pero que le haría llegar, en cualquier caso, una actualización rápida a la hora de la comida. Al mediodía, tal como había anunciado, Shirin le enviaba un mensaje breve con los progresos realizados y le reiteraba que esperaba poder hablar con él dentro de unas horas. También le hacía saber que, si tenía una pregunta importante o cualquier duda urgente, podía ponerse en contacto con ella, pero que prefería que hablaran de todo en la llamada de la tarde. Cuando llegaban las cuatro y se llamaban, la conversación era calmada y productiva. Miles estaba mucho más tranquilo, incluso feliz con su colaboración.

Lo bueno de aprender el funcionamiento del circuito neuronal del apego es que, una vez que has entendido sus peculiaridades, te das cuenta de que no te exige mucho. Miles no pretendía que hablaran por teléfono durante horas en horario laboral, lo que habría sido una pérdida de tiempo para ambos; solo necesitaba tener noticias de Shirin a lo largo del día para mantener a raya su circuito neuronal del apego.

En el caso de Shirin, ignorar las llamadas y los *emails* de Miles la convertía en la madre que abandona la habitación y vuelve horas después, tras haber dejado a su hijo llorando desesperadamente. Cuando haces eso y activas el circuito neuronal del apego de una persona de manera regular, las consecuencias pueden ser demoledoras.

Los tres escollos que impiden que las personas con apego evitativo sean PReDiCC

En el camino hacia la seguridad, los evitativos se enfrentan a obstáculos concretos. Reconocerlos te ayudará a no perder el rumbo.

Escollo número uno. Tú lo haces solo; ¿por qué ellos no?

Uno de los principios básicos de la ciencia del apego es que, cuando algo malo te ocurre, acudes a tu figura de apego en busca de ayuda y apoyo. Es tu refugio seguro. Como evitativo, te cuesta ser esa persona. Pero no es culpa tuya. Deja que me explique.

Cuando te pasa algo malo, en lugar de sentirte motivado a recurrir a los demás en busca de ayuda, tu programación evitativa te empuja a desactivarte, lo que significa que tu impulso es minimizar la necesidad de pedir ayuda a nadie. Así que te arremangas e intentas solucionar las cosas por tu cuenta. Eso hace que te cueste ayudar a quienes acuden a ti para consolarse cuando lo están pasando mal. Siempre que alguien lo hace, te pilla por sorpresa. No entiendes del todo por qué buscan apoyo fuera de ellos mismos. ¿Cómo es que no saben gestionar sus propios sentimientos? ¿Por qué necesitan que se les haga tanto caso?

Eso hace que te apartes un poco. La otra persona, sorprendida y dolida por no recibir ayuda por tu parte, y que ya se encuentra en un estado emocional difícil, empieza a protestar. Para esa persona, la razón original por la que recurrió a ti parece ahora insignificante comparada con el dolor causado por tu rechazo. Sin saberlo, has echado sal a la herida y has acabado convirtiéndote en el motivo de su angustia. Eso acaba resultándote sofocante e insoportable, lo que hace que te cierres aún más en banda. Tu programación y tus instintos más básicos están diciendo a gritos: «¿Qué quieres de mí? ¡Cúrate a ti mismo!».

Si eres capaz de asumir el hecho de que tu reacción evitativa es la rara y que, a diferencia de ti, la mayoría de las personas necesitan apoyo emocional en los momentos de necesidad y aprendes a darles a los demás esa seguridad, te ahorrarás muchísima angustia y evitarás convertirte en el objeto de toda su atención cuando no les seas de ayuda.

Escollo número dos. Jugar con la homeostasis del apego

«Hago todo esto por ti, ¿y todavía quieres más?»

«Nada de lo que hago es suficiente.»

«Ojalá ni lo hubiera intentado.»

Oigo a menudo declaraciones de ese estilo de personas evitativas en respuesta a las reacciones de enfado de quienes forman parte de su entorno. Tales afirmaciones se derivan de un problema importante: la falta de información sobre cómo funciona la homeostasis del apego.

Como persona evitativa, es posible que te encuentres, sin quererlo, conectándote y desconectándote de la cercanía de forma instintiva. Así es como funciona tu estilo de apego. Pero yo tendría cuidado con eso. Déjame explicarte por qué.

Cuando estás de buen humor, estás más suelto, más cercano, y disfrutas de tiempo de calidad con tu pareja, tus amigos o tu familia. Luego te das cuenta de que ya has tenido suficiente (en realidad, más que suficiente: demasiado) y de que necesitas un respiro. El problema es que, cuando te entregas por completo a la cercanía y luego desapareces, la otra persona se activa y empieza a protestar. Y su comportamiento de protesta te pone de los nervios. Es comprensible: te has esforzado en estar presente y en conectar de una manera significativa, algo que no es que te salga de forma natural, ¿y sigue sin ser suficiente?

No te das cuenta de que lo que has hecho es jugar con la homeostasis del apego, que no es más que una forma elegante de referirse a la estabilidad. Has alterado la estabilidad de la relación y eso hace que la otra persona sea especialmente sensible a cualquier posible distanciamiento. Como consecuencia, puede que pase a buscar desesperadamente tu atención, lo cual es otro tipo de comportamiento de protesta. Sin tú quererlo, has provocado esa situación con tu conducta.

Steph y Rich pasaron un fin de semana estupendo juntos. Empezaron con una obra de teatro, seguida de una cena en un restaurante con una estrella Michelin, donde disfrutaron del menú degustación del chef. Al día siguiente fueron de compras y Rich le regaló a Steph un bolso de diseño. El lunes, él estuvo liado y se olvidó de enviarle un mensaje por la mañana y otro al mediodía, como solía hacer. Cuando Rich llamó a Steph por la tarde, ella se mostró fría y distante. La noche siguiente, él por primera vez dijo que estaba demasiado cansado para hacer el amor. Fue entonces cuando Steph se derrumbó y le dijo que sabía que aquello se había acabado, que él había cambiado de opinión y ya no estaba interesado en ella. «Es siempre lo mismo; conoces a alguien, se interesa por ti y luego cambia de opinión y se va —le dijo—. Sé cuándo está pasando y sé que te está pasando a ti.»

Rich se enfadó y le habló con dureza: «¿Cómo puedes pensar eso después del fin de semana que acabamos de pasar juntos? ¿Te estás escuchando?». Estaba claramente molesto y dijo que no quería oír una palabra más sobre aquello. Pero Steph no pudo conciliar el sueño aquella noche. De hecho, el enfado de Rich y el hecho de que no la hubiera tranquilizado eran, en su cabeza, una prueba más de que él ya no quería saber nada más de ella. Al día siguiente, por la noche, Rich le hizo saber por teléfono que iba a estar muy ocupado esos días y que no podrían verse hasta el fin de semana. Steph le dijo que sabía lo que estaba haciendo: se estaba alejando. Colgó de forma abrupta. Rich estaba furioso. «Solo quiere más y más y más —pensó—. No estoy seguro de que esto vaya a funcionar.»

No entender la importancia de la homeostasis del apego y de las IMAI PReDiCC que se necesitan para mantenerla es un desastre anunciado para cualquier relación, no solo para las de tipo romántico. Ocurre con amigos, con familiares e incluso en el trabajo cuando primero le das a alguien toda tu atención y luego dejas de hacerlo. Los problemas relacionales que se derivan de esas alteraciones pueden prevenirse fácilmente solo con no desaparecer abruptamente ni cambiar tu comportamiento habitual. Y si resulta que ya lo has hecho, en lugar de enfadarte con la otra persona cuando protesta, como hizo Rich, ofrécele la seguridad que necesita. Está muy bien pasar un maravilloso fin de semana romántico y dejarse llevar por la cercanía, incluso darlo todo con grandes gestos, como regalos y cenas caras, pero sé consciente de que luego no puedes desaparecer sin que el apego sufra las consecuencias. Prepárate para tenderle un puente a tu yo habitual ofreciéndole a la otra persona la tranquilidad que necesite todo el tiempo que sea necesario. Al fin y al cabo, esa persona no está molesta contigo, que es lo que siempre enfurece a los evitativos, sino que se ha visto activada por una alteración en el delicado equilibrio del apego, que ahora necesita encontrar una nueva calma.*

Una vida PReDiCC frente a una vida no-PReDiCC para las personas con apego evitativo: vivir de forma segura con una necesidad inherente de distancia*

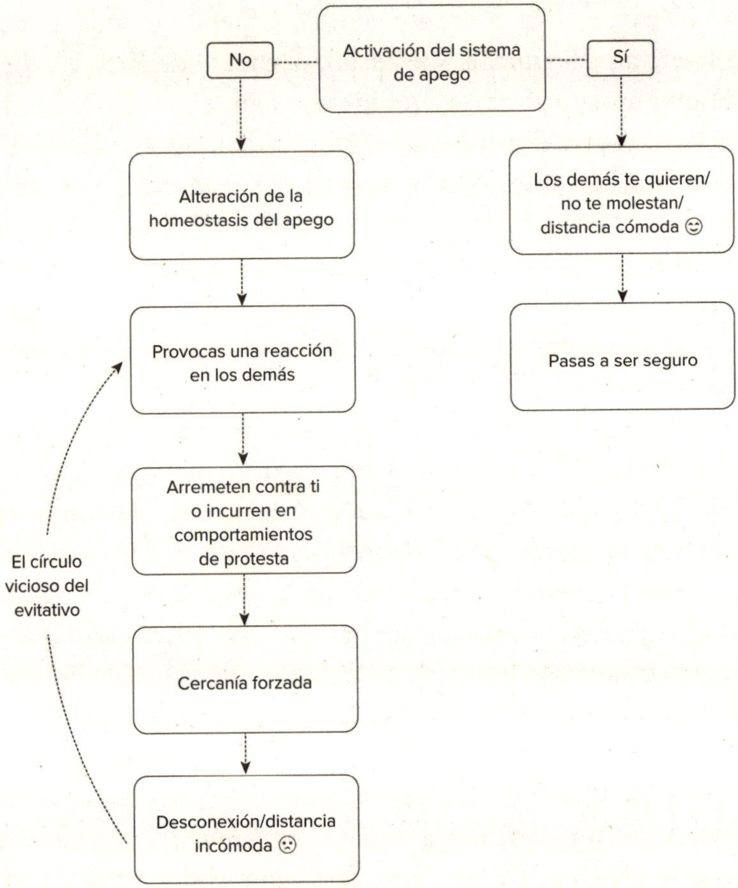

* PReDiCC = Predictibilidad, reactividad, disponibilidad, consistencia y confiabilidad.

El ciclo vicioso del evitativo y su antídoto se ven con más claridad en formato de esquema visual. El diagrama de flujo a continuación muestra una vida de PReDiCC frente a una de no-PReDiCC para la persona evitativa. No ser PReDiCC desencadena un ciclo de protesta, cercanía forzada y tensión en aumento. Pero cuando eres PReDiCC mantienes en calma el circuito neuronal del apego, los demás desvían su atención hacia el mundo exterior y tú obtienes el espacio que necesitas al mismo tiempo que avanzas hacia un apego más seguro.

Escollo número tres. Sobredosis de cercanía: no intentes abarcar de más

Para ti, la persona evitativa, también es importante no pasarte de cercanía de repente. Necesitas tu dosis de distancia, así que es mejor avanzar poco a poco. Eso es algo que puede resultar contrario a la lógica: cuando finalmente te sientes lo bastante a gusto como para estar cerca, ¿no deberías ir a por todas? Puede que, tras un arranque de cercanía, cuando el impulso de retroceder se activa, hagas un esfuerzo adicional por aguantar, para demostrar que puedes mantener la conexión. El problema es que en ocasiones podrías estar intentando abarcar de más, que es precisamente lo que le pasó a Sheila.

La relación de Sheila y Jeff tuvo unos inicios tormentosos. Los dos tenían pareja cuando se conocieron, pero se sintieron irresistiblemente atraídos el uno por el otro. Sheila era evitativa y a menudo actuaba de forma indiferente e impredecible con Jeff, pero también con sus hijos y en el trabajo. Decía que salía para dar una vuelta y no volvía hasta horas después, o prometía llamar a una hora determinada y no lo hacía hasta el día siguiente. Jeff le pidió que fuera más PReDiCC, pero a ella le costaba entender el concepto y cómo aplicarlo. Aun así, al principio las cosas iban de maravilla entre ellos. Los dos manifestaban que su conexión sexual, emocional, intelectual y espiritual era la más profunda que habían tenido jamás con nadie.

De pronto, un día, Sheila empezó a agobiarse, lo que la asustó. No quería perder aquello tan especial que tenía con Jeff, así que en lugar de apartarse —que era lo que le pedía el instinto— decidió redoblar sus esfuerzos para establecer una cercanía con él.

A la semana siguiente, Jeff se sometió a una pequeña intervención quirúrgica. Sheila insistió en quedarse con él en el hospital todo el tiempo. Pocos días después fue el cumpleaños de Jeff y ella se empeñó en organizarle una fiesta e invitar personalmente a todos sus amigos. Pero enseguida todo aquello la sobrepasó y se volvió en su contra. Abandonó la fiesta pronto y luego desapareció durante varios días, durante los que no respondió ni a llamadas ni a mensajes. Pese a sus buenas intenciones, no fue capaz de reunir las fuerzas necesarias para seguir adelante con su plan de obligarse a estar cerca.

Sheila empezó a pensar que quizá aquella relación no era la adecuada para ella y a preguntarse si había cometido un error al dejar a su pareja anterior por Jeff. En la ciencia del apego, a ese tipo de reacciones de renuncia se las denomina «estrategias de desactivación». Se trata de pensamientos y acciones (como alejarse, no contestar a los mensajes o convencerse de que la relación va mal) que permiten a las personas evitativas rebajar la intensidad de la cercanía cuando empieza a sobrepasarlas. Jeff se quedó desolado por el modo en que Sheila desapareció del mapa. Él no le había pedido, ni había querido especialmente, que ella pasara todo el tiempo con él en el hospital ni que organizara su fiesta de cumpleaños. No le hacía falta ninguna de esas cosas. Pero su ausencia le dolió terriblemente, y cuando Sheila regresó, varios días después, Jeff rompió con ella. A Sheila la ruptura le generó una enorme sensación de pérdida, y el impulso original que había sentido de huir de la relación, derivado de las estrategias de desactivación por el exceso de cercanía, desapareció por completo. Aparecieron en tromba, en su lugar, las estrategias de activación —las que te empujan a buscar esa cercanía— y se sintió sola y avergonzada.

Las personas con un estilo de apego evitativo que no entienden o no valoran la importancia de ser PReDiCC para impulsar IMAI seguras a menudo acaban esforzándose demasiado —y haciendo todo lo que no tienen que hacer— para compensar su necesidad de espacio. Buscan establecer esa cercanía con grandes gestos, pero, cuando la situación se les vuelve en contra, pueden agobiarse y desaparecer, lo que, a su vez, genera una diferencia aún más marcada y conduce a una activación y un dolor mayores en la otra persona.

¿La solución? Ve a tu propio ritmo, ciñéndote a las IMAI que son PReDiCC y evitando los grandes gestos. Empieza poco a poco y ve construyendo a partir de ahí. Te permitirá habituarte a la cercanía con los demás mucho más cómodamente.

Más vale prevenir que curar

Unas últimas palabras para ti, persona con apego evitativo: el objetivo de este capítulo ha sido familiarizarte con las particularidades de tu estilo de apego y enseñarte herramientas específicas que trabajen a favor de tu biología en lugar de en su contra. En el momento en que aprendes a hacerlo, empiezas a avanzar hacia la seguridad y a disfrutar de una mayor satisfacción y tranquilidad en tus relaciones.

Para la persona evitativa, ser PReDiCC significa, en primer lugar, reconocer ante sí misma que necesita espacio, y luego acostumbrarse a explicar esa necesidad. Cuanto antes se lo comuniques a los demás, mejor, y no basta con hacerlo solo una o dos veces: es importante no dejar de hablar de ello en todas tus relaciones, de forma que convenzas a quienes te rodean de que se trata de una necesidad general de más espacio para ti y no de apartarlos a ellos. Al contrario: los quieres en tu vida, pero debes encontrar el equilibrio adecuado que te permita estar ahí para ellos. Cuanto más lo hagas y más puedas rodearte de personas que sean capaces de aceptarlo de forma segura, mejor te sentirás.

Quienes no puedan tolerar el tipo de distancia que necesitas ya encontrarán a otras personas más afines.

Al mismo tiempo, tu necesidad de distancia no significa que puedas librarte de hacer lo que te corresponde. En este capítulo te he enseñado a ser PReDiCC y te he guiado a través de los posibles escollos que podrían interponerse en tu camino. Mi esperanza es que, con el tiempo, cada vez se te dará mejor ser PReDiCC y, al serlo, evitarás algunas de las trampas en las que tiendes a caer, que activan y hacen daño a quienes te rodean. El objetivo es que te sientas lo bastante seguro como para desarrollar relaciones PReDiCC estables con un círculo de personas más amplio, lo que te ayudará a adquirir un apego más seguro.

Siempre he dicho que, en materia de necesidades de apego, mejor extinguir una llamita antes de que se convierta en un incendio. Pero ahora voy a llevarlo un paso más allá y a decir que deberías asegurarte de que nadie esté siquiera jugando con cerillas.

PReDiCC en la práctica: un ejercicio guiado para personas evitativas

Las personas evitativas suelen recurrir a lo que la ciencia del apego denomina «estrategias de desactivación», pensamientos o acciones automáticas que crean distancia cuando la cercanía parece excesiva, tal como hizo Sheila con Jeff. Muchas de ellas se manifiestan en forma de comportamientos no-PReDiCC. La buena noticia es que cada una de ellas tiene una sencilla alternativa PReDiCC que puede calmar el circuito neuronal de apego de los demás, lo que, a la postre, te concederá el espacio que necesitas.

Este ejercicio está diseñado para que te centres específicamente en comportamientos habituales no-PReDiCC en los que quizá incurras, para que los sustituyas por otros que sí lo sean. Cuanto más PReDiCC seas, más fácil te será gestionar tus relaciones, menos asfixiado te sentirás por ellas y menos probable será que salgas huyendo.

Ejemplos de comportamientos no-PReDiCC y sus alternativas PReDiCC:

NO-PREDICC (ESTRATEGIA DE DESACTIVACIÓN)	ALTERNATIVA PREDICC
Dejar de responder a los mensajes y llamadas o desaparecer sin dar explicaciones.	Comunica a la otra persona que necesitas un respiro al tiempo que reafirmas tu compromiso con ella.
Decir «te llamaré enseguida» y no hacerlo.	Si no puedes llamar, envía un mensaje rápido para avisar y sé realista a la hora de concretar cuándo podrás hacerlo.
Mostrarte cariñoso y cercano y luego, de repente, actuar con frialdad.	Haz que tu tono y tus respuestas sean siempre los mismos, por breve que sea el mensaje.
Ignorar mensajes o *emails* hasta el extremo de poner a la otra persona de los nervios.	Envía un mensaje breve en el que confirmes haber leído el mensaje («Recibido, estoy liado, contesto luego»).
Ocultar detalles personales o sentimientos.	Comparte pequeños detalles sobre ti para que los demás se sientan incluidos en tu vida.
Permanecer emocionalmente distante, negarte a abrirte.	Comunica una verdad emocional breve («Un día duro, estoy un poco estresado») para mostrarte presente.
Negarte a pedir ayuda e insistir en ser autosuficiente.	Permítete pedir pequeños favores o buscar consuelo: hacerlo desarrolla la confianza y no supone una pérdida de independencia.
No ofrecerte a ayudar a los demás, asumiendo que deberían poder arreglárselas por su cuenta, y desaparecer cuando más te necesitan.	Haz pequeños gestos («¿Quieres que te recoja aquello?», «Puedo escucharte, si lo necesitas») que demuestren disponibilidad.

NO-PREDICC (ESTRATEGIA DE DESACTIVACIÓN)	ALTERNATIVA PREDICC
Caminar varios pasos por delante o por detrás en lugar de a su lado.	Reduce la velocidad y camina junto a la otra persona. Incluso aunque no converséis, la cercanía física resulta tranquilizadora.
Evitar el contacto físico (rechazar un abrazo, apartarse).	Permite un contacto breve y predecible (un apretón de manos, un abrazo breve) para mantener viva la conexión.
Saltarse actividades importantes para la otra persona.	Si necesitas excusarte, reconoce la importancia de la actividad y expresa interés a posteriori («Cuéntame cómo ha ido»).
Marcharte de forma abrupta al verte sobrepasado.	Comunica tu necesidad de espacio con delicadeza («Necesito estar un rato a solas, pero volveré luego. Escríbeme o llámame si me necesitas»).

Escribe ahora unas cuantas situaciones de tu propia vida.

Ejemplo:

Tu comportamiento habitual no-PReDiCC:
Cuando me noto agobiado tras pasar mucho rato con Milly, a veces ignoro sus mensajes. Eso hace que se ponga como loca, lo que me desespera y me lleva a alejarme aún más de ella.
El comportamiento PReDiCC por el que podrías optar en su lugar:
Debo explicarle abiertamente que necesito pasar tiempo a solas y encontrar una manera de hacerlo que no le haga daño, al mismo tiempo que reafirmo mi compromiso con ella. Si me mantengo PReDiCC en la relación, Milly no se centrará tanto en mis acciones y en mi paradero y los dos estaremos más tranquilos.

Tu turno:

Tu comportamiento habitual no-PReDiCC:

____

____

____

El comportamiento PReDiCC por el que podrías optar en su lugar:

____

____

____

Tu comportamiento habitual no-PReDiCC:

____

____

____

El comportamiento PReDiCC por el que podrías optar en su lugar:

____

____

____

8

El temeroso-evitativo: darle un voto de confianza a la cercanía

Pienso a menudo en el estilo de apego temeroso-evitativo como en encerrarse en la alta torre de una fortaleza para protegerse del sufrimiento, pero sin dejar de anhelar la cercanía. Es, si se quiere, una situación a lo Rapunzel autoimpuesta, salvo que sin la larga cabellera por la que hacer subir a nadie.

Ese enfoque hacia la autoprotección se adopta por un buen motivo. Para las personas con un estilo de apego temeroso-evitativo, relacionarse es extremadamente difícil. Sentir una ansiedad elevada en las relaciones y al mismo tiempo evitarlas mucho suele conducir a interacciones dolorosas, confusas y desgraciadas. Quizá ames con todo tu corazón y tengas las mejores intenciones, pero te cuesta mucho la cercanía.

En los dos capítulos anteriores, hemos visto las herramientas disponibles para las personas con un estilo de apego ansioso y un estilo de apego evitativo en su búsqueda de una mayor seguridad. Para ti, que eres una persona temeroso-evitativa con rasgos de ambos estilos, es especialmente importante que leas primero esos capítulos. Te proporcionarán herramientas para abordar tu ansiedad y tu evitación, mientras que aquí tendrás la oportunidad de integrar esos enfoques y ampliarlos. Analizaremos también algunos de los retos singulares a los que quizá te enfrentes, para que tú también puedas avanzar hacia una vida segura.

«¡Acércate! ¡Mantente lejos!» El ciclo del temeroso-evitativo

Abe se quejaba constantemente de que su prometida trabajaba muchas horas en la oficina. Quería más cercanía y que pasara más tiempo con él, pero, cuando estaban juntos, las cosas no siempre iban bien. Si a Abe le parecía que su prometida cometía el más mínimo error (reservar mesa en el restaurante «equivocado», por ejemplo, para una cita), echaba chispas por dentro y lo invadían pensamientos negativos sobre lo incompetente que era ella. «¿Qué clase de madre será para mis hijos —pensaba enfurecido— si ni siquiera es capaz de hacer algo tan simple como encontrar un buen sitio para cenar?» Llegó incluso a plantearse romper con ella por ese motivo. Por otra parte, cuando estaban juntos en casa, a menudo sentía que su prometida se mostraba distante. Si ella leía un libro en lugar de ver la televisión con él, Abe lo vivía como una afrenta personal y le aplicaba la ley del hielo. Entretanto, ella no paraba de preguntarse qué podría haber hecho mal. Esas conductas vacilantes y los frecuentes altibajos de Abe hacían que la relación fuera extremadamente inestable.

Si eres una persona temeroso-evitativa, anhelas la cercanía y al mismo tiempo la rechazas. Es como si con una mano hicieras el gesto de «acércate» y con la otra el de «mantente lejos». Tu lado evitativo, que insiste en mantener una distancia segura, no se lleva bien con tu lado ansioso, que desea la cercanía y es muy sensible a la amenaza del distanciamiento. El resultado: un bucle infinito de inseguridad. Cuando te sientes demasiado cerca, recurres a estrategias de desactivación, como pensamientos y acciones específicas que generan distancia entre tu pareja. Sin embargo, en cuanto logras esa distancia, tu parte ansiosa se activa y hace aflorar pensamientos y comportamientos que intentan atraer más cerca a tu pareja y que suelen adoptar la forma de comportamientos de protesta, lo que puede ser destructivo para la relación. Eso era lo que le pasaba a Abe: cuando se sentía demasiado cerca de su prometida, sacaba defectos a cualquier cosa que ella hacía; la clásica estrategia de desactivación. Pero luego, cuando no la sentía lo bastante cerca, la castigaba con su silencio para provocar una reacción, lo que es un comportamiento de protesta habitual.

La trampa interna de la persona temeroso-evitativa

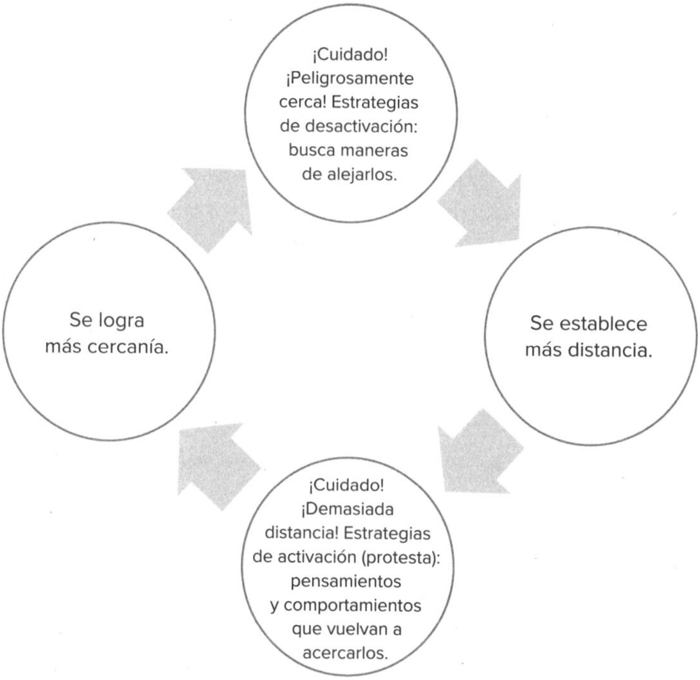

El resultado es este bucle sin fin: o bien renuncias a las relaciones por completo para no caer en ese círculo vicioso, o bien, cuando estableces una relación de cercanía, acabas viéndote en una situación tumultuosa que deja muy poco espacio para IMAI PReDiCC nuevas que puedan ayudarte a avanzar hacia un apego seguro.

Se dice a menudo que el estilo de apego temeroso-evitativo tiene su origen en relaciones traumáticas anteriores, en las que la cercanía iba de la mano con un comportamiento amenazante y abusivo, lo que hace que la persona anhele y al mismo tiempo rechace la conexión cercana. Estoy de acuerdo en que suele ser así, pero, más allá de si esa causa y ese efecto se cumplen en tu caso, en este capítulo trabajaremos para ayudarte a avanzar hacia un apego más seguro y hacia la sanación.

¿Cómo se inicia ese camino? Pues desarrollando una base segura que, poco a poco, con pequeños pasos, irá haciendo que te habitúes a relaciones que no te hagan querer huir, por un lado, y en las que no sientas que la conexión está en peligro constante, por el otro. Al establecer, con delicadeza, un entorno en el que te sientas cómodo y a salvo, pondrás en marcha el proceso de curación en tu cerebro.

Construir una tribu segura: instrucciones para temeroso-evitativos

Para ti, más que para nadie, es de vital importancia que des prioridad a las IMAI seguras en tu vida. Eso significa rodearte de personas que sean PReDiCC y aplicar la regla del apéndice, que implica deshacerte de forma proactiva de las interacciones inseguras. Pero, incluso cuando tu vida esté llena de interacciones seguras, aún quedará trabajo por hacer. También deberás aprender a dosificarlas de forma que puedas seguir siendo PReDiCC y no sentirte atrapado por un exceso de cercanía. Permitir demasiada proximidad demasiado rápido puede hacerte salir huyendo, lo que perpetuaría la inestabilidad relacional.

Proveer al cerebro temeroso-evitativo de IMAI seguras es como dar de comer a un polluelo que te has encontrado perdido. Debes alimentar al animal en su justa medida: al principio solo con trocitos pequeños, de forma regular y frecuente. Demasiada comida y el pájaro se empachará; demasiado poca y pasará hambre, lo que evitará que crezca. Para alimentar tu seguridad, necesitas exponerte a un flujo constante y regular de IMAI seguras.

Con el tiempo, estas crearán un entorno social protegido que permitirá que tu yo seguro se haga más fuerte y resiliente y sea capaz de valerse por sí mismo y abandonar el nido.

Tammy tenía un largo historial de relaciones tumultuosas. En su casa, de niña, hubo siempre gritos y turbulencias emocionales. Su padre era una persona abusiva y aislaba a Tammy de los niños de su edad encerrándola en su habitación e insistiendo en que tenía que estudiar. Pasó gran parte de su infancia completamente sola. Pese a ello, y gracias a su enorme determinación y aguda inteligencia, Tammy prosperó de adulta. Fue a la universidad y se convirtió en una profesional cotizada.

Cuando vino a mi consulta, Tammy acababa de pasar por una dolorosa ruptura sentimental. Aunque parecía tener muchos amigos, cuando describía las diversas dinámicas de sus relaciones más próximas quedaba claro que no tenía amistades cercanas y seguras. Una «amiga» se emborrachaba a menudo y luego se ensañaba con ella; se metía con su forma de vivir la vida y con los «defectos de su carácter». Otra era cariñosa con ella, pero no era alguien en quien se pudiera confiar. Siempre cancelaba planes a última hora. En una ocasión en la que se suponía que iban a ir a los Catskills para pasar el fin de semana, canceló el plan estando Tammy ya en el coche de alquiler de camino a recogerla.

La familia de Tammy no era mejor. Cada vez que hablaba por teléfono con sus padres, estos le lanzaban comentarios despectivos, y sabía que sus hermanos en ocasiones se reunían sin ella. Esas interacciones dejaban a Tammy destrozada y hablábamos de ellas largo y tendido en la consulta. Tammy era claramente temeroso-evitativa: pese a anhelar la cercanía, temía dejar entrar en su vida a personas nuevas y era muy sensible a lo que percibía como desaires de su entorno social. Al mismo tiempo, cuando las personas eran PReDiCC y querían cercanía, ella las rechazaba o las mantenía a una distancia prudencial.

En nuestras sesiones de terapia segura empezamos a trabajar en el desarrollo de la base segura de Tammy. Utilizó la regla del apéndice para reducir el contacto con sus amistades y familiares no-PReDiCC y a lo largo del primer año empezó a interactuar cada vez menos con ellos. No cortó el contacto por completo, sino que empleó el frontenis con amor del que hemos hablado en el capítulo 6. Funcionó: esas relaciones inseguras quedaron gradualmente relegadas a un segundo plano en su vida.

Poco a poco, Tammy empezó a cultivar IMAI seguras con personas tanto de su trabajo como de su vida personal. Se volvió selectiva con sus proyectos de trabajo y rechazó determinados compromisos cuando sospechaba que las personas con las que le iba a tocar trabajar incurrirían en IMAI no seguras. Aceptaba solo proyectos en los que sabía que las IMAI serían principalmente seguras. Eso hizo que perdiera algunas oportunidades laborales en un principio, pero su agenda se llenó rápidamente de otras más seguras.

En su vida personal, Tammy retomó amistades con personas seguras a las que había conocido en el instituto y en la universidad. Algunas vivían en otras ciudades, lo que convenía a Tammy, porque podían visitarse de vez en cuando, pero la distancia geográfica le permitía no sentirse sobrepasada o agobiada por un exceso de cercanía. Es más: al ser una relación a distancia, las expectativas depositadas sobre la amistad eran otras y eso a ella ya le iba bien. No tenía que asistir a compromisos sociales que no le interesaban y la diferencia horaria con algunas de sus amigas reducía la ventana de tiempo en la que debía estar disponible para sus llamadas. Incluso gestionaba algunas de sus amistades principalmente por mensaje. Pocas veces hablaban por teléfono, lo cual era conveniente para Tammy.

Lo que de verdad le cambió la vida a Tammy fue Scruffy, el perrito que adoptó en una protectora de animales. El animal resultó ser la influencia más segura en su vida. Su ternura y su indefensión la desarmaron, y su amor feroz, inquebrantable y seguro por ella fue un soplo de aire fresco. Tammy decidió dejar la energía bulliciosa de la ciudad y trasladarse a una casa de campo en

Long Island, donde ella y Scruffy empezaron a salir de excursión por la naturaleza. Eso también la ayudó a crear lazos con otras personas de su nuevo lugar de residencia, porque casi todo el mundo se paraba a hablar y a comentar lo mono que era Scruffy. Tammy se acostumbró a pasar el día en su tranquilo y soleado comedor con su perro, leyendo y trabajando.

Con el tiempo, Tammy desarrolló una vida social segura y pausada en la que encontró la paz. Aun así, las relaciones románticas seguían resultándole problemáticas. En las aplicaciones de citas deslizaba siempre a la izquierda; no le daba a ningún hombre una oportunidad. Ninguno le parecía adecuado. Si alguno tenía un cuerpo bonito, le parecía un engreído; si estaba ni que fuera un poco fuera de forma, también era un problema. Si tenía una cita y él le escribía enseguida, tampoco le parecía bien —aunque el chico le gustara—, porque se sentía acorralada y asfixiada. Aun así, a medida que aumentaba su sensación de seguridad, Tammy empezó a dar pequeños votos de confianza y a ofrecer oportunidades a los demás.

Con el tiempo conoció a Marc, que fue capaz de proporcionarle la seguridad y la protección que necesitaba. Era absolutamente PReDiCC, algunos dirían que hasta el punto de ser bastante inflexible con los horarios, y sincero hasta decir basta. Marc tenía sus propias peculiaridades. Por ejemplo, en una ocasión tuvo un berrinche porque Tammy dejó el cabezal de la ducha girado hacia un lado y no exactamente a noventa grados de la pared. Era un poco especial con ese tipo de detalles; de hecho, le contó a Tammy que estaba dentro del espectro autista. Aquello podría haber sido un problema para según qué personas, pero a Tammy le gustaban su previsibilidad y su franqueza incondicional. Acabó reconociendo que, de no haber sido por Scruffy, por la tribu segura que había construido y por el replanteamiento de sus expectativas y comportamientos en torno a las relaciones, probablemente no habría sido capaz de dejar entrar a Marc en su vida.

PASOS PARA CONSTRUIR UNA TRIBU SEGURA PARA TEMEROSO-EVITATIVOS

1. Asegúrate de que las personas de tu vida sean PReDiCC.
2. Rodéate de IMAI seguras.
3. Muy importante: asegúrate de exponerte a la cercanía de forma gradual. ¡No te excedas! No llega más lejos quien más corre.
4. Sé PReDiCC. Siendo PReDiCC, te aseguras de no introducir inseguridad en tu vida. (Véase «PReDiCC en la práctica: un ejercicio guiado para personas evitativas», en el capítulo anterior.)
5. Realiza intervenciones PReDiCC con personas no-PReDiCC.
6. Si las interacciones no-PReDiCC persisten, aplica la regla del apéndice. Necesitas deshacerte de esas interacciones para afianzar un cambio seguro.
7. Utiliza el frontenis con amor para bajar el volumen de las conexiones inseguras. Descentraliza poco a poco las relaciones inseguras de tu vida para fomentar tu curación.
8. Da un voto de confianza dejando que personas más seguras entren con el tiempo en tu vida.

Intervenciones PReDiCC para el estilo temeroso-evitativo

Construir una tribu segura de la forma en que Tammy lo hizo exige llevar a cabo intervenciones PReDiCC. Al hacerlo, tanto contigo como con las personas que te rodean, para garantizar comportamientos predecibles, reactivos, disponibles, consistentes y confiables, permites que las IMAI seguras proliferen en tu vida.

Para alguien que es singularmente más ansioso o más evitativo, trabajar a favor de un apego más seguro equivale a ser un escalador que trepa poco a poco por un acantilado utilizando cuerdas, arneses y anclajes para asegurarse a la roca y no caer al abismo. Las personas con apego ansioso deben encontrar formas de dominar sus miedos e inseguridades en las relaciones, mientras que las personas con apego evitativo deben evitar caer en el patrón habitual de apartar a los demás.

Si tu apego es temeroso-evitativo, deberás asumir una tarea aún más exigente. En lugar de ser como un escalador, que «solo» tiene que preocuparse de un abismo, eres como un funambulista en la cuerda floja que no puede agarrarse a nada para ir más seguro. Debes gestionar un delicado número de equilibrismo para evitar caer al abismo de la ansiedad, por un lado, y al de la evitación, por el otro. Necesitas controlar tu tendencia a sentirte herido cuando notas que los demás se alejan y también tu tendencia a alejarlos para poner un poco de distancia. Así que, al llevar a cabo una intervención PReDiCC en ti y en los demás, es importante que comprendas que debes caminar por una fina línea entre dos fuerzas opuestas: la ansiedad y la evitación.

Cuando Tammy conoció a Marc, ella quería que él le enviara más mensajes, pero también sabía por experiencia que si él se excedía ella acabaría sintiendo rechazo. Así que llevó a cabo la siguiente intervención PReDiCC: le pidió a Marc que le escribiera por la mañana, al mediodía (mientras ella estaba trabajando) y por la noche, pero hizo hincapié en que mucho más que eso podría agobiarla, por su apretado horario de trabajo. Él lo entendió perfectamente. Tammy recibía cada día un «Buenos días, cariño», un sencillo emoticono a mediodía y otro soñoliento por la noche. Si ella algún día necesitaba más, escribía a Marc y le decía: «Hoy me iría bien un extra de apoyo y atención. ¿Podrías escribirme más a menudo? Quizá no pueda contestar, pero me encantará saber de ti». Al día siguiente, si él le enviaba más mensajes de lo habitual, ella decía: «Me ayudó muchísimo recibir tantos mensajes tuyos ayer, pero ahora podemos volver al ritmo habitual. Estoy bien».

Llevar a cabo intervenciones PReDiCC es especialmente complicado para los temeroso-evitativos, porque tienen que adaptarse a nuevos comportamientos seguros por partida doble: no solo deben aprender a ser menos evitativos y menos ansiosos, sino gestionar al mismo tiempo dos fuerzas inseguras que tiran de ellos en direcciones opuestas. Si esa es tu situación, significa que debes abrirte camino entre tu necesidad de cercanía y apoyo, tu miedo a que los demás te decepcionen y tu necesidad de independencia y espacio. Si aprendes a respetar tus necesidades y deseos tanto en la dimensión ansiosa como en la evitativa —como hizo Tammy— en lugar de tratar de ignorarlas, con el tiempo y la práctica serás capaz de llevar a cabo intervenciones PReDiCC con habilidad y gracia.

Frenar en seco y pedir perdón: el arma secreta segura de los temeroso-evitativos

Brad se veía a menudo asaltado por emociones y pensamientos negativos sobre su novie. A veces eran emociones o pensamientos de desactivación: le criticaba, por ejemplo, para sus adentros, y a veces también a la cara. Era capaz de decirle que no era tan guape, creative o liste como se creía. A veces se enfadaba por cómo comía o estornudaba y le soltaba un comentario desagradable al respecto. Otras veces, sus emociones negativas eran de activación: podía, por ejemplo, sentirse extremadamente dolido por las señales de distanciamiento que notaba en elle; se enfadaba si estudiaba en la misma habitación que él y no le prestaba atención, o si no lo llamaba ni le escribía durante el día. Cuando eso ocurría, arremetía contra su pareja o, al revés, optaba por hacerle el vacío.

En la consulta, Brad fue capaz de ver que esos pensamientos trabajaban en contra de la relación segura que quería construir. Aspiraba a tener un apego más seguro y puso mucho esfuerzo en ello. Para empezar, aprendió a ser más consciente de las emociones negativas que lo invadían y a no actuar en consecuencia. Aun así, a veces caía en viejos hábitos y le decía o le hacía cosas desagradables a su pareja. Luego, en nuestras sesiones de terapia segura, aprendió a hacer algo que supuso un punto de inflexión para él. En vez de intentar corregir una interacción insegura disculpándose a posteriori, aprendió a hacerlo mientras se producía. Primero intentaba con todas sus fuerzas evitar decir algo que pudiera sentar mal, pero si se daba cuenta de que estaba haciéndolo, frenaba en seco y decía: «Siento ser desagradable. Odio actuar así. Digo cosas que no quiero decir porque estoy enfadado y no puedo evitarlo. De verdad que no quiero decirlas. Por favor, ayúdame a salir de este estado mental. Lo siento».

El estilo de apego temeroso-evitativo puede sacar lo peor de ti. Los estudios demuestran que hace que tiendas a meterte a menudo en discusiones y peleas y que tus conexiones con los demás muestren un alto componente de inestabilidad. Te sientes sobrepasado por las emociones y los pensamientos negativos sobre las personas que forman parte de tu vida, que pueden aflorar incluso cuando estás trabajando para conseguir un apego más seguro y frenar tu progreso. Si eso ocurre, no desesperes. La clave está en admitir lo que está pasando, frenar en seco y pedir perdón en ese mismo momento. Al hacerlo, estás rescatando una interacción que ha empezado como insegura y convirtiéndola en segura.

La estrategia de frenar en seco y disculparte cambia las reglas del juego porque:

- *Pones fin al comportamiento inseguro en el momento en que está produciéndose, y así minimizas el daño en la relación.*
- *Pones de manifiesto tus intenciones seguras.* Transmites que no quieres hacer daño a la otra persona y que estás trabajando para ser mejor persona.
- *Aprendes a monitorear tu comportamiento inseguro en tiempo real.* Cuanto más lo hagas, menos se dará el comportamiento volátil e inseguro, lo que llevará a una mayor seguridad.
- *Donde hay distancia y conflicto, creas cercanía.* En lugar de poner más distancia, creas más proximidad. Al frenar en

seco y explicarle a la otra persona lo que está pasando, la incluyes en tu lucha por un apego más seguro. Muestras una vulnerabilidad que inspira solidaridad en lugar de distanciamiento.

- *Te ayuda a recordar una función clave de las relaciones:* fortalecer y regular las emociones propias y ajenas, no desregularlas y hacernos la vida imposible unos a otros.
- *Pones fin al círculo vicioso de hacer daño y que te hagan daño.*

Un voto de confianza: cómo pasar de una vida basada en el miedo a una vida segura

A las personas temeroso-evitativas se las llama así porque les aterra la cercanía. Mientras que los evitativos corrientes que reniegan de su necesidad de conexión se enorgullecen de su independencia, los ansiosos y los temeroso-evitativos anhelan la intimidad, pero existe una gran diferencia entre ellos.

Cuando los ansiosos conocen a alguien que les gusta, son propensos a tirarse de cabeza, ignorando las posibles señales de alerta y cualquier reserva. Se lanzan a la piscina sin comprobar si el agua cubre lo suficiente, mientras que los temeroso-evitativos ni se atreven a acercarse al borde de la piscina, paralizados por el miedo a que les hagan daño. Como temeroso-evitativo, todo lo que indique la posibilidad de cercanía te hace gritar: «¡Mantente lejos, no te arriesgues, no vayas allí!», pese a tu visceral anhelo de proximidad. Y con motivo. Las personas te fallarán y te harán daño. Pero dejar que el miedo domine tus relaciones cercanas es como no separar el grano y la paja. Porque las personas también te querrán y te protegerán y te cambiarán de las formas más profundas y maravillosas que puedas imaginar.

Para ir habituándote, puedes empezar con opciones seguras, como unirte a actividades en grupo en las que la cercanía resulte menos amenazante. Prueba, por ejemplo, a salir a correr en grupo, o a apuntarte a clases de teatro, a un curso de meditación o a un programa de ejercicios; lugares en los que puedas quedar y hablar con otras personas, pero sin camarillas ni dramas de instituto, y en los que sientas una cómoda sensación de unión. Luego puedes elegir a unas pocas personas ultraseguras de tu entorno social enriquecedor e invertir tu tiempo y tu esfuerzo en ellas: te enseñarán el camino hacia una vida segura.

Aun así, cada intento de acercarte a alguien es un voto de confianza. El objetivo de este capítulo ha sido proporcionarte herramientas para que ese voto de confianza sea más fácil, pero en algún momento seguirás teniendo que taparte la nariz, acercarte al borde de la piscina y saltar.

9

Pon a prueba lo que sabes sobre el apego

En nuestra vida diaria nos topamos con dinámicas de apego a cada paso. Pero a menudo no pensamos en ellas desde esa perspectiva.

A mí me resulta útil evaluar las dificultades de las relaciones desde el punto de vista del apego. Le da a cada asunto una capa adicional de profundidad emocional e inspira formas distintas y sorprendentes de abordar y solucionar los problemas relacionales.

En este capítulo tendrás la oportunidad de afinar tus conocimientos y capacidades sobre el apego mediante el análisis de situaciones cotidianas. Te verás ante una serie de pequeñas historias, cada una de ellas seguida de una pregunta de respuesta múltiple. Piensa en el papel que puede desempeñar en ellas el apego, escoge la respuesta que te parezca más adecuada y echa luego un vistazo a la reflexión posterior. Allí encontrarás la respuesta correcta y sabrás por qué es la que tiene más sentido.

Y no te preocupes si no las aciertas todas: el objetivo no es que salga perfecto, sino la práctica. Lo importante es aprender a ver el mundo a través del prisma singular de la lente del apego.

La mala pécora de Amanda

Suzie tiene dieciséis años y ha dejado de hablarle a su amiga Amanda porque la trata fatal. Un día está de buenas y otro de malas. A veces es amable y cariñosa y luego, de repente, la toma con Suzie y le dice cosas muy feas, o la ignora a la hora de la comida. También queda con las amigas que tienen en común y deja a Suzie al margen a propósito. Tres semanas después de dejar de hablar, Suzie se da cuenta de que echa muchísimo de menos a Amanda y que no puede dejar de pensar en ella. Está confundida e inquieta por el hecho de añorar a alguien que se ha portado tan mal con ella.

Rodea con un círculo la afirmación más correcta:

1. Suzie hace bien en cortar lazos con alguien como Amanda. ¡De buena se ha librado!
2. Suzie no ha hecho más que tirar piedras contra su propio tejado en materia de apego y ahora está experimentando las consecuencias del ciclo de protesta y arrepentimiento.
3. Suzie es demasiado sensible. Las relaciones entre chicas están plagadas de situaciones parecidas y tendrá que aprender a encajarlas.
4. En lugar de cortar lazos con Amanda, Suzie debería haber utilizado sus mismas armas: ignorarla, hacer planes sin ella, etcétera. Eso habría hecho que Amanda volviera arrastrándose.

Al cortar lazos de forma abrupta con Amanda, Suzie ha recurrido a un tipo de comportamiento de protesta. Aunque en el momento de hacerlo estaba segura de que había tomado la decisión correcta, ahora que se ha calmado se enfrenta a una reacción negativa del apego. Si, en tu enfado, tomas la decisión firme de acabar con una relación, quizá tu circuito neuronal del apego te sorprenda más adelante con su intensidad. Se trata de un neurocircuito que, literalmente, provoca cambios en el cerebro que hacen que determinadas personas sean importantes y especiales para ti de una forma que no es fácil de revertir. Incluso si tenías razones válidas que justificaban romper ese vínculo, cuando, una vez que te has tranquilizado, el circuito neuronal del apego se activa y reclama de nuevo esa cercanía, descubres que añoras a esas personas. Para evitar esa trampa, es mejor evitar finales dramáticos y dejar el apego en paz. No hace falta que te desconectes de forma abrupta de nadie; puedes dejar que la relación vaya quedando relegada a un segundo plano utilizando el frontenis con amor (véase el capítulo 6). Esto es especialmente importante si tienes un estilo de apego ansioso, porque a las personas con ese tipo de apego no les resulta fácil poner punto final a una relación; pueden seguir activadas durante mucho tiempo y permanecer angustiadas por la relación durante meses, a veces años, y sufrir muchísimo como consecuencia.

Es importante señalar que cortar lazos no es en realidad una decisión sobre la que tengas demasiado control. El sistema de apego tiene mente propia y una lógica que invalida la tuya. Básicamente, funciona desde una perspectiva evolutiva, que se remonta a la época en que los humanos eran animales perseguidos por otros animales en medio de la cadena alimentaria. En esos tiempos, era mejor tener a la mala pécora de Amanda a tu lado que no tener a nadie. Si un león te atacaba, su presencia seguía reduciendo a la mitad las posibilidades de que te comiera, de un cien por cien garantizado a un 50 por ciento. La parte emocional de tu cerebro aún no ha asimilado del todo el hecho de que ya no seas un animal perseguido en medio de la sabana y de que no pase nada porque Amanda no esté a tu lado; no sabe que, en realidad, puede que estés mejor sin ella. Al emplear el frontenis con amor, apaciguas tu circuito neuronal del apego y te aseguras de que permanezca tranquilo mientras abandonas discretamente la relación, para evitar que reaccione de forma negativa. La respuesta correcta, por lo tanto, es la 2. Curiosamente, la 4 habría captado la atención de Amanda y podría haber hecho que volviera a implicarse en la relación, pero a costa de prolongar el patrón de apego inseguro, en detrimento de Suzie. La respuesta número 1 podría haber sido correcta, pero es mucho más difícil de llevar a cabo con el sistema de apego activado. La respuesta número 3 es incorrecta: ya hemos visto en el capítulo 1 lo dañino y angustioso que puede ser el efecto Cyberball.

Llevarse el mérito

Cherry es una mujer de cuarenta y dos años preocupada por las argucias de un compañero de trabajo. El hombre se atribuye el mérito de cosas que hace ella y la excluye de proyectos y cuentas. Cherry siente que menosprecia sus contribuciones para quedar él mejor. Cada vez que pasa algo con él en el trabajo, Cherry no puede evitar pasar varios días enfadada, hasta el punto de que su marido se queja de que no habla de otra cosa en casa.

¿Por qué Cherry está tan agobiada con el trabajo, hasta el punto de tener consecuencias en su vida familiar que incluso afectan a su relación con su marido? Rodea con un círculo la respuesta más correcta.

1. Cherry tiene problemas con la regulación del afecto y no es capaz de calmarse. Necesita ir a terapia.
2. El marido de Cherry tiene la culpa: no sabe calmarla y encima hace que se sienta mal por estar molesta.
3. Cherry es demasiado sensible; tiene un estilo de apego ansioso, de modo que no se le da bien trabajar en equipo. En lugar de quejarse a su marido, debería buscar una solución.
4. Cherry siente que el ambiente de su lugar de trabajo no es seguro y, por lo tanto, es comprensible que no sea capaz de dejarlo pasar.

Cherry quizá tenga un estilo de apego ansioso, pero, si tiene razón y su compañero de trabajo está conspirando contra ella, lo que está notando es algo verdaderamente perjudicial para su carrera que necesita ser abordado. Atribuirse el mérito del trabajo de otras personas y menospreciarlas genera un clima peligroso e inseguro que no es bueno para nadie, pero que realmente es el peor escenario posible para alguien con un estilo de apego ansioso. Las personas con ese tipo de apego a menudo tienen un sexto sentido para detectar entornos peligrosos. El problema es que, una vez que el sistema de amenaza de su cerebro se activa, les cuesta mucho apagarlo y eso puede llevarlas a obsesionarse con el problema, lo que a su vez consume toda su productividad y su creatividad.

Cherry necesita o bien encontrar una forma de eliminar esa amenaza en el trabajo, asegurándose de poner fin a ese comportamiento, o bien marcharse y encontrar otro empleo. Su marido, aunque desde luego no tiene la culpa, haría bien en apoyarla y validar sus sentimientos en lugar de hacerla sentir aún peor por su estresante ambiente laboral. Sinceramente, no podrá calmarla del todo en una situación de inseguridad como esa, pero sí que podría ayudar a hacérsela más llevadera reconociendo lo difícil que es y teniendo mucha paciencia, porque una persona con un estilo de apego ansioso no tiene un botón de apagado rápido. La respuesta correcta es la 4.

Sin contar con nadie

Luke tiene treinta y dos años y, desde hace poco, un nuevo puesto de trabajo con varios subordinados a su cargo. Antes trabajaba principalmente por su cuenta y le iba bastante bien, pero en su puesto actual su equipo está teniendo problemas para entregar el trabajo a tiempo porque Luke insiste en hacer las tareas más complicadas él mismo. No confía en los demás para gestionarlas. Cree que el trabajo nunca sale tan bien como cuando lo hace personalmente y, además, siempre ha confiado en su propio buen juicio. Como resultado, acaba haciendo gran parte del trabajo más pesado, pero el equipo sigue sin cumplir los plazos, pese a que Luke hace más horas que un reloj. Reciben a menudo evaluaciones de desempeño no del todo buenas y a Luke le preocupa que quizá no vayan a ascenderlo, o que incluso puedan despedirlo.

¿Por qué le cuesta tanto a Luke delegar responsabilidades en el trabajo? Rodea con un círculo la afirmación más correcta.

1. Luke merece que lo despidan; es un jefe incompetente.
2. Luke tiene un estilo de apego evitativo, lo que acentúa su autosuficiencia. El motivo es una crianza negligente por parte de sus padres. Es inevitable que fracase en un puesto así.
3. Luke tiene un estilo de apego evitativo, y delegar responsabilidades laborales, además de trabajar en un equipo cooperativo, puede ser un reto para él, sobre todo al principio.
4. Las evaluaciones no siempre positivas sobre el desempeño de Luke no tienen nada que ver con su estilo de apego: lo que pasa es que no sabe trabajar en equipo.

Estamos ante un problema habitual entre las personas con un estilo de apego evitativo: prefieren depender solo de sí mismas. Eso está muy bien si haces un tipo de trabajo solitario que requiere el esfuerzo coordinado de una sola persona —como en el anterior puesto de Luke—, pero puede ser contraproducente si trabajas en equipo y necesitas delegar. Entender tu estilo de apego y esforzarte por ser consciente de tu tendencia a no contar con nadie puede ayudar a paliar el problema; te ayudará a salir de tu zona de confort y a aprender a compartir la carga de trabajo con otras personas. Las investigaciones demuestran que ya solo el hecho de conocer tus tendencias evitativas o ansiosas contribuirá a que des pequeños pasos hacia un apego más seguro, pero lo primero es ser consciente de esas tendencias. La respuesta correcta, por lo tanto, es la 3. La 2 es incorrecta, porque los estilos de apego son maleables y no hay ninguna prueba de que el apego evitativo se deba a una crianza negligente.

Ni olvido ni perdón

Mercedes, que tiene setenta y dos años, se enfadó un día porque su buena amiga Minny no la había invitado a una comida organizada con otras amistades. Han pasado meses y, pese a las reiteradas disculpas de Minny, Mercedes sigue tratándola con frialdad. ¿Cómo aflora el estilo de apego de Mercedes en su forma de lidiar con lo ocurrido, a pesar de las reiteradas disculpas de su amiga? Escoge la respuesta más correcta.

1. Esto no tiene nada que ver con los estilos de apego. Mercedes ha sido víctima del efecto Cyberball y hace bien en no volver a confiar en Minny.
2. Mercedes está siendo mezquina y rencorosa. ¿Por qué hace una montaña de un grano de arena?
3. Mercedes debería darle otra oportunidad a Minny, sobre todo ante lo que parece una disculpa sincera por un despiste.
4. Mercedes no puede controlar del todo sus sentimientos en relación con lo ocurrido, pero con un cierto grado de conciencia sobre su estilo de apego y una intervención PReDiCC quizá pueda salvar su amistad con Minny y hacerla más segura.

La respuesta correcta es la 4. Mercedes ha vivido en sus carnes el efecto Cyberball. Vernos excluidos de una actividad social es doloroso. Sin embargo, los problemas de Mercedes a la hora de perdonar sí tienen que ver con su estilo de apego. Las investigaciones demuestran que a las personas con puntuaciones altas en apego ansioso les cuesta más perdonar un agravio como el del efecto Cyberball. Pero el hecho de que Mercedes renunciara a la amistad con Minny y se viera incapaz de olvidar su tropiezo pese a sus reiteradas disculpas sugiere que es una persona temeroso-evitativa. Sencillamente, tiene la sensación de que ya no puede confiar en Minny. ¿Cómo recuperar esa confianza?

Una intervención PReDiCC podría ayudar a Mercedes a conseguirlo. Puede que Minny se haya disculpado, pero Mercedes, al ser temeroso-evitativa, duda de si perdonarla, por miedo a verse víctima de nuevo del efecto Cyberball. Si Mercedes recurre a una intervención PReDiCC para sensibilizar a Minny sobre el efecto Cyberball (al fin y al cabo, muchas personas no son conscientes del dolor que provoca) y Minny se compromete de verdad a ser hiperinclusiva, la intervención podría devolver la confianza a la amistad e incluso hacerla más profunda.

El cambio de imagen seguro de Micah

A Micah le preocupaba mucho su aspecto. Antes de cualquier actividad, ya fuera de trabajo, una cita o salir a tomar unas copas con amigos, le daba mil vueltas a su atuendo. ¿Iba demasiado arreglado? ¿Había conseguido el equilibrio adecuado entre comodidad y estilo? Le encantaba la moda y tenía muy buen ojo, pero aquello se convirtió en una obsesión. Se cuestionaba a sí mismo a todas horas.

Rastreaba las tiendas *online* a altas horas de la noche, estaba atento a las ventas de muestrarios y seguía a muchísimos *influencers* cuyas imágenes en redes sociales lo inspiraban tanto como lo hacían sentir inadecuado. Dios no quisiera que alguien lo viera más de una vez con el mismo conjunto. Sus redes sociales estaban llenas de publicaciones sobre su ropa, selfis frente al espejo y vídeos de «qué me he puesto hoy». Invertía varias horas al día en todas esas cosas.

Micah trabajaba a tiempo parcial en un programa municipal de fomento de las artes entre los jóvenes, dando clases de improvisación a adolescentes del colectivo LGBTIQ+ y llevándolos a ver espectáculos. En ocasiones compartía fotos o vídeos cortos de sus actuaciones en sus redes sociales, siempre con el permiso de la organización y las correspondientes autorizaciones firmadas. Su novio en aquella época —un auténtico capullo— acusó a Micah de utilizar a los estudiantes para dar color a sus redes, dando a entender que no estaba interesado de verdad en aquellos chicos y que publicaba lo que hacían en clase por postureo. Aquello le dolió mucho a Micah. Y como en aquel momento su apego ansioso hacía que no fuera fácil para él dejar a aquel novio —o dejar pasar sus comentarios sarcásticos— se propuso demostrarle que se equivocaba.

Micah pasó a ocupar una plaza a tiempo completo en el programa, desarrolló un plan de estudios integral y dedicó horas y horas al trabajo. Siempre había sentido que hacía aquello por los chicos —nunca creyó que su novio tuviera razón—, pero sus críticas le hicieron redoblar sus esfuerzos. Al principio fue duro: algunos de los adolescentes sabían cómo sacarlo de sus casillas. Uno de los chicos se dormía siempre en clase —lo que a Micah le parecía una absoluta falta de respeto— y una de las chicas hacía comentarios insolentes constantemente.

En consulta, planteamos juntos un enfoque pedagógico seguro para sus clases: adaptarse al ritmo del alumnado y encontrar maneras de ganárselo. Micah descubrió que aquel chico se dormía en clase por un problema médico que estaba tratándose, y los comentarios de la chica resultaron ser un grito de auxilio. Con un poco de orientación personalizada, la alumna empezó a mejorar.

Con el tiempo, el trabajo de Micah con los adolescentes —y el hecho de encontrar su posición segura con ellos— lo transformó. Atrás quedó la preocupación por el atuendo perfecto. Seguía gustándole vestir bien, pero dejó de parecerle urgente o de acaparar toda su atención. Sus hábitos de consumo pasaron a ser mucho más manejables: estaba demasiado ocupado con sus estudiantes y con el trabajo que tanto había pasado a importarle. Su perspectiva sobre las compras y el consumo cambió por completo. Y fue también capaz de dejar atrás con relativa facilidad su tóxica relación de pareja.

«Estoy tan conectado con estos chicos que siento que mi mundo está completo —dijo—. Ha hecho que todas las demás cosas hayan quedado relegadas a un segundo plano. No me interesan de la misma forma que antes.»

Elige todas las afirmaciones correctas:

1. Cuando el apego de Micah se hizo más seguro, su sentido de la moda cambió.
2. Micah se hizo más seguro en parte porque fue capaz de abandonar una relación tóxica.
3. No había ninguna relación entre el apego inseguro de Micah y su obsesión por la moda.
4. Los hábitos de consumo iniciales de Micah estaban en consonancia con su estilo de apego ansioso.
5. Al dejar de comprar de forma compulsiva, Micah fue capaz de adoptar un apego más seguro.
6. La relación de Micah con los chicos creó un entorno enriquecedor que lo ayudó a convertirse en una persona más segura.

Las afirmaciones correctas son la 1, la 2, la 4 y la 6.

La transformación de Micah reflejaba un giro hacia una mayor seguridad y se manifestó en su relación con la moda: aunque seguían gustándole las marcas de diseño y disfrutaba vistiéndose bien, ya no le parecía algo urgente ni estaba ligado a su autoestima. Los estudios demuestran que las personas con un estilo de apego ansioso presentan niveles de materialismo significativamente más elevados y son más propensas a comprar bienes que denotan estatus que las que tienen un apego seguro. Las personas ansiosas pueden recurrir a la ropa, las redes sociales y el consumismo para reafirmar su posición social. Lo que contribuyó al cambio de Micah no fue solo acabar con una relación tóxica (aunque ese fuera un paso beneficioso), sino la conexión significativa que formó con sus estudiantes. Al querer estar presente para ellos y encontrar su actitud segura en el aula, creó un entorno social enriquecedor que hizo que se sintiera estable y satisfecho y favoreció que sus viejos hábitos acabaran perdiendo de forma natural su atractivo y pasaran a un segundo plano.

Los múltiples «trastornos de personalidad» de Mirabel

Mirabel tiene cuarenta y siete años y muchos problemas con Max, su hijo de diecisiete. El chico le contesta mal a menudo y, tras cursar una asignatura de Psicología de nivel avanzado, ha empezado a diagnosticarle a su madre todas las enfermedades que se le ocurren. Según él, Mirabel tiene una extraña combinación de trastorno narcisista, de la personalidad límite, sociopático e histriónico de la personalidad. Le dice continuamente que ella lo ha traumatizado, lo que a su madre le produce un dolor inmenso, sobre todo porque siente que ha sacrificado mucho por él; entre otras cosas, seguir casada durante quince años, pese a no ser feliz en su matrimonio, para mantener a la familia unida.

Mirabel siempre ha tenido la mecha muy corta. Cuando se siente sobrepasada, le dice a gritos a Max que es un desagradecido. Le suelta que, si ella es tan mala, quizá debería irse a vivir con su padre. «¡Vete!», le chilla una y otra vez. Max suele marcharse enfadado tras esas discusiones. Las cosas se han complicado aún más en los últimos tiempos: Max está teniendo problemas para conciliar el sueño y se niega a levantarse de la cama por las mañanas e ir a clase, lo que saca de quicio a Mirabel.

¿Cuál de estas afirmaciones sobre la relación de Mirabel y Max es la más correcta?

1. Mirabel tiene un estilo de apego temeroso-evitativo, lo que hace que tienda a dejarse llevar por las emociones difíciles y que sea más propensa a los arrebatos. No puede evitarlo.

2. Mirabel podría tener un estilo de apego temeroso-evitativo —y quizá también otros problemas—, pero eso no excusa su comportamiento. No debería perder nunca los nervios de esa manera. Es inaceptable.
3. Mirabel debería utilizar el método de frenar en seco y pedir perdón cuando sienta que el mal genio empieza a apoderarse de ella.
4. Es inaceptable que un hijo le hable así a su madre. Max merece un castigo por su impertinencia.

Aunque no sabemos exactamente qué tipo de apego inseguro tiene Mirabel —podría ser ansiosa o temeroso-evitativa—, está claro que la relación con su hijo refleja un patrón de apego inseguro, lo que puede despertar emociones intensas y difíciles. También es verdad que no controla plenamente sus estallidos de furia. Cuando se tiene un estilo de apego inseguro, es verdaderamente difícil no perder la regulación ante las reiteradas provocaciones de un hijo.

Aun así, la afirmación más correcta es la 3: Mirabel debería utilizar el método de frenar en seco y pedir perdón cuando vea que el mal genio empieza a dominarla. La opción 3 ofrece una solución concreta y proporciona a Mirabel una herramienta que puede utilizar en el momento, incluso en pleno arrebato. Siempre está a tiempo de frenar en seco, pedir ayuda y disculparse con su hijo.

Y aunque lo que dice su hijo puede ser hiriente, y habría que hacérselo saber a Max, a una persona segura incluso podría parecerle gracioso: le ha diagnosticado a su madre todos los trastornos existentes, una actitud clásica y un poco ridícula de muchos estudiantes de Psicología. Es muy habitual que los adolescentes critiquen a sus padres. Forma parte de su proceso de separación de ellos. Se trata de una estrategia de desactivación, sí, pero una completamente normal desde el punto de vista del desarrollo. Aun así, podría ser especialmente difícil de soportar para alguien con un apego inseguro.

Lo que ayudará a Mirabel es adoptar de manera regular una perspectiva segura sobre la situación, posiblemente a través de la terapia segura. A largo plazo, este tipo de tratamiento puede ayudar a evitar esos estallidos de furia.

Como demuestran todos estos escenarios, la teoría del apego no es algo abstracto: es una perspectiva práctica para entender las relaciones cotidianas en todos los ámbitos de la vida. Reconocer patrones de apego ayuda a explicar comportamientos que de otro modo podrían parecer confusos o irracionales. Ser conscientes de ello es el primer paso hacia el cambio. Los estilos de apego no se curan, pero con información y práctica es posible avanzar hacia una mayor seguridad. Sigue utilizando las herramientas de este libro y verás un verdadero cambio en tu forma de relacionarte, conectar y prosperar.

TERCERA PARTE

La mente segura

A lo largo del libro se te ha invitado a que observes tu vida a través de un prisma científico. En la primera parte has aprendido qué le hace falta a tu cerebro para sentirse seguro y se te ha presentado un conjunto de herramientas que ha de ayudarte a conseguirlo. En la segunda parte hemos visto de qué manera cada estilo de apego inseguro puede recurrir a esa serie de herramientas para avanzar hacia la seguridad. En esta sección vamos a explorar ideas con las que conseguir una actitud de mayor seguridad en nosotros mismos.

La nuestra es una especie que se basa en el sentido. Se nos da muy bien explorar conceptos y formar ideas y, tanto si somos conscientes de ello como si no, nuestro bienestar suele estar gobernado por ciertas presuposiciones que hacemos en relación con nosotros mismos: de dónde venimos, cómo nos hemos criado y cuál es nuestro lugar en el mundo. De hecho, de eso tratan, en parte, los estilos de apego: abarcan un conjunto de creencias que tenemos sobre nosotros mismos y los demás. «Solo debo contar conmigo mismo»; «Los demás no van a quererme tanto como yo a ellos»; «La gente tiene buenas intenciones»... Esas son las presuposiciones básicas que plantean las personas con diferentes estilos de apego, que a su vez afectan a su manera de experimentar el mundo.

En esta última parte del libro vamos a prestar más atención a algunas de estas creencias y presuposiciones a fin de reexaminarlas desde la perspectiva de la seguridad. Se te pedirá que reevalúes ciertos conceptos e ideas que están siempre presentes en tu vida, como trasfondo, y que decidas si esas ideas te ayudan o si se interponen en el camino hacia tu seguridad y tu felicidad.

Aquí nos centraremos en el uso de unas ideas científicas concretas como herramientas que contribuyen a reforzar una actitud segura. Considero que ciertos conceptos científicos resultan, en sí mismos, poderosas herramientas de seguridad y forman parte integral de la terapia segura. Como profesionales de la medicina, muchas veces nos enseñan a ayudar a la gente a curarse con medicación, pero como psicólogo he descubierto que adoptar una visión segura del mundo puede ejercer sobre nuestro cerebro una incidencia no menos poderosa que las pastillas.

Empezaremos abordando el concepto de «causalidad». Solemos pensar que las cosas que nos ocurrieron en nuestra primera infancia son factores decisivos a la hora de conformar quiénes somos y cómo se desarrolla nuestra vida. Pero ¿es realmente así? ¿Y podemos saberlo con total seguridad?

10

Causalidad: reformular el pasado desde una posición segura

«Creo que la causa fundamental de todos mis problemas actuales es el trato que me daba mi padre en mi infancia.»

«Siempre me da miedo pensar que, si pierdo los estribos con mis hijos, si me enfado, si les grito o lloro, les dejaré una cicatriz permanente.»

«He mantenido dos relaciones espantosas, que en ambos casos han durado casi una década. Ahora creo que hay algo en mí que no funciona porque viví el divorcio de mis padres, que fue muy duro, cuando era joven. Me siento como un juguete roto.»

Frases como estas se oyen por todas partes. Afirmaciones de una causalidad implícita. Algo que me ocurrió en la infancia provoca lo que me está pasando ahora; o perder el control con mis hijos hará que crezcan dañados; o, dado que ciertas cosas se han repetido a lo largo de mi vida —dos relaciones desgraciadas, o varios empleos que no encajaban bien conmigo—, eso significa que existe un patrón y que esas cosas están llamadas a repetirse una y otra vez. Pero nosotros, los científicos, vemos la causalidad de otra manera y me parece que puede resultar bastante beneficioso, e incluso liberador, tener en cuenta el planteamiento científico sobre la causalidad tanto en terapia como en la vida cotidiana. Creo que contemplar la causalidad desde esa perspectiva puede convertirse en un vehículo terapéutico poderoso que nos lleve a una mayor seguridad.

Voy a empezar contándoos la historia de una de mis pacientes, Anne.

El conflicto de Anne

Anne siempre tenía miedo de que su padre muriera en un accidente de avión cuando se iba de viaje de negocios. Por desgracia, como era consultor tecnológico, tenía que viajar por trabajo casi todas las semanas. A veces Anne se le colgaba de la pierna cuando él estaba a punto de irse y, entre lágrimas, le suplicaba que no se marchara. Sus padres la abrazaban y la tranquilizaban con dulzura, diciéndole que no tenía por qué preocuparse, que regresaría enseguida y que mientras estuviera fuera la llamaría por teléfono todas las noches.

Los padres de Anne no acababan de entender que ella sufría de una debilitante ansiedad por separación, algo bastante común en la infancia y la juventud (en torno al 4,5 por ciento de los menores de entre cinco y trece años padecen trastorno de ansiedad por separación y esa prevalencia aumenta hasta el 7,5 por ciento durante los años finales de la adolescencia). Tampoco sabían que existen tratamientos muy eficaces para tratar esa ansiedad por separación (entre ellos, la terapia cognitivo-conductual y la meditación, o una combinación de ambas) que podrían haberla ayudado enormemente si se hubieran informado. Lo cierto es que no están solos en esa falta de conocimiento: hay estudios que evidencian que hasta el 80 por ciento de los menores con ansiedad no se diagnostican ni se tratan.

Al ver que sus ataques de llanto y sus protestas cada vez que su padre se iba no surtían ningún efecto, y consciente de la desesperación de sus progenitores, Anne fue aprendiendo de manera gradual a guardarse sus temores para sí misma. A pesar de pasarse muchas noches sin dormir, preocupada y asustada cuando su padre viajaba, ponía buena cara y actuaba como si la situación ya no le importara. Sus padres no tenían ni idea de que, por debajo de aquella fachada de sosiego, seguía sufriendo por dentro.

De adulta, Anne se cuestionaba todas y cada una de sus relaciones sentimentales. Aunque hacía años que vivía con alguien, guardaba algunos de sus objetos personales en cajas, como si pudiera tener que salir de allí en cualquier momento. En su caso, tomaba prácticamente a diario la decisión de quedarse o de irse.

Durante el tratamiento exploramos el hecho de que, al haber crecido con una ansiedad por separación no tratada, y a pesar de que sus padres eran afectuosos con ella, había llegado a percibir las relaciones amorosas y amables como una fuente potencial de peligro, dolor e incomodidad. El terror que experimentaba de niña le había dejado la ecuación en la mente de que intimidad equivale a peligro y que, por tanto, no debía dejar entrar a nadie. Así como en su día les había ocultado sus dificultades a sus padres, Anne se sentía empujada a esconderles sus dudas y temores a sus parejas. En sus relaciones sentimentales, ya de adulta, reproducía el mismo aislamiento que había experimentado de niña, cuando contenía su miedo cada vez que su padre se ausentaba.

A medida que pasaba el tiempo y seguíamos con nuestras sesiones, Anne iba sintiéndose cada vez más cómoda con la intimidad emocional de nuestra relación terapéutica. Se abría más y se mostraba menos reservada, lo que a su vez la ayudaba a sentirse más segura ante su vulnerabilidad con su pareja y a compartir con ella sus temores, preocupaciones e incertidumbres. Su pareja era paciente y la apoyaba; entendía que ese patrón repetitivo no tenía nada que ver con él y quería ayudarla. Nosotros trabajamos el acto de vaciar las cajas y de emprender otras pequeñas acciones para hacer de su casa un hogar. Todas esas intervenciones la llevaron a sentirse más cómoda en su relación y pudo bajar la guardia y aceptar el apoyo de un compañero amoroso. Le llevó cierto tiempo, pero finalmente Anne encontró un lugar emocional en el que se sentía segura y escuchada y, con ello, remitieron sus dudas sobre si debía mantener la relación.

Mi visión de las circunstancias de Anne, el hecho de establecer una conexión entre sus síntomas de infancia y su situación de adulta, es habitual en los tratamientos psicológicos. Cuando me formé en la práctica de la psicoterapia psicodinámica, nos enseñaban a reconocer inferencias causales de la infancia a la vida adulta, que es lo que hice con Anne. Establecer ese vínculo era algo en lo que también se hacía hincapié en mi formación con mi propio psicoanalista, que me enseñó de qué manera algunas de mis primeras experiencias habían contribuido a conformar mi visión adulta del mundo.

A pesar de ello, solo cuando me convertí en científico de pleno derecho —además de médico clínico y psicoterapeuta— llegué a ser consciente de lo difícil que resulta establecer una causalidad verdadera, algo que ha tenido un profundo impacto en mi trabajo con mis pacientes. Dejadme que os lo explique.

Preparad vuestro propio experimento

Imaginemos que llevamos a cabo un experimento con ratones de laboratorio. Planteamos una hipótesis: proporcionar ácido graso omega-3 a los ratones mejorará su memoria de adultos. A continuación, administramos a un grupo de ratones jóvenes una dieta enriquecida con omega-3 y creamos un grupo de control que solo comerá el pienso habitual. Esperamos hasta que alcanzan la edad adulta (en ratones, entre dos y tres meses) y entonces ponemos a prueba su memoria y sus facultades cognitivas. Los colocamos en un laberinto con forma de letra T en cuyo extremo derecho de la línea horizontal disponemos alimento y, a continuación, examinamos la rapidez con la que aprenden a girar correctamente para llegar a la comida. Los ponemos a nadar en una gran bañera de agua que cuenta con una isla secreta, algo sumergida, en la que pueden apoyarse y medimos la cantidad de tiempo y el número de veces que tardan en recordar de manera sistemática dónde se sitúa el islote. (A los ratones no les gusta mucho nadar, por lo que, en cuanto aprenden la ubicación del islote sumergido, la siguiente vez que los metemos en la bañera se dirigen directamente a él.) Descubrimos que los ratones a los que hemos administrado una dieta rica en ácidos grasos omega-3 aprenden a localizar el alimento en el laberinto y a memorizar el islote sumergido mucho más deprisa que los que comen pienso normal. ¿Hemos demostrado que incluir más omega-3 en la dieta de los ratones mejora su memoria? No del todo. Hemos mostrado una correlación interesante, pero nada más. Por ejemplo, podría ser que una comida mejor lleve a menos luchas y competiciones internas entre los ratones y que eso, a su vez, conduzca a mejorar el entorno de aprendizaje. O quizá el omega-3 ha reducido los niveles de ansiedad de los ratones y eso (y no una mejora de la memoria) es lo que los ha llevado a obtener mejores resultados en los test. Son tantas las variables que debemos tener en cuenta que resulta difícil demostrar la causalidad de esa manera.

Cuando llevamos a cabo experimentos con ratones de laboratorio, nos volvemos más humildes aún a la hora de hacer inferencias causales al trabajar con seres humanos. Porque el caso es que, genéticamente, los ratones son prácticamente idénticos. Tras generaciones de endogamia, los científicos han creado lo más parecido a una colonia de ratas clónicas. Lo sorprendente del caso es que, cuando trabajamos con esos animales casi idénticos, descubrimos sus comportamientos tan distintos, a pesar de sus similitudes genéticas. Por ejemplo, si introducimos a un matón en una jaula de ratones de laboratorio jóvenes —en una prueba conocida como «paradigma de la derrota social»—, algunos animales se volverán temerosos y deprimidos, mientras que otros demostrarán una resiliencia considerable y actuarán como otros ratones que se han criado sin esa experiencia vital adversa temprana. Es digno de mención que incluso unos animales prácticamente idénticos en lo genético reaccionen de manera tan diferente ante una adversidad temprana. Podría haber múltiples razones que expliquen por qué hay ratones más resilientes que otros; se trata de algo que podría derivar de variaciones en el entorno uterino, del comportamiento materno, de interacciones con compañeros de jaula o, simplemente, del azar, como, por ejemplo, en el caso de que el matón la tome más con un ratón que con otro. Pero es muy difícil —de hecho, resulta imposible— señalar las causas que explican el comportamiento de esos ratones. En el caso de los seres humanos, la dificultad es aún mayor.

Así pues, si los ratones pueden mostrar unas respuestas considerablemente distintas ante experiencias vitales tempranas, es razonable afirmar que extraer inferencias causales precisas de la infancia a la edad adulta en seres humanos, que genéticamente varían mucho y cuentan con un cerebro mucho más sofisticado, resulta prácticamente imposible.

Cautelosamente causal

Desde que soy científico, he adoptado un planteamiento más cauto en relación con el uso de la causalidad en mi práctica. Sigo recurriendo a inferencias causales con mis pacientes, pero apelo más a la sugerencia que a la certeza. Puedo decir que existen posibles ecos del pasado en sus experiencias actuales, al tiempo que advierto a mis pacientes de que aborden esas conexiones con algo de escepticismo. Los insto a ver esos ecos como relatos que adoptar si eso les sirve de ayuda, pero también a que los abandonen en caso contrario. Hay a quien le reconforta pensar que, como algo le ocurrió en el pasado, tiene tendencia a reaccionar de una cierta manera aquí y ahora. Le parece que puede trabajarlo y mejorar. Otras personas lo experimentan más como un impedimento. Piensan: «Si ahora soy así por eso que me pasó en la infancia, es que estoy estropeada o, al menos, defectuosa. Me trataron mal y ahora estoy condenada.»

En el caso de Anne, no podemos demostrar que fuera su ansiedad por separación durante la infancia lo que le impidiera mantener relaciones estables con sus parejas. He tenido otros pacientes que sufrían de una espantosa ansiedad por separación durante la infancia pero que consiguieron crear vínculos excepcionalmente estrechos en sus relaciones sentimentales. Asimismo, Anne tenía familiares que exhibían tendencias temeroso-evitativas como la suya, pero no la ansiedad por separación, por lo que quizá podía haber un componente genético. Nunca lo sabríamos con absoluta certeza. Y la verdad es que esa explicación causal no habría supuesto un cambio en su tratamiento. Los aspectos conductuales de la terapia, que incluían el vaciado de sus cajas, por ejemplo, así como los componentes emocionales que condujeron a Anne a sentirse más cómoda en la expresión de sus pensamientos e ideas, no guardaban relación con la inferencia causal de su experiencia temprana con su padre.

El caso es que muchas de las psicoterapias de eficacia demostrada, basadas en evidencias, no se fundamentan en examinar acontecimientos del pasado como parte del tratamiento. Por ejemplo, la terapia cognitivo-conductual para el tratamiento de la depresión se centra en diseccionar la relación entre estado de ánimo, pensamientos y comportamientos. La terapia interpersonal —otro tratamiento para la depresión basado en evidencias— se centra en acontecimientos recientes específicos que pueden haber desencadenado los síntomas y trabaja en la regeneración de las relaciones estrechas para mejorar el estado de ánimo. La activación conductual, que también se aplica a la depresión, ayuda con éxito a pacientes a mejorar animándolos a implicarse en actividades que tengan sentido para ellos y los recompensen. Los tratamientos de exposición se centran en lo que nos pone nerviosos y nos hace sentir incómodos independientemente del diagnóstico que puedan habernos atribuido, ya se trate de trastornos obsesivo-compulsivos, por estrés postraumático o por ansiedad. Esos tratamientos consisten en exponernos de forma gradual a la fuente de nuestros temores para ayudarnos a vencerlos y aliviar así los síntomas. Cabe destacar que ninguno de esos tratamientos, basados en evidencias, hace hincapié en diseccionar las experiencias tempranas de la infancia como elemento fundamental para la mejoría.

Eso no significa que no haya lugar para explicar experiencias de la infancia durante la terapia. Aunque no podamos extraer de manera precisa explicaciones causales de la infancia para aplicarlas a la vida adulta, el mero hecho de exponer recuerdos de la infancia puede tener un efecto poderoso. Desde la perspectiva de la neurociencia, contar recuerdos de la infancia en un entorno seguro conduce a un fenómeno conocido como «reconsolidación de la memoria» que, a su vez, puede darnos la oportunidad de revisar y corregir recuerdos clave, incluso algunos del pasado más lejano, lo que en la práctica nos lleva a cambiarlos para siempre.

Pensemos en alguna vez que hayamos vuelto a un lugar que recordábamos de la infancia, como el enorme vestíbulo de un edificio o la gran plaza de una ciudad. En la vida adulta, los vemos de pronto con su tamaño correcto: ya no nos parecen tan enormes; corregimos nuestro recuerdo de ese lugar. A partir de ese momento, cada vez que pensamos en él lo vemos desde esa nueva perspectiva y no desde el punto de vista original, desproporcionado, que teníamos de él en la infancia. Seguimos recordando que nos parecía muy grande, pero ahora el recuerdo mismo se ha revisado y ha alterado de manera permanente nuestra imagen mental.

En presencia de unas relaciones seguras (y no solo en terapia), nuestro cerebro reconfigura la memoria y la percepción de acontecimientos pasados. Así como nuestro recuerdo del vestíbulo se transforma una vez que volvemos a verlo en la vida adulta, los recuerdos de sucesos dolorosos —como aquella vez que nuestro padre nos trató tan mal— también pueden cambiar cuando los recordamos en presencia de alguien seguro. Recordar hechos del pasado cuando sentimos seguridad en el aquí y el ahora puede quitarles parte de su amargura y hacer que empecemos a remodelar nuestra manera de verlos. Con el entorno seguro adecuado, es posible que empecemos a modificar nuestra visión. Podríamos ver a nuestro padre como víctima de sus propias circunstancias difíciles y destacar en la mente cosas que hizo que quizá nos ayudaron. Esto puede interrumpir los recuerdos de experiencias difíciles, reformularlas bajo una nueva luz y, en esencia, aliviar su carga sobre nosotros.

Existe otro aspecto importante al recordar hechos de la infancia durante los tratamientos que merece la pena tener en cuenta. En psicoterapia, uno de los factores más importantes para el éxito del tratamiento es la calidad de la relación entre terapeuta y paciente. Si el paciente siente que puede confiar en el terapeuta, podrá avanzar mucho, independientemente de la modalidad concreta del tratamiento a la que recurra el psicólogo. A mí me parece que escuchar y relatar recuerdos del pasado, tanto los alegres como los tristes, ayuda al paciente y al terapeuta a conectar a un nivel profundo durante la terapia. ¿Con qué frecuencia tenemos ocasión de reflexionar sobre nuestra infancia, y mucho menos de contársela, con alguien a quien le importa y que quiere ayudarnos? Explicar esas experiencias puede constituir un vehículo importante a la hora de crear un vínculo terapéutico fuerte, lo que resulta crucial para el éxito del tratamiento.

Causalidad, estilos de apego y ganar seguridad

Mucha gente establece una relación de causalidad entre el estilo de apego que tuvo en la infancia y el que tiene en la vida adulta. Pero, una vez más, las cosas son más complejas. Los estudios muestran solo una correlación débil entre estilos de apego en la infancia y en la vida adulta. Muchos menores que son ansiosos y evitativos acaban siendo personas seguras de sí mismas; y, por el contrario, muchos menores seguros acaban desarrollando, al crecer, estilos de apego inseguros.

Es más, las investigaciones sobre esta cuestión contemplan los años de la adolescencia como un periodo crucial en que los estilos de apego pueden moldearse y cambiar hasta tal punto que nuestro estilo de apego acabe pareciéndose poco al que teníamos en la infancia. Se trata de algo lógico, pues es un periodo en que nuestra lealtad social cambia de manera drástica.

En nuestros años adolescentes empezamos a poner mucho más énfasis en nuestros iguales, y esas nuevas relaciones pueden llevarnos a un cambio en nuestro estilo de apego y hacernos ser personas más o menos seguras. Simultáneamente, el cerebro adolescente pasa por unos cambios radicales que implican la poda y la reconfiguración de los circuitos neuronales. Básicamente, el cerebro va demoliendo muchas carreteritas pequeñas en aras de la construcción de superautopistas de conexión masiva. Esos amplios cambios en el cerebro posibilitan la adopción de nuevas ideas y sistemas de creencias que pueden acabar siendo bastante diferentes de los del hogar en el que nos criamos; una razón adicional que explica por qué los estilos de apego pueden cambiar durante esa época.

La adolescencia puede verse como un periodo en el que vuelven a reestructurarse y a replantearse por completo las relaciones. Recordemos que eso fue lo que le ocurrió a Eric, cuya historia expuse en el capítulo 3. Hacia el final de su adolescencia pasó por un cambio muy general en su visión del mundo y en su estilo de apego, como resultado del tratamiento que siguió con su terapeuta, Deborah, que lo ayudó a aprender nuevas maneras de pensar y relacionarse.

La adolescencia no es la única etapa en que nuestros estilos de apego pueden cambiar: de hecho, se transforman a lo largo de toda la vida. Desde el punto de vista evolutivo, es algo que tiene sentido: debemos poder adaptarnos a nuestras circunstancias sociales. El *Homo sapiens* es una especie ultrasocial y su adaptabilidad social es uno de sus mayores puntos fuertes. Somos más maleables de lo que seguramente creemos: somos producto de un mosaico de influencias y contamos con todo un repertorio de maneras de reaccionar a un mundo en constante evolución. Esa neuroplasticidad social, el hecho mismo de que incluso nuestros recuerdos de situaciones pasadas sean maleables, es muy positiva, porque nos permite cambiar, sanar y encontrar salidas mejores si nos encontramos en el entorno adecuado.

Unas palabras a modo de conclusión

He escrito este capítulo para aquellos de vosotros que os aferráis a una explicación causal concreta que quizá no os esté siendo de ayuda. Quizá os sentís mal por acontecimientos de la infancia que habéis llegado a creer que os están impidiendo avanzar en la vida y sentís resentimiento hacia vuestros padres por ello. O quizá los padres sois vosotros y os culpáis por cosas que ocurrieron con vuestros hijos cuando crecían, que según vosotros han conducido a dificultades en momentos posteriores de su vida. Lo que quiero deciros, por ser alguien que ha visto cómo se descartaban hipótesis mucho más sencillas y explicaciones sobre el comportamiento de los ratones, es que, cuando se trata de encontrar causalidad en las conductas, los pensamientos y los sentimientos de un solo ser humano, son demasiadas las variables que debemos tener en cuenta. Si una explicación concreta nos resulta útil, conservémosla. Pero si nos trae infelicidad o dolor, o nos impide sanar, planteémonos examinarla a la luz de esta información.

Hay muchos caminos que conducen al cambio positivo y bastantes de ellos tienen que ver con el aquí y el ahora.

Taller de causalidad: pensar como científicos

El problema de Jeremy con el alcohol

Jeremy siempre ha creído que se volvió alcohólico porque, cuando era niño, su padre se mostraba duro y autoritario con él. Su padre nunca consumía alcohol cuando Jeremy era pequeño (lo había dejado tras una serie de incidentes inquietantes antes de que Jeremy naciera y no volvió a beber jamás).

¿Cuál es la razón más probable de los problemas de Jeremy con el alcohol?

1. La dureza en el comportamiento de su padre.
2. Los genes de su padre.
3. El azar.
4. La automedicación.

La razón más probable es la 2, los genes de su padre. Su padre juró que no bebería nunca más porque el alcohol lo metía en problemas, lo que constituye una alerta roja que avisa de un problema de alcoholismo. Aunque su padre fue capaz de dejar de beber, se ha demostrado que los precedentes familiares de alcoholismo aumentan significativamente la probabilidad de que alguien llegue a ser alcohólico. Con todo, un historial de trauma y trastornos mentales coexistentes, que podrían conducir a una automedicación, también son factores que contribuyen al alcoholismo. En este caso, la razón más notoria parece ser el historial familiar.

Identificar una supuesta causalidad en nuestra vida

Lista de inferencias causales que usamos en nuestra vida:

Creo que soy ______________________

porque ______________________

¿Existe alguna explicación alternativa? En caso afirmativo, escríbela aquí:

____

¿De qué maneras me ayuda esta inferencia causal?

___

¿De qué maneras me lo pone más difícil?

___

¿Es esta inferencia necesaria para mi comprensión de mí mismo/a y de cómo interactúo con la gente que tengo alrededor?

___

¿Usar alguna explicación alternativa me ayuda?

___

¿Hay soluciones en el aquí y el ahora que pueden ayudarme, independientemente de la explicación causal?

___

11

El cerebro competitivo y el colaborativo: encontrar a las personas adecuadas con las que contar

Probablemente lo estás haciendo en este mismo momento: te estás comparando con otra persona sin siquiera darte cuenta. En el trabajo, sabes bien cuánta carga de trabajo tienes, pero también eres muy consciente de si trabajas más o menos que tus compañeros. Esperas una compensación justa y que quienes están a tu mismo nivel no obtengan más que tú. En tu vida personal, también es muy posible que seas consciente de cómo te comparas con tus amigos y tus familiares en gran cantidad de aspectos: dinero, educación, relaciones, número de hijos, etcétera.

Como mamíferos que somos, nuestro cerebro está estructurado para comparar. Estamos programados para comprobar: ¿dónde me ubico en relación con otros? ¿Es justo lo que me corresponde? ¿Me estoy perdiendo algo? Una gran parte de nuestra experiencia interior se ve influenciada por lo que hacen otros. Es más: resulta que esa comparación condiciona la percepción que nuestro cerebro tiene del mundo.

Eso es algo que se demuestra con gran viveza en un impresionante estudio llevado a cabo por Klaus Fliessbach y sus colaboradores del Life and Brain Center de Bonn. En él se sometió a dos participantes a resonancias magnéticas simultáneas, en unas máquinas colocadas una al lado de la otra, mientras ellos jugaban a un videojuego. El premio que podía corresponderles era, o bien de treinta euros, o bien de sesenta euros. La máquina medía la actividad del cuerpo estriado, el área del cerebro que se activa cuando se recibe una recompensa, ya sea dinero, una droga, un subidón en la práctica del ejercicio o incluso unos caramelos. A los dos participantes se les permitía ver sus propias puntuaciones y victorias, así como las de su contrincante.

Lo notable del caso es que el área de recompensa del cerebro se activaba solo cuando los participantes ganaban más dinero que su contrincante. La mera obtención de dinero, que por lo general basta para activar esa área, no conseguía despertarla si el participante era consciente de que alguien cercano había ganado más. Resultados similares se han dado en otros estudios realizados tanto con hombres como con mujeres. Sumados, esos hallazgos muestran que, aunque muchas veces se nos dice que no debemos compararnos con los demás, que debemos conformarnos con lo que tenemos, nuestro cerebro no funciona así. De hecho, toda nuestra experiencia es relacional: no se da en el vacío. No podemos evitar comparar.

Adam lo experimentó en primera persona. Había alquilado un apartamento en un rascacielos de lujo con vistas a otro edificio aún más magnífico. Le encantaba el suyo: era espacioso, tenía acabados de primerísima calidad y contaba incluso con una sauna privada. Pero por las ventanas Adam veía que los apartamentos de enfrente eran mucho más señoriales y muchas veces se descubría a sí mismo fantaseando con que ganaba la lotería y se trasladaba a uno de ellos.

Cuando se le acabó el contrato de alquiler, se mudó a otro edificio que quedaba a varias calles de allí, a un piso de una gama algo inferior: no tenía sauna privada y, en general, el espacio era más sencillo. En lugar de tener vistas a edificios de lujo, su apartamento daba a la calle y a una residencia de ancianos municipal. Para su sorpresa, una vez que se hubo aclimatado al nuevo espacio, Adam descubrió que se sentía más contento y satisfecho en su nuevo apartamento que en el primero. También dejó de comprar lotería y de fantasear con comprarse un piso lujoso. Ya casi nunca pensaba en eso.

Es importante tener en cuenta que nuestro sentido de la recompensa no viene determinado por el cerebro considerado de manera aislada, sino que depende de la información con la que lo comparan nuestros circuitos neuronales. Es imposible no preguntarse: ¿cuál es la lógica de un sistema así? ¿No sería mejor que sintiéramos satisfacción por nuestros propios logros en el videojuego, independientemente de lo que haya ganado nuestro compañero? A primera vista, esos circuitos neuronales de comparación parecen mezquinos y de escasa utilidad. Para comprender en qué sentido pueden resultar beneficiosos —y, más importante aún, de qué manera podemos fijarlos para ganar seguridad—, echemos un vistazo a la comparación desde una perspectiva evolutiva.

La sensatez evolutiva de meterse con alguien del mismo tamaño

Estás en un partido de los Yankees, apoyando a tu equipo y lanzando insultos e improperios contra el equipo contrario. No eres precisamente el más corpulento ni el más fuerte de los congregados, pero la pasión que demuestras por tu equipo es innegable. Al final, consigues poner nervioso a alguien que se sienta cerca de ti, que te pide que dejes de insultar a su equipo. Tú no le haces caso y sigues, te niegas a parar. En un momento dado, él se levanta y dice: «Ya está bien. Vamos fuera, tío, que te voy a enseñar un par de cosas sobre mi equipo».

Sabes que te has metido en un buen lío, pero no te preocupa demasiado. Tu mejor amigo, que está sentado a tu lado, se pone de pie. Con su metro noventa y cinco, y fuerte como un armario ropero, supera al otro tipo. «Si quieres pelearte con él, antes vas a tener que pelearte conmigo», le dice. El otro le echa un vistazo y vuelve a sentarse sin decir nada.

El tipo que apoya al otro equipo ha sido sensato al echarse atrás. Sus circuitos neuronales lo han salvado de un encontronazo potencialmente peligroso con alguien mucho más alto y fuerte que él. Su rápida evaluación y su retirada no son reacciones muy distintas de las que vemos en otras especies competitivas.

En efecto, muchos animales han desarrollado unos circuitos neuronales pensados para compararse con otros individuos de su propia especie en aspectos como el tamaño y la fuerza. Por ejemplo, el ciervo rojo compara sus berridos con los de otros de su especie para determinar si es sensato iniciar una pelea. Cuanto más grande es el ciervo, más grave es el berrido; si eres tenor y, por tanto, más pequeño, retar a un barítono te llevará, seguramente, a salir malparado, así que ¿para qué intentarlo? Lo mismo ocurre en otras especies competitivas, como los babuinos, e incluso en algunas que no son mamíferos: hay lagartos que, al parecer, se enzarzan en concursos de flexiones para determinar quién es un contrincante válido, lo que descarta muchos altercados físicos potencialmente peligrosos.

En el caso de los seres humanos y de otros animales sociales, una mejora neuronal importante es la capacidad de evaluar no solo la fuerza, el valor o el mérito, sino también lo bien que los demás pueden colaborar con nosotros. Es algo que se da sobre todo en especies que cooperan mucho, incluso más allá de su parentesco más inmediato: los lobos, las ratas, algunas aves y los seres humanos. Esta forma de comparación más avanzada, más sofisticada, nos permite calibrar lo bien que alguien va a trabajar con nosotros para conseguir algo: tener a un amigo corpulento y fornido al lado puede hacer que nos mostremos más atrevidos.

Mantener unas buenas relaciones colaborativas nos ayuda en todas las áreas de la vida, desde la crianza de los hijos hasta las amistades en el trabajo y las empresas creativas en general. Además, si tenemos un estilo de apego inseguro, implicarnos en ese tipo de colaboraciones puede generar otro efecto: ayudarnos a nosotros y a nuestro cerebro a poner en práctica el acto de fe necesario para volvernos más seguros.

Sin duda, eso es lo que le ocurrió a Nina, que visitó a varios médicos hasta que encontró a uno que pudiera formar equipo con ella, en una búsqueda que acabó salvándole la vida.

Nina padecía una enfermedad crónica que se le había manifestado al final de la adolescencia. Cuando se trasladó a Nueva York, buscó un médico que pudiera ayudarla a gestionarla. En la época anterior a su traslado, entraba y salía del hospital cada pocas semanas, con brotes frecuentes que ponían en peligro su vida. Una vez en Nueva York, Nina estaba decidida a conseguir controlar sus síntomas. En su primera visita con el nuevo médico, le llevó el material que había encontrado en internet, pero él lo desestimó por no considerarlo útil. A ella le dio la impresión de que él creía que sabía lo que hacía y no quería que ella lo pusiera en duda. Cuando Nina le dio una información que él desconocía, notó que aquello le molestaba y que se sentía amenazado por sus preguntas. Nina decidió entonces probar con otra persona, pero la experiencia con aquella segunda doctora fue aún peor. Tuvo que esperar una hora a que la atendieran y le pareció que estaba ante una persona no demasiado informada.

Al cabo de poco tiempo, Nina conoció al doctor Lee y eso lo cambió todo. Sus conocimientos eran vastísimos: al hablar con él, te dabas cuenta de que estabas ante una enciclopedia médica ambulante. Pero también era una persona muy abierta y de trato fácil, con ganas de aprender de ella cada vez que le explicaba algo nuevo. De hecho, le daba las gracias constantemente por compartir con él informaciones que consideraba valiosas. Nina fue paciente del doctor Lee los años siguientes, y mereció la pena. Tenía muchos menos brotes que antes y, cuando se ponía enferma, el doctor Lee la ayudaba a manejar los síntomas de manera rápida y desde casa, con lo que le ahorraba la necesidad de ingresos hospitalarios. Estaba muy contenta de no haberse rendido en su búsqueda de un médico adecuado y le agradecía mucho su trabajo en equipo, porque ya no le hacía falta hospitalizarse y tenía la sensación de que le había devuelto la vida.

La historia de Nina muestra que las alianzas adecuadas pueden salvar vidas. No todas las colaboraciones son iguales. Algunas son excepcionalmente buenas y otras fallan. Resulta fundamental determinar quién es digno de nuestra atención y nuestros esfuerzos. Es mucho lo que hay en juego. Cuando dedicamos nuestro tiempo, nuestra energía y nuestros recursos a alguien, ¿nos agotamos y obtenemos poco a cambio, o ese alguien también nos aporta algo a nosotros, de manera que, juntos, podemos crecer? Rodearse de las personas adecuadas puede cambiar para bien o para mal el rumbo de nuestra vida.

Nuestro cerebro está programado para resistir colaboraciones no colaborativas

Estás jugando a algo con alguien. Todas las ganancias van a esa persona, que es la que decide cuánto quiere compartir contigo. En todo caso, tú no eres del todo impotente en una situación así. Si discrepas de la asignación del premio, tienes derecho a veto. Si te niegas a recibir las ganancias que te asignan, el premio en su totalidad queda eliminado y nadie se lleva ni un céntimo. Pongamos, por ejemplo, que jugáis juntos y que ganáis diez dólares. Tu compañero te da un dólar y se queda el resto. ¿Qué harías tú?

Resulta que la mayoría de la gente rechaza el dólar y prefiere que pierdan todos en vez de aceptar lo que consideran una situación injusta, a pesar de que, a simple vista, pueda parecer ilógico. Después de todo, un dólar es mejor que nada.

La razón por la que reaccionamos de esa manera que parece irracional es que esas evaluaciones colaborativas no solo se dan en la zona analítica del cerebro. También tienen lugar en el sistema límbico, la zona responsable de las emociones y los impulsos básicos. Antes incluso de tener la ocasión de plantearnos las cosas, hace acto de presencia la emoción y nos lleva a rechazar la propuesta injusta. Es algo que ocurre de manera casi instintiva.

Como criaturas equipadas con ese cableado neurológico, tendemos a cooperar hasta que percibimos un desequilibrio en las recompensas, lo que puede conducir a una especie de revuelta. Ese comportamiento no es único de los seres humanos: se ha observado en primates, perros, aves y ratas. Por ejemplo, dos monos capuchinos colaborarán alegremente con un experimentador, intercambiando un guijarro por una rodaja de pepino, hasta que uno observa que el otro, en vez de la hortaliza, recibe una uva, que es un premio más deseado. A partir de ese momento, el mono ninguneado deja de colaborar y agita agresivamente el cercado, exigiendo un trato justo.

Estamos constantemente realizando evaluaciones cooperativas, que afectan a nuestras interacciones con todas aquellas personas que nos rodean y también tienen un impacto sobre la atracción. Hay investigaciones que muestran que las personas que se sienten apoyadas por su pareja la encuentran más sugestiva y se sienten más atraídas por ella.

Dado que esas evaluaciones se producen de manera instintiva, es posible que generen confusión al no entender por qué reaccionamos de una determinada manera, por qué nos distanciamos de amigos o familiares o por qué nos bloqueamos en el trabajo. Pero internamente, en ocasiones sin que lo sepamos, intuimos que seguir cooperando con una persona o institución concreta no merece la pena. Y, si intentamos ignorar esa sensación, añadiremos más estrés a nuestra vida.

Eso es lo que le ocurrió a Shawn. Su jefe era conocido por sus tácticas de abuso. Se atribuía sistemáticamente los méritos de las contribuciones de otras personas y Shawn nunca sabía si sería el blanco de algún comentario insidioso o de un elogio inesperado. También debía mantener la guardia alta para asegurarse de que su jefe no le asignara partes de su proyecto a otros (táctica que usaba para espolear la competitividad entre los miembros de su equipo). Shawn se sentía atrapado: necesitaba terminar el proyecto para seguir avanzando en su carrera, por lo que no podía dejar el trabajo. Con el tiempo, ese ambiente tóxico hizo mella en él. Estaba cada vez más ansioso y desanimado. Los fines de semana se quedaba en casa sin hacer nada, paralizado, con miedo a volver a la oficina el lunes siguiente. Al final, las cosas empeoraron tanto que tuvo que empezar a tomar medicación.

Es importante recalcar que podemos tolerar situaciones que nuestros circuitos neuronales colaborativos consideran desfavorables, pero que hay que pagar un elevado precio emocional por ello. No se trata solo de realizar una fría operación de cálculo: la cuestión afecta a áreas básicas del cerebro que están relacionadas con nuestras emociones básicas y que determinan nuestra sensación general de bienestar y seguridad.

Colaboración segura frente a fijación de límites

En mis charlas, cuando quiero hacer llegar un mensaje importante, digo muchas veces que, como psicólogo clínico especializado en apego, no creo en los límites. Pero, antes de que te pongas como una fiera ante esta afirmación, deliberadamente provocativa, déjame que te explique cómo funciona la lógica del apego.

En las relaciones seguras, fijar límites casi nunca es necesario. Cuando dos personas están sintonizadas la una con la otra y forman una colaboración segura, el «toma y daca» adecuado ya se da de manera orgánica, entre bastidores. A las personas seguras de sí mismas se les da bien el uso de la teoría de la mente, es decir, la capacidad de ponerse en la piel de otros y responder a sus deseos y necesidades, y conviene destacar que se trata de una vía de doble sentido. Las relaciones seguras son como un vals: una persona da un paso adelante, la otra da un paso atrás y la pareja baila en perfecta sincronización.

Se trata del caso contrario a la fijación de límites, en que una persona dicta sus términos esperando que los demás los sigan a rajatabla. En una colaboración segura, ya sea con una pareja, una amistad o un compañero de trabajo, las necesidades de cada una de las personas implicadas se satisfacen casi sin forzar nada y la gente enseguida entiende cómo trabajar con los demás. Incluso cuando discrepan, a las personas seguras de sí mismas se les da muy bien adaptarse unas a otras. Para ellas, encontrar un territorio común suele resultar más práctico que trazar líneas en la arena y pedir a los demás que no las traspasen.

Cabe preguntarse si no es necesario fijar unos límites si la gente no es segura, esto es, si no es PReDiCC. Si una colaboración PReDiCC orgánica no funciona, ni siquiera después de llevar a cabo intervenciones PReDiCC, es señal de que la colaboración no resulta óptima. Podemos optar entonces por darle menos preeminencia en nuestra vida, por «bajarle el volumen». Una vez que nos desentendemos de ese modo, fijar un límite se convierte en algo menos importante, pues tendremos menos interacciones con esa persona y más con otras que son seguras. Desde una perspectiva del apego, una intervención PReDiCC es la alternativa más cercana a la fijación de límites. Pero la meta es diferente: en lugar de protegernos a nosotros mismos o de poner un límite, invitamos a la otra persona a interactuar con mayor seguridad. No modelamos la relación solo por conveniencia a nuestras necesidades, sino que damos forma a la seguridad y vemos si la otra persona puede converger con nosotros en ese punto.

De hecho, a mí me parece que los tipos de relación más poderosos son aquellos en los que las personas intentan superar a los demás a la hora de mostrarse útiles y solícitas; en esos casos es cuando sabemos que las cosas están funcionando bien y que la necesidad de límites ha dejado, simplemente, de ser necesaria. Como vimos en el capítulo 4, cuanta mayor conexión sentimos, menos energía necesita nuestro cerebro para completar las tareas. Fijar límites es algo que puede interferir en ese flujo sin fisuras de la relación. Desde esa perspectiva, poner esos límites puede, de hecho, suponer una carga para nuestro cerebro.

Conozco a una pareja cuyos dos miembros siempre intentan eclipsarse de la mejor manera posible. Cualquier oportunidad de ayudar al otro o de contribuir en el hogar se ve como una ocasión para superarlo. Nunca se trata de quién hace qué, ni para quién: las cosas se hacen, porque intentan hacer todo lo posible por la otra persona sin esperar nada a cambio. Y a menudo se dan las gracias por hacer las tareas domésticas más simples: «Gracias por fregar los platos»; «Gracias por lavar la ropa»; «Gracias por pasear al perro»; «Gracias por preparar el desayuno».

Cuando las dos personas son PReDiCC y dan lo mejor de sí mismas, se crea un cuidadoso equilibrio seguro y, sencillamente, nunca surge la necesidad de poner límites.

Por qué una colaboración segura es mejor que fijar límites

INTERACCIONES SEGURAS FRENTE A FIJACIÓN DE LÍMITES		BENEFICIOS
Las interacciones seguras crean una dinámica de respeto que se centra en el cuidado recíproco y no tanto en las necesidades de una sola persona.	→	Esto conduce a la mejora de las relaciones, porque se tienen en cuenta y se respetan las necesidades de ambas partes.
Las interacciones seguras hacen hincapié en la buena voluntad entre personas, en vez de poner barreras a la conexión.	→	Esto conduce a una comunicación abierta, a la comprensión mutua y a una sensación de intimidad.
Las interacciones seguras permiten que haya flexibilidad y matices en distintos contextos, en vez de reglas generales.	→	Esto genera a menudo unas soluciones más creativas y amplias, impide el estancamiento de las relaciones y permite que las dos personas crezcan de manera sincronizada.

La guinda del pastel: cuando las evaluaciones colaborativas funcionan bien

Más allá de los efectos evidentes de una buena colaboración, trabajar bien con otras personas tiene un efecto enormemente positivo en el cerebro humano. Diversos estudios han demostrado que, cuando nos implicamos en una colaboración eficaz, nuestro cerebro armoniza con el de nuestros colaboradores, en un fenómeno conocido como «efervescencia colectiva». Con ella se genera una sensación de contento y alegría, así como una mejoría notable en el rendimiento y la productividad.

Un ejemplo conocido de este tipo de colaboración se dio entre Daniel Kahneman y Amos Tversky, dos psicólogos sociales cuya rompedora cooperación condujo al nacimiento del campo de la economía conductual y les valió el Premio Nobel.

Danny y Amos eran polos opuestos: el primero era nervioso y escéptico; el segundo, confiado y atrevido. Danny se dedicaba al estudio de las distorsiones visuales; Amos, a la toma de decisiones. Cuando sumaron fuerzas, sus ideas se centraron en algo totalmente nuevo. Durante la década que pasaron paseando, conversando, pensando y escribiendo juntos, crearon ocho artículos seminales que supusieron un cambio de paradigma completo en la comprensión de nuestra manera de evaluar la información. Demostraron que el cerebro comete errores sistemáticos, predecibles, no solo en lo que vemos (esa era la especialidad de Danny), sino también en lo que pensamos (el ámbito de investigación de Amos). Sus ideas cambiaron para siempre la psicología y la economía.

Pero incluso su extraordinaria colaboración sufrió un desgaste. Amos recibió más reconocimiento y ascendió a una institución más prestigiosa y la relación entre ambos se resintió. Con el tiempo, dejaron de hablarse. A los circuitos colaborativos de Danny les costaba aceptar el desequilibrio.

Cuando Amos se estaba muriendo, volvieron a conectar. Tras su muerte, Danny ganó el Premio Nobel por su trabajo conjunto. Después escribió su éxito de ventas *Pensar rápido, pensar despacio*, que popularizó sus ideas en todo el mundo.

Su historia es un buen recordatorio: nuestro cerebro no tolera fácilmente el reconocimiento injusto, ni siquiera en las mejores asociaciones. Si Danny y Amos hubieran sido más conscientes de las fuerzas en juego, quizá se habrían mostrado más cautos y habrían protegido más su colaboración. Las mejores asociaciones valen su peso en oro y merece la pena preservarlas.

El final de una colaboración puede ser doloroso. El sistema de apego de nuestro cerebro está estructurado para aferrarse a conexiones íntimas. Pero la capacidad para establecer vínculos sociales nunca nos abandona. Si se dan las circunstancias adecuadas, pueden surgir nuevas colaboraciones. Esa es una de las mayores fortalezas que tenemos como especie: encontrar a personas que sacan lo mejor de nosotros y hacer lo mismo a cambio.

Yo mismo he tenido la suerte de establecer unas colaboraciones increíbles que me han permitido evolucionar y crecer. En la introducción del presente libro os he contado la historia de Jimmy, mi mentor, que me enseñó a llegar a ser neurocientífico. Ahora que redacto estas líneas, no puedo evitar acordarme de él una vez en que me retrasé a la hora de solicitar una beca que pensaba pedir a los National Institutes of Health. Era jueves y el plazo de presentación de la solicitud, que vencía el lunes siguiente, estaba a la vuelta de la esquina. Jimmy me sugirió lo siguiente: «Mete un par de mudas en una mochila y ven a instalarte con nosotros este fin de semana. Trabajaremos juntos y lo acabaremos». Y así lo hice.

Vivía en el Upper West Side, en un apartamento con vistas al Central Park y al Museo de Historia Natural. Nos pasamos todo el fin de semana ahí sentados, trabajando en mi propuesta, y yo, de vez en cuando, alzaba la mirada para admirar lo que se veía desde aquellos ventanales. Cuando llegó el lunes, la solicitud estaba lista para presentarse.

Al entender nuestra naturaleza comparativa y trabajar a su favor y no en su contra, somos capaces de construir relaciones más satisfactorias y de crear entornos en los que nuestro cerebro social trabaje a pleno rendimiento. ¿Te acuerdas de la cuestión que abordamos en el capítulo 4 sobre la energía y el cerebro, sobre la que dijimos que la solución para tener un cerebro más eficaz se encuentra fuera de nosotros, en las personas con las que interactuamos? Pues aquí eso se pone en práctica en su máxima expresión. Cuanto mejor resulta la colaboración, más eficiente es nuestro uso de la energía cerebral y más cosas podemos conseguir.

En la sección siguiente presento un cuestionario que he ideado y al que he llamado «Escala de evaluación colaborativa», que te ayudará a evaluar con precisión las diversas colaboraciones de tu vida, para que te asegures de invertir en aquellas que te resulten más seguras.

Taller de evaluación colaborativa

¿Hasta qué punto son seguras tus colaboraciones? Escala de evaluación colaborativa (EEC)

Los circuitos neuronales de evaluación colaborativa pueden campar a sus anchas en nuestro mundo emocional y llenarnos de infelicidad e inseguridad. Aun así, podemos coger el toro por los cuernos y controlarlos para que nos ayuden a ganar seguridad.

En primer lugar, evalúa tu colaboración con las personas que forman parte de tu vida y asigna una puntuación a cada relación. Examina después cuánto tiempo y esfuerzo dedicas a estas relaciones. Siempre que sea posible, puedes establecer después tus prioridades de relación, dando preferencia a las personas de tu vida que han obtenido una puntuación más alta.

Para ponerlo en práctica, usa la escala de evaluación colaborativa (EEC) que figura a continuación. Ante cada afirmación, rodea con un círculo tu nivel de acuerdo, que va desde el 1 (totalmente en desacuerdo) al 5 (totalmente de acuerdo), en relación con una persona concreta que forma parte de tu vida. Para calcular la puntuación total, suma todas las puntuaciones de cada pregunta. Esa puntuación total indica la calidad general de colaboración en la relación.

Totalmente en desacuerdo 1 2 3 4 5 Totalmente de acuerdo

PREGUNTA	RESPUESTA
Esta persona tiene en cuenta mi bienestar.	1 2 3 4 5
Esta persona muestra disposición tanto para dar como para recibir.	1 2 3 4 5
El esfuerzo que pongo en esta relación es sostenible (no demasiado agotador).	1 2 3 4 5
Siento que la relación es justa y equilibrada.	1 2 3 4 5
Siento que en esta relación se me escucha, se me ve y se me valora.	1 2 3 4 5
Hago que esta persona se sienta escuchada, vista y valorada.	1 2 3 4 5
Esta persona evita someter a nadie a los efectos Cyberball y de rostro inexpresivo.	1 2 3 4 5
Esta persona está abierta a otros puntos de vista y está dispuesta a encontrar un denominador común.	1 2 3 4 5
Esta persona me apoya.	1 2 3 4 5
Las IMAI con esta persona son mayoritariamente positivas.	1 2 3 4 5
Me siento emocionalmente estable en esta relación.	1 2 3 4 5
Esta persona no hace cosas deliberadamente para castigarme ni para que «aprenda la lección».	1 2 3 4 5

Totalmente en desacuerdo 1 2 3 4 5 Totalmente de acuerdo

PREGUNTA	RESPUESTA
Esta persona es PReDiCC conmigo.	1 2 3 4 5
Yo soy PReDiCC con esta persona.	1 2 3 4 5
En general, merece la pena colaborar con esta persona.	1 2 3 4 5
	Puntuación total:

Puntuaciones

0-25: La relación está cargada de problemas. No te sientes seguro, pues surgen sorpresas desagradables a menudo. Hay una falta de toma y daca efectivo, lo que acaba con el espíritu de colaboración. Sin duda, la relación no fluye con facilidad, sino que cuesta trabajo y exige mucha energía. Quizá te interese pensar si merece la pena colaborar con esa persona, si la relación puede mejorarse o si tienes que restarle prioridad.

26-50: Una puntuación situada en esta horquilla sugiere que la colaboración no es mala pero que, en función de lo que esperes de esa relación, podría haber margen de mejora. Ciertos aspectos de la relación podrían estar yendo bastante bien, pero otros dificultan que se produzca un contacto más fluido. Al final vas a tener que tomar una decisión: «¿Puedo mejorar lo que hay? En caso contrario, ¿la relación tal como está me funciona u ocupa demasiado espacio en mi vida? ¿Debo desviar parte de la energía y los recursos que dedico a esta relación a otra con una puntuación mejor?». Probablemente descubrirás que mantienes bastantes relaciones con puntuaciones situadas en esta horquilla y, dependiendo del contexto, eso puede estar bien. Aun así, si la colaboración te duele y no te hace feliz, querrás replantearte a menudo tus prioridades de relación.

51-75: La colaboración funciona entre bien y extremadamente bien. Ninguna relación es perfecta, pero parece que, en gran parte, os ayudáis mutuamente. Aun así, podría haber una carencia de ciertos elementos importantes. Por ejemplo, las interacciones no PReDiCC pasan factura al cerebro, por lo que, aunque existan otros elementos de colaboración positivos, te interesará abordar una puntuación baja en PReDiCC (por favor, ocúpate de las dos preguntas del cuestionario que miden el PReDiCC antes de responder a la última).

En general, cuanto mayor es la puntuación, mejor es la colaboración. Obtener sesenta puntos o más suele significar que hemos alcanzado lo mejor de una colaboración eficaz. Mantenemos un toma y daca magnífico con esa persona. Tenemos suerte de que forme parte de nuestra vida.

Completa ahora el cuestionario pensando en algunas de tus relaciones más importantes, ya sean familiares, compañeros de trabajo o amigos. Después, a partir de los resultados, genera una clasificación sincera.

En primer lugar, anota, en la columna de la izquierda, bajo el epígrafe «Con quién siento mayor proximidad», el nombre de las personas con las que sientes una mayor cercanía, en orden descendente (la persona con la que sientes mayor proximidad en primera posición; la siguiente, en segunda posición, y así sucesivamente). Después, en la columna adyacente, bajo el epígrafe «Puntuación EEC», rellena la puntuación de esa persona.

Cuanto más alta sea la puntuación en EEC, más arriba de la lista debería aparecer esa relación. Si se da una discrepancia entre tu sensación de intimidad y la puntuación EEC, quizá debas replantearte tus prioridades de relación.

Esa clase de reorganización social —poner el énfasis en los vínculos en los que el toma y daca fluye con más facilidad— puede ayudar a adquirir una mayor seguridad.

	CON QUIÉN SIENTO MAYOR PROXIMIDAD	PUNTUACIÓN EEC
1		
2		
3		
4		
5		
6		

Test: pon a prueba tus conocimientos sobre evaluación colaborativa

El dilema de Missy

Missy contrajo mononucleosis y durante varias semanas tuvo que dejar de ir a la escuela y quedarse en casa. Durante ese tiempo, su amiga Mallory le falló por completo. Casi no le respondía a los mensajes y no fue a visitarla ni una vez. Cuando Missy se recuperó, retomaron su amistad como siempre; Mallory llegó más o menos a disculparse y le explicó que, mientras Missy estaba enferma, ella se vio realmente desbordada por muchas cosas y se aisló. Pero Missy descubrió que, a pesar de la disculpa, e incluso aunque habían retomado su amistad, algo en su interior había cambiado. Le sorprendió descubrir que gran parte del entusiasmo que antes sentía por aquella amistad se había esfumado y que hacer cosas juntas ya no le divertía tanto. «¿Por qué hago una montaña de esto? —le preguntaba muchas veces a su madre—. Éramos muy buenas amigas. Compartimos muchos intereses y, más o menos, ella se ha disculpado conmigo. Entonces, ¿por qué ahora hay una parte de mí que la rechaza?»

¿Cómo evaluarías tú esta situación?

1. La incapacidad de perdonar de Missy deriva de un trauma de infancia y ahora se ha desplazado a su relación con Mallory.
2. Missy es una persona que se guarda los agravios y a la que le cuesta perdonar. Le será difícil gestionar la vida cuando sea adulta.
3. Cuando estaba enferma, Missy recibió una información nueva sobre Mallory y ahora, simplemente, no puede ignorarla y retomar las cosas tal como eran antes.
4. La madre de Missy debería aconsejar a su hija que se olvide de todo eso y que redoble sus esfuerzos para mantener la amistad con Mallory: que hagan más cosas juntas hasta que ese sentimiento se desvanezca y puedan volver a ser amigas.

La respuesta correcta es la 3.

Suele asumirse que somos capaces de perdonar y olvidar solo porque queremos hacerlo. Pero el cerebro discrepa. Como es sabido, el proceso de evaluación comparativa se da muchas veces de manera instintiva en nuestro cerebro emocional: no tenemos el control absoluto sobre él. En el caso de Missy, sus circuitos neuronales codificaron de manera implícita una lección duradera —quizá esta persona no vaya a estar ahí cuando la necesite— y no podía ignorarla fácilmente. Es como aprender a montar en bicicleta e intentar olvidarse. El hecho es que Missy recibió una información nueva sobre su amiga y, sobre la base de esta, decidió que no podía confiar plenamente en Mallory ni contar con ella.

Un ascenso injusto

Cindy trabajaba para una gran consultoría y estaba contenta con su empleo. Trabajaba duro y tenía la ambición de prosperar en la empresa. Pero entonces Stefan apareció en escena. A él lo habían contratado después, pero, para asombro de todos los miembros del equipo, su jefa se enamoró de él. Se pasaba media hora larga junto al escritorio de Stefan, conversando con él, le asignaba los proyectos más interesantes y lo promocionó sin que lo mereciera. Cindy vio que perdía interés en sus proyectos y que pasaba más tiempo en internet buscando otros trabajos. Sin darse cuenta, se había sumado a las filas de los llamados *quiet quitters*, aquellos que renuncian silenciosamente; aunque asistía a las reuniones y hacía todo lo que se suponía que tenía que hacer, mentalmente ya no estaba allí.

¿Cómo evaluarías tú esta situación?

1. Cindy debería superarlo. A veces esta clase de injusticias se dan en el trabajo. No hay razón para desvincularse. Conseguirá un ascenso a su debido tiempo.
2. Cindy tiene una necesidad excesiva de reafirmación y atención, lo que va en perjuicio de su rendimiento laboral.
3. Los circuitos neuronales de la evaluación colaborativa de Cindy comprometen su cerebro emocional y le dificultan encontrar la motivación para hacer su trabajo.
4. Cindy es una persona mezquina y competitiva más allá de lo razonable. A veces a los jefes les gustan ciertos empleados y los ascienden. Es posible que Stefan sea una estrella emergente y a ella lo que le pasa es que está celosa.

La respuesta correcta es la 3.

La percepción de Cindy de una evaluación colaborativa injusta desencadena una respuesta emocional que la lleva a desentenderse del trabajo. Se trata de algo difícil de superar, pues está fuertemente enraizado en nuestra estructura social y no lo controlamos del todo. No se trata de una necesidad excesiva de reafirmación; si realmente el ascenso de Stefan no se justifica por sus méritos, eso es algo que genera un sentimiento profundo de injusticia del que cuesta librarse.

Si sentimos que nos tratan injustamente en el trabajo, perdemos las ganas y el impulso de producir y tener éxito. Pero tiene remedio, como veremos en el caso de Tamara.

Problemas en la *start-up*

Tamara, directora científica de una prometedora *start-up* especializada en biotecnología, había sido fundamental para el desarrollo en su empresa de un invento muy innovador en el campo de la biología. A medida que la compañía avanzaba en diversas rondas de inversión, ella se daba cuenta de que iban dejándola de lado: su participación en las acciones se vio mucho más reducida que la de los otros ejecutivos, más próximos al director ejecutivo.

Durante una reunión con este, Tamara planteó la cuestión y señaló que, mientras que los demás ejecutivos habían recibido bonos adicionales en forma de acciones durante las recientes rondas de financiación, a ella no le habían ofrecido la misma oportunidad. Recalcó su papel fundamental en el éxito de la empresa y el impacto potencial de su compromiso a largo plazo.

El director ejecutivo admitió lo razonable de sus preocupaciones, pero le explicó que la decisión se basaba en las exigencias de los inversores y en parámetros de mercado para puestos similares. Le prometió revisar la situación con la junta y el comité de compensación. Pero no se concretó nada.

En los meses siguientes, los compañeros de trabajo de Tamara se dieron cuenta de un cambio sutil pero significativo en su comportamiento. Aunque seguía mostrándose profesional y trabajaba mucho, su entusiasmo habitual por abordar problemas complejos parecía haber menguado. Era como si algo en su interior se hubiera bloqueado.

A medida que la empresa se acercaba a un importante hito en su desarrollo, la incidencia de la pérdida de interés de Tamara se volvía más evidente. El progreso se ralentizaba y al equipo le costaba asumir unos desafíos técnicos que Tamara habría resuelto sin esfuerzo.

Esto llevó al director ejecutivo a pasar a la acción. Tras reconocer el riesgo potencial para el cronograma y la valoración de la empresa, convocó una reunión extraordinaria de la junta. Tras un debate prolongado, decidieron ofrecer a Tamara una importante compensación adicional en acciones, así como un puesto en la junta, para asegurar su implicación en las decisiones estratégicas.

Tamara valoró el reconocimiento y el esfuerzo puesto en abordar su situación. Tras negociar los términos del acuerdo, aceptó la oferta. Con el tiempo, su renovada implicación ayudó a la empresa a vencer las dificultades técnicas y a poder cumplir con éxito sus metas de desarrollo, lo que la situó en una posición de salida privilegiada.

¿Cuál es la afirmación más correcta en relación con las acciones del director ejecutivo?

1. No debería haber cedido. Si todos pidieran más, los inversores perderían el interés y dejarían de financiar la empresa.
2. Debería haber sido justo y honesto desde el principio.
3. El hecho de que no hubiera una colaboración óptima en la empresa suponía una verdadera amenaza para su éxito.
4. No está capacitado para ser director ejecutivo.

La respuesta correcta es la 3. Los directores ejecutivos pueden cometer errores. Sin embargo, este fue capaz de revertir la situación y actuar de manera justa y honesta después de su error, o incluso de su exclusión deliberada. Muchas empresas que dependen de su capital humano —sobre todo las *start-ups*— fracasan porque los problemas entre sus empleados impiden una colaboración eficaz. Prestar atención a los aspectos colaborativos es, para la dirección ejecutiva, el secreto del éxito a la hora de emprender. El cerebro comparativo podría haber llevado a su *start-up* al fracaso, pero pudo enderezar el rumbo corrigiendo la situación.

12

Terapia de imprimación segura: desenterrar destellos ocultos de talento

Hace miles de millones de años, la evolución introdujo un disruptor biológico y «tecnológico» asombroso: la diversidad molecular. Con ella cambiaron las reglas del juego. La diversidad molecular permite variaciones mínimas, sutiles, de nuestras moléculas, que hacen de nosotros obras de arte únicas, inigualables. Esa singularidad resulta de gran utilidad evolutiva, pues permite que la vida en la Tierra se adapte y prospere en un mundo en permanente cambio.

El resultado es que somos una especie de imagen compleja y multidimensional conformada por ADN, ARN, proteínas y lípidos, que combinados muestran un fascinante despliegue de complejidad molecular. Somos como un candado con combinación de apertura, pero no de esos con tres o cuatro dígitos, sino con decenas de miles. Pensemos, por ejemplo, en los trasplantes de médula: la probabilidad de encontrar a un donante perfecto va de menos de uno entre diez mil a uno entre cien mil. Incluso con la estimación menor (uno entre diez mil), la probabilidad de encontrar a tres donantes compatibles sería solo de una entre un billón. Dicho de otro modo, quizá solo existan una o dos personas en el mundo perfectamente compatibles con cada uno de nosotros. Por suerte, la ciencia médica ha avanzado lo suficiente como para permitir el uso de donantes que no sean totalmente compatibles, pero sí lo suficientemente similares, de manera que aun así los pacientes puedan recibir ese tratamiento que les salva la vida.

Como neurocientífico, me enfrento a diario a la inmensidad de la diversidad biológica. Cuando llevo a cabo experimentos y analizo datos, la biodiversidad parece muchas veces un enemigo colosal, que introduce ruido en cualquier estudio y lo convierte en algo de extraordinaria dificultad, pues en muchas ocasiones un hallazgo prometedor desaparece al repetir los experimentos a causa del exceso de variación.

Dicho esto, lo que por una parte complica mi labor como científico por otra ha transformado mi enfoque terapéutico con mis pacientes. Observar la biodiversidad en el laboratorio me ha proporcionado un inmenso respeto por nuestras combinaciones moleculares únicas, que impulsan una amplia gama de talentos sorprendentes e interesantes. Y he descubierto que ayudar a mis pacientes a reconocer y cultivar lo que he dado en llamar sus «destellos ocultos de talento» puede llevarlos a alinearse mucho más con su biología, a maximizar su potencial y a estimular un sentido mayor de alegría y seguridad.

Asimismo, he llegado a concebir los estilos de apego como talentos biológicos que se manifiestan en determinadas ocasiones. Un estilo de apego evitativo nos puede resultar ventajoso cuando debemos abordar algo en soledad; un estilo de apego ansioso puede aportar un beneficio a la hora de detectar señales sutiles, pues nos permite darnos cuenta de aspectos importantes antes que los demás, y un apego seguro puede ayudarnos a dejar pasar disgustos emocionales de manera calmada y con relativa facilidad, lo que a su vez relaja a las demás personas que están a nuestro alrededor. Todos los estilos de apego pueden verse como talentos que nos ha otorgado la madre naturaleza.

En mi práctica médica, he llegado a darme cuenta con el tiempo de que los talentos biológicos innatos se manifiestan tanto de manera destacada como en pequeños detalles en la vida de mis pacientes. He empezado a buscarlos de manera activa y los encuentro allá donde miro. También he constatado que desenterrar esos talentos con mis pacientes es una parte poderosa e importante a la hora de ayudarlos a ser más seguros. Se trata de algo que no ocurre de la noche a la mañana, pero con persistencia y cuidado es posible reconfigurar el cerebro para que gane mayor seguridad.

A continuación voy a exponer un ejemplo de cómo ocurrió con uno de mis pacientes.

Desenterrar destellos ocultos de talento en una terapia segura

Uno de mis pacientes estaba enfadado consigo mismo durante una de nuestras sesiones por mostrarse tan indeciso. No dejaba de darle vueltas a si debía seguir viviendo en su estudio, pequeño pero económico, o si le convenía trasladarse a un apartamento más grande y más caro. No era capaz de decidirse. No soportaba llevar semanas dilatando la decisión, que veía como un gran problema, y creía que le faltaba confianza en sí mismo en todos los ámbitos de su vida. Cuando me dijo eso, frunció el ceño y bajó la mirada, lo que revelaba una mezcla de desaliento y duda sobre sí mismo.

Yo le hice ver que no lo consideraba un procrastinador y que, de hecho, lo había observado varias veces actuando de manera decidida y con seguridad en sí mismo. Le recordé que, hacía unos meses, su madre había tenido que ingresar temporalmente en una residencia porque a su cuidadora le había surgido un imprevisto y no podía atenderla. Mientras sus hermanos intentaban, sin éxito, encontrar soluciones, él, en cuestión de horas, le encontró plaza en un centro bien valorado. También le mencioné otros casos en que había demostrado la misma resolución en su vida privada y en el trabajo, ya fuera cuando buscaba un nuevo puesto o al poner fin a una relación sentimental.

Comentamos su extraordinaria capacidad para cerrar los mejores tratos, para encontrar a los mejores profesionales y los mejores servicios. Es algo que se le da bien de manera natural, aunque exige tiempo e insistencia para recabar la información adecuada.

Le recordé numerosos ejemplos que había mencionado de pasada. Por ejemplo, en una ocasión le había encontrado a su hermano un crucero increíble a un precio muy inferior al normal, algo que el resto de la familia dijo que nunca habría sido capaz de hacer. En otra ocasión en que su hermano había necesitado hacer unas reparaciones domésticas, localizó a un constructor que cobraba mucho menos que otros y que aun así trabajaba de manera impecable. En su trabajo, esa misma habilidad lo ayudaba a identificar oportunidades que pasaban desapercibidas a otros y que proporcionaban una ventaja competitiva a su equipo. Lo que a él le parecía procrastinación era, en realidad, un destello oculto de talento para la deliberación meditada, una habilidad que le venía muy bien allí donde iba. Ya claramente más tranquilo, el paciente comentó que, en cierto sentido, era lógico que tuviera dudas sobre un cambio de domicilio, porque este implicaría gastar bastante más en el alquiler y ese era el dinero que empleaba en salir, irse de vacaciones y darse algún que otro capricho. Era una persona responsable en asuntos económicos y le parecía que eso era bueno. Comentó que en ese momento se daba cuenta de que algo en su interior le decía que ese traslado no estaba bien y que por eso llevaba tiempo debatiéndose sobre la decisión. Más allá de la cuestión del dinero, un traslado, y más en Manhattan, puede resultar abrumador. Había intentado encontrar algo decente, pero los apartamentos se esfumaban muy deprisa y cada vez que llegaba a ver alguno se encontraba con otras treinta personas haciendo cola, entregando solicitudes con unos textos larguísimos y muy sentidos en los que explicaban por qué debían ser ellos los elegidos como inquilinos.

Después exploramos otros motivos por los que a él le parecía importante mudarse a un espacio más grande. Pero, una vez que pudo desprenderse de la carga de aquella autocrítica sobre su falta de decisión y fue capaz de apreciar su talento interno, pudimos sopesar los distintos aspectos del traslado desde una posición más segura.

Mostrarle al paciente que se le daba muy bien deliberar sobre distintos factores antes de tomar decisiones es un ejemplo de imprimación segura durante una sesión de terapia. En este caso concreto, funcionó de maravilla. Equipado con una percepción más acertada de sus propias habilidades, pudo dedicar tiempo a buscarse otra vivienda sin aquellos comentarios internos suyos tan habituales y tan críticos consigo mismo; se sintió empoderado por esa nueva confianza en sí mismo. Con el tiempo acabó encontrando un apartamento más grande, de alquiler regulado, en una codiciada zona de la ciudad, y se hizo con él antes incluso de que saliera anunciado.

Muchas personas con un vínculo inseguro se sienten abrumadas por pensamientos y emociones negativos y muchas veces lo que perciben como defectos de su personalidad son, en realidad, destellos ocultos de talento, fortalezas que aún no son capaces de ver o que malinterpretan como posibles fallos o impedimentos. Desenterrar esos talentos suele ayudar a la hora de preparar a la gente para volverse más segura de sí misma.

ENCONTRAR EL LADO POSITIVO SEGURO

Cuando me formaba en psicoterapia psicodinámica, se ponía bastante énfasis en diagnosticar y tratar las psicopatologías subyacentes con que se presentaban los pacientes. ¿Qué rasgo neurótico o de personalidad trastornada muestra el paciente? ¿Manifiesta características narcisistas, histriónicas o de trastorno límite de personalidad? ¿Y qué hay de tendencias masoquistas o sociopáticas? La meta era entender la manera de contrarrestar de forma eficaz esas psicopatologías con tratamiento para facilitar la curación.

Una de las razones por las que me atrae la ciencia del apego es que no se basa en el modelo médico consistente en fijar patologías, sino más bien en reconocer rasgos de conducta normales que son comunes en todas las personas. En tal caso, la cuestión pasa a ser no si un rasgo concreto, o una manera de ver las cosas, denota enfermedad o es sano, sino si resulta eficaz o ineficaz. Dicho de otro modo, si nos sirve o no para la vida, y si no nos sirve, cómo puede cambiarse.

Con los años, si bien me he mantenido bien informado sobre teorías de psicodinámica, he gravitado de manera natural hacia una modalidad única de tratamiento que he desarrollado y que, en cierto modo, está profundamente enraizada en mis propios antepasados. Mi madre era descendiente directa de un conocido erudito religioso del siglo XVIII muy respetado en su congregación, la cual lo consideraba su defensor acérrimo. Siempre encontraba el aspecto más positivo del comportamiento de las personas y les concedía el beneficio de la duda, hasta tal punto que casi se excedía. Se cuenta que, incluso ante la comisión de fechorías, él siempre se mostraba comprensivo y empático.

No sé si se trata de algo genético, pero mi madre encajaba bien en esa misma descripción y ella también siguió la tradición de la aceptación y la indulgencia. Yo he llegado a emplear un planteamiento similar con mis pacientes, mis alumnos y los profesionales de la salud a los que superviso: recurro a mis conocimientos de neurociencia y psicología para aportar una perspectiva similar en su indulgencia y su aceptación. Escucho a la gente de manera instintiva y busco maneras de ayudarla a crear un relato de seguridad en sí misma, de manera que pueda vencer obstáculos emocionales y físicos.

El método que he creado en mi labor con mis pacientes, la terapia segura, recurre a un campo de la investigación conocido como «imprimación segura». Se han realizado decenas de estudios que revelan que es posible ayudar a las personas a que, de manera temporal, adquieran una mayor seguridad en ellas mismas exponiéndolas a breves presentaciones en las que esa seguridad se manifiesta: por ejemplo, hablándoles de relaciones seguras, o haciéndoles ver películas en las que se muestran relaciones de personas seguras de sí mismas, o pidiéndoles que lean palabras que expresan seguridad en las relaciones. De hecho, un estudio mostró que hacer que unas parejas vieran películas populares sobre relaciones las ayudaba tanto como participar en terapias de pareja. Más aún: hay estudios que muestran que, si una persona se expone a la imprimación segura con frecuencia y durante un periodo de tiempo más prolongado, el efecto sobre la seguridad en sí misma dura más.

Con el tiempo, yo mismo he acabado por recurrir con mayor frecuencia a una forma clínica de imprimación segura. Esta conlleva compartir información sobre imprimación segura obtenida de hallazgos científicos, así como anécdotas sacadas de películas, obras de teatro y situaciones de la vida real que ayuden a los pacientes a desarrollar una perspectiva más segura. En el caso de mi paciente indeciso, esa imprimación segura supuso mostrarle lo bien que se le daba deliberar sobre distintos factores antes de tomar decisiones. Considero que presentar a la gente ideas de seguridad en uno mismo, sobre todo las que se asientan en la biología y en la ciencia, resulta de gran ayuda a la hora de infundir seguridad a largo plazo y muchas veces conduce a mejoras espectaculares en su vida.

Pocas semanas después de que abordáramos su conflicto sobre el cambio de vivienda, el paciente inició nuestra sesión quejándose de que no era lo bastante asertivo. Quería cambiar de asesor financiero, pero no se decidía porque no sabía cómo decírselo. Esa misma semana fue al médico para hablar de su caída de cabello. El doctor le recomendó que se aplicara una crema dos veces al día, pero mi paciente sabía que no tendría la constancia para mantener el tratamiento y, además, no le gustaba la sensación que le dejaba aquel producto en la cabeza, por lo que pidió que le recetara un medicamento por vía oral. El doctor no le hizo caso y le extendió la receta de la crema. Mi paciente salió de allí decepcionado consigo mismo por no haber hablado más claro, lo cual reforzó la imagen que tenía de sí mismo como persona poco asertiva e insegura. Una vez más, se veía con malos ojos: incluso su expresión facial denotaba sentimientos de desprecio.

En este caso, la intervención de imprimación segura siguió un camino distinto: le dije que, antes de atribuir su comportamiento a una falta de asertividad, debíamos examinar el trasfondo social de esas interacciones. Es frecuente que los asesores financieros se lo pongan difícil a las personas que quieren dejar de contar con sus servicios. Intentar retener a tantos clientes como puedan forma parte de su trabajo. Como les ocurre a muchos profesionales de las ventas, ellos también tienen sus técnicas para conseguir que los clientes no se vayan, y a las personas de naturaleza amable puede resultarles más sencillo, simplemente, aceptarlo. Le conté una historia que había leído en el periódico sobre una mujer que reconocía haberse comprado un piso simplemente porque no fue capaz de decirle que no al agente inmobiliario. Era de Estados Unidos y estaba visitando Roma y el agente que le enseñó el apartamento insistió tanto que terminó comprándolo solo para no decepcionarlo.

Las dificultades del paciente también me hicieron pensar en los famosos experimentos de Stanley Milgram de la década de 1960, diseñados para medir la obediencia. Le hablé de ellos. En uno de estos experimentos, Milgram puso a un cómplice como figura de autoridad en una sala junto con varios sujetos de un estudio. Esa figura de autoridad daba a esos sujetos la orden de que aplicaran descargas eléctricas a otro cómplice, que hacía el papel de persona aparentemente desconocedora de la situación y que aguardaba en una sala contigua. La figura de autoridad no dejaba de ordenar a los sujetos que aumentaran la intensidad de las descargas (estos no sabían que, en realidad, la descarga eléctrica no se producía). La persona que recibía esas falsas descargas gritaba, les suplicaba que parasen, pero con mucha frecuencia los sujetos hacían caso de la figura de autoridad y seguían aplicando descargas eléctricas a aquel pobre tipo. Al final, incluso cuando les explicaban que en realidad no les habían aplicado ninguna descarga eléctrica, aquellas personas se sentían espantosamente traumatizadas por la experiencia. (En la actualidad, los comités de ética del campo de la investigación jamás permitirían esa clase de experimentos.)

Este caso tan conocido muestra que somos capaces de actuar en contra de nuestras propias creencias morales cuando una figura de autoridad nos conmina con determinación a hacer lo que nos dicen. En otro experimento célebre, Milgram demostró lo difícil que resulta contravenir ciertas convenciones sociales; por ejemplo, saltarse una cola o rechazar un apretón de manos. Milgram envió a unos jóvenes asistentes de investigación a unos vagones de metro atestados en Nueva York y les pidió que preguntaran a personas que iban sentadas: «Por favor, ¿puedo sentarme en su sitio?». Para su sorpresa, la mayoría de las personas cedían su asiento sin rechistar. No eran capaces de decir que no.

Pero ese estudio resultaba revelador por otro motivo: un hallazgo inesperado tenía que ver con la dificultad que mostraban los asistentes de investigación para realizar tal solicitud. Milgram no había previsto que fuera a resultarles tan difícil. Pero cuando lo informaron de que casi les había resultado imposible hacerlo, él mismo se desplazó hasta el metro y constató que le resultaba complicadísimo pedirle a la gente que le cediera su asiento. Las primeras veces no fue capaz, hasta que al final se armó de valor y lo logró, pero cuando lo hizo se dio cuenta de que adoptaba una postura de persona enferma para justificar su petición, a pesar de que en el protocolo experimental que había elaborado él mismo se especificaba expresamente que no debía hacerse así. Simplemente resultaba demasiado incómodo pedirle a la gente un asiento con expresión neutra. Para completar ese estudio, Milgram envió a las personas en parejas y, aunque aún les costaba pedirlo, en ese caso la dificultad era menor.

Estos experimentos clásicos subrayaban por qué, cuando hay en juego determinadas fuerzas sociales, puede resultar tan difícil expresar los deseos o actuar según las propias creencias (¡hasta el punto de llegar a actuar en contra de ellas!). Es posible que no tenga que ver con nuestra asertividad. En relación con la seguridad en uno mismo, la lección es que, cuando nos enfrentamos a una situación social complicada, en lugar de despreciarnos a nosotros mismos, como hacía mi paciente (que es lo habitual en personas ansiosas e inseguras), es mejor que recurramos a otros que puedan ayudarnos, como las parejas que pudieron completar juntas el experimento del metro.

Equipado con esas ideas, mi paciente empezó a juzgarse menos a sí mismo en cuanto a sus comportamientos y fue capaz de llamar a la consulta de su médico para pedir un cambio de tratamiento. También le escribió un *email* a su asesor financiero para informarlo de que dejaba de contar con sus servicios. Pero lo más importante de todo fue que progresó a la hora de desafiar su sistema de creencias inseguro, que le decía que era una persona indecisa, poco asertiva y procrastinadora y que, por ser todas esas cosas, era menos hombre.

Meses después, la inseguridad de las creencias del paciente volvió a aflorar ante una dificultad diferente. Volvió a mencionar que sentía que era demasiado sensible y que no lo bastante asertivo; manifestó que le gustaría ser «más hombre y menos "gallina"». Lo expresó en el contexto de pedir citas a mujeres. Me explicó que, con los años, había ido experimentando una sensación duradera de arrepentimiento por no haber hecho caso a su padre, que habría querido que asistiera a un internado militar, y haber atendido a las peticiones de su madre, que lo había disuadido de apuntarse. Le parecía que, de haber ido a la escuela militar, se habría vuelto más duro. Muchas veces veía con envidia a otros hombres; creía que tenían mayor confianza y seguridad en sí mismos y que perseguían agresivamente lo que querían, mientras que él se expresaba educada y amigablemente. Él quería lo que ellos tenían. El contraste entre la percepción que tenía de sí mismo y su aspecto físico resultaba especialmente llamativo: con su metro noventa, muchas veces le decían que parecía sacado de la portada de una revista de moda.

Abordamos lo que significaba para él ser masculino y la idea de que, para serlo, hay que ser agresivamente asertivo. Para acudir al rescate y ayudarlo a ganar seguridad en sí mismo, recurrí a varios estudios científicos.

Resulta que eso de la «supervivencia de los más aptos» no es lo que mucha gente cree que es. Como mi paciente, muchas personas piensan que los individuos más fuertes, más agresivos y más poderosos se llevan todos los beneficios. Sin embargo, en especies sociales como los perros salvajes africanos, los lobos, los delfines, los monos y, cómo no, los seres humanos, en las que la cooperación resulta clave para el bienestar del grupo, la supervivencia del más apto adquiere un matiz distinto, sorprendente. En muchas de las especies en que los machos suelen dejar a su grupo y buscan un nuevo hogar, los machos jóvenes y agresivos son a menudo expulsados por hembras impacientes a una edad mucho más temprana de lo habitual. Privados de la madurez y la experiencia necesarias para sobrevivir por su cuenta, muchos no salen adelante. En cambio, a otros machos más dispuestos se les permite permanecer más tiempo en el grupo, que abandonan cuando son físicamente más fuertes y cuentan con más experiencia, lo que les proporciona una clara ventaja de supervivencia.

Esa amabilidad parece aportar una ventaja para la supervivencia en el caso del *Homo sapiens.* Una teoría extendida sobre la aparición del *Homo sapiens* es que la «autodomesticación» —la reducción de la agresividad— aportó a nuestra especie la capacidad de trabajar en conjunto, algo que llevó a un aumento de nuestra aptitud evolutiva. Al compartir esa información con mi paciente, noté que iba asimilando esos conocimientos y que estos lo ayudaban a reformular sus creencias inseguras sobre sí mismo a través de esa nueva comprensión del importante papel que la buena disposición jugaba tanto en la evolución humana como en su propia vida.

Cuando el cerebro adopta el discurso seguro

Teniendo en mente la información sobre los animales agresivos y la evolución de nuestra especie, mi paciente adoptó la idea de que ser un hombre sensible y conciliador podía llevarlo a vivir una vida exitosa, rica y plena. Empezó a ver esos rasgos como un don biológico, algo que celebrar en lugar de denigrar. Meses después, durante unas vacaciones, me envió un mensaje en relación con los sentimientos tan arraigados de inadecuación, indecisión y falta de confianza que había tenido al inicio de la terapia segura:

> Hace un rato, estaba paseando por la playa y me ha invadido una sensación buenísima y hasta me he emocionado un poco. Ya lo hablaremos el martes. Tenía que ver con una nueva sensación interna de confianza. Y con saber qué hacer cuando de verdad importa.

Mi paciente aprendió a confiar en sus destellos internos de talento; en su capacidad para circular por el mundo, para recabar la información correcta y actuar con decisión, incluso cuando eso implicaba dedicar más tiempo y tolerar la incertidumbre hasta que se imponía la decisión correcta. También llegó a valorar su naturaleza sensible y conciliadora. En resumen, su visión de sí mismo se ha vuelto más segura. Ha adoptado lo que he dado en llamar su «discurso seguro».

El discurso seguro («discurso» en el sentido de una historia profundamente conmovedora y convincente que contamos, en este caso a nosotros mismos, sobre quiénes somos) es la meta última de la terapia segura. Al crear un discurso seguro, estamos generando, en esencia, un relato más equilibrado sobre nosotros mismos y el mundo que nos rodea.

En el caso de mi paciente, una serie de intervenciones de imprimación segura condujeron a la creación de un discurso seguro que transformó su relato interno, que pasó de ser de autocrítica y de insuficiencia a ser de valoración positiva de sus destellos internos de talento. Empezó a apreciarse por lo que realmente era. Cada intervención es como un empujoncito seguro para la mente: un pequeño cambio de perspectiva, algo así como un ligerísimo giro de timón en un gran buque. Al principio, esa leve variación puede alterar muy poco el rumbo, pero con el tiempo la embarcación acaba siguiendo una ruta totalmente distinta.

El discurso seguro no solo tiene que ver con uno mismo y con nuestros destellos internos. Se trata de un relato mucho más amplio que también identifica los destellos internos de otros y nos permite verlos con mayor seguridad, de manera más indulgente. Esa actitud segura de aceptación puede ampliarse al mundo que nos rodea.

Eso me recuerda a una paciente que se enfadaba mucho con su prometido porque, en su mente, él dedicaba a sus dos hijos adultos mucha más atención que a ella. En el curso de la terapia segura, pudo desarrollar un discurso seguro que incorporaba el hecho de que su prometido era seguro y que podía querer a sus hijos y también a ella con todo su corazón. Tuvo que desprenderse de la idea, forjada en relaciones pasadas, de que el amor es un bien escaso por el que hay que competir y luchar. La terapia segura la ayudó a ver lo que, para ella, a causa de su estilo de apego ansioso, estaba oculto a simple vista: que el amor seguro de su nueva pareja no tenía límites. En efecto, con la ayuda del tratamiento, pudo convertir su relato inseguro en un relato seguro.

Crearse un discurso seguro

A veces, el proceso de generar un discurso seguro puede ser implícito, como en el trabajo que he descrito con mi paciente. Con el tiempo, y aunque no lo abordamos de manera explícita, él fue adoptando nuevas ideas seguras gracias a distintas intervenciones de imprimación y las integró para crear su propio discurso. Pero los discursos seguros también pueden aprenderse de manera más explícita, lo que significa que se afronta de manera concreta una situación de inseguridad que se repite y, gracias a ello, acaba obteniendo un antídoto seguro.

Ese fue el caso de Dee Dee. Era una terapeuta capaz y con muchos recursos. De hecho, muchos de sus pacientes conseguían dejar la medicación después de tratarse con ella, gracias a su destello oculto de talento para combinar sin costuras un amplio espectro de planteamientos terapéuticos en sus sesiones, adaptándolos a las necesidades de cada paciente. Pero, de vez en cuando, se encontraba con alguno que cuestionaba ese enfoque integrador tan único suyo y mostraba resistencia y desagrado cada vez que ella sugería ciertas intervenciones. Aquello siempre le tocaba una fibra sensible. Como albergaba sus propias dudas e inseguridades sobre su formación y sus habilidades, intentaba adaptarse a ellos y plegarse a su voluntad, pero no tardó en descubrir que era inútil. Muchas veces no mejoraban, lo que hacía que se sintiera peor consigo misma.

Durante nuestro trabajo de supervisión, trabajamos explícitamente sobre un discurso seguro concreto: en lugar de intentar claudicar y aceptar lo que el paciente exigía a medida que progresaba su tratamiento, aprendió a decirle a la gente de entrada, desde el inicio mismo del tratamiento, que su planteamiento era integrador; que trabajaba seleccionando las herramientas adecuadas para ellos a partir de una variedad de enfoques en los que era experta. En sus sesiones conmigo me comentó con confianza: «Sí, les suelto mi discurso seguro y ellos se apuntan». En otras ocasiones me contaba: «Yo les explicaba cómo trabajo, pero ellos querían algo diferente y entonces yo los refería a otro profesional que encajara mejor con lo que buscaban». Aceptar su talento innato y compartirlo de manera más eficaz con otros la ayudó a desarrollar una mayor seguridad en sí misma en su trabajo y la llevó a sentirse más satisfecha en su consulta.

La terapia de imprimación segura ofrece un poderoso camino para avanzar: al desenterrar los destellos ocultos de talento y tejerlos para crear discursos seguros, transformamos nuestra manera de vernos a nosotros mismos y a los demás. Esos relatos seguros se convierten no solo en historias, sino en realidades vividas que nos permiten avanzar por los retos de la vida con mayor confianza, compasión y aprecio por los rasgos singulares que la evolución nos ha otorgado a todos y cada uno de nosotros.

Destello oculto de talento frente a inventario de impedimentos

En todas partes hay gente que tiene gran cantidad de destellos ocultos de talento. Algunos de estos se muestran a la vista de todos. Escritores y pintores célebres, atletas olímpicos y genios de las matemáticas son algunos ejemplos que vienen enseguida a la mente. Pero muchos otros talentos se encuentran ocultos a simple vista en personas que nos rodean. Solo hay que abrir los ojos y observar.

En el siguiente ejercicio vas a explorar de qué manera lo que percibes como un impedimento, ya sea tuyo o de otra persona que forma parte de tu vida, podría, de hecho, reflejar un destello oculto de talento; un destello que, simplemente, necesita del entorno adecuado para prosperar.

Instrucciones:

1. Anota el impedimento percibido (tuyo o de otra persona).
2. Identifica el destello oculto de talento que podría esconderse tras él.
3. Describe la clase de entorno seguro que contribuiría al desarrollo de ese destello de talento.
4. Asigna una puntuación de idoneidad del 1 al 10 que refleje hasta qué punto es idóneo el entorno actual para ese talento, en la que 1 es un entorno que no es idóneo en absoluto y 10 representa el entorno ideal para que ese talento se desarrolle.

Ejemplo 1: Exigencia constante de validación

Impedimento percibido:
No soy lo bastante independiente. No dejo de pedirle opinión y ayuda a la gente para decidir qué tengo que hacer: qué ropa ponerme, cuándo reservar un vuelo, si irme o no de vacaciones este verano, etcétera. Necesito consejos para todo. ¿Por qué no soy capaz de decidir por mi cuenta?

Destello oculto de talento:
Soy una persona muy colaboradora y siento que soy mejor cuando trabajo con otras personas que también lo son. Cuando nos ponemos de acuerdo para tomar decisiones, muchas veces surgen consideraciones que, por separado, quizá no habríamos obtenido. Así siento una mayor conexión y, en términos generales, me ha ido bien.

Entorno seguro propicio:
Un entorno colaborativo, orientado al trabajo en equipo, en el que las decisiones se toman colectivamente y se valoran las opiniones de los demás, y no tanto un entorno que valora el individualismo puro y duro.

¿Hasta qué punto es propicio el entorno actual para ese destello oculto de talento?
Valora del 1 al 10 (1 es el menos propicio; y 10, el más propicio)
Mi marido y mis hijos a veces se enfadan conmigo cuando les pido una y otra vez su opinión, y si solo los tuviera a ellos, me pondría un 2, pero en los últimos años he creado un buen círculo de amistades y nos pasamos el día enviándonos mensajes y haciendo videollamadas, y puedo preguntarles sobre casi todo; incluso me pruebo la ropa nueva durante las videollamadas para que me digan si les gusta o no, por lo que me pongo un 8.

Ejemplo 2: Mi testaruda esposa

Impedimento percibido:

Mi mujer es muy testaruda y muy difícil. No está dispuesta a recibir cuidados ni sigue las recomendaciones de los médicos. Cree que lo sabe todo y se niega a recibir instrucciones de sus cuidadores ni, en realidad, de nadie.

Destello oculto de talento:

Ser tozuda y no dejar que los demás le dicten lo que quiere o necesita. No disculparse por tener criterios propios y deseos, algo especialmente difícil para las mujeres en nuestra cultura.

Entorno seguro propicio:

Un médico que sea más colaborador que autoritario, que trabaje con mi mujer en equipo, que no se limite a escupir instrucciones.

¿Hasta qué punto es seguro el entorno actual para ese destello oculto de talento?

Valora del 1 al 10 (1 es el menos propicio; y 10, el más propicio)

Al principio, mi mujer tenía una doctora muy autoritaria y chocaban. Mi mujer se negaba a tomarse nada de lo que le recetaba. En ese momento la puntuación era de 1. Cambió a otro médico, paciente y simpático, y eso lo transformó todo. Ese nuevo profesional no se sentía amenazado por el comportamiento de mi mujer y se la fue ganando. Ahora mi mujer se toma los medicamentos que le receta y está mucho mejor. Con este nuevo médico, la puntuación es de 10 sobre 10.

Ejemplo 3: El trabajador empresarial en apuros

Impedimento percibido:
Mi marido es demasiado introvertido y sensible para el mundo empresarial. Lo pasaban por alto cuando a otros los ascendían. Se sentía invisible y un fracaso.

Destello oculto de talento:
Tiene un don excepcional para escribir y para conectar con nuestros hijos y con el perros de la familia. Su sensibilidad le permite sintonizar con los demás de una manera imposible, a veces, para personas más extrovertidas.

Entorno seguro propicio:
Escribir desde casa y ocuparse de los niños a tiempo parcial mientras yo volvía a mi trabajo a tiempo completo ha sido una solución perfecta para él. Así va a favor de sus talentos naturales, en lugar de intentar encajar en un molde de empresa tradicional o en unas convenciones basadas en el género sobre quién trae el sueldo a casa.

¿Hasta qué punto es propicio el entorno actual para su destello oculto de talento?
Valora del 1 al 10 (1 es el menos propicio; y 10, el más propicio)
En su trabajo en la empresa era un 2. Allí no les interesaba reconocer o aprovechar sus capacidades naturales, lo que hacía que se sintiera invisible y fracasado. Pero, una vez que pasó a escribir desde casa y cuidar de los niños, ha pasado a ser un 8. Ahora toda la familia se beneficia de sus dones naturales y ya ha escrito tres guiones.

Ahora te toca a ti:

Impedimento percibido:

Destello oculto de talento:

Entorno seguro propicio:

¿Hasta qué punto es propicio el entorno actual para ese destello oculto de talento?

Valora del 1 al 10 (1 es el menos propicio; y 10, el más propicio)

13

Coaching seguro: aprender a tener un apego seguro en tiempo real

A mí antes me parecía que aprender a tener más seguridad en uno mismo era como aprender a montar en bicicleta: tardas un poco en acostumbrarte y al principio te tambaleas e incluso te caes, pero con el tiempo encuentras el equilibrio correcto. Sin embargo, me di cuenta de que resulta mucho más difícil que aprender a montar en bicicleta, porque, al tiempo que aprendemos maneras seguras de ser, debemos también desaprender maneras que no lo son y que tenemos profundamente arraigadas. En cierta manera, se parece más a aprender a escribir con la mano que no es la dominante: puede resultar tan complicado que, simplemente, a uno le apetece usar la mano con la que ha escrito siempre. O como mejorar la forma de nadar, o modificar una postura para evitar un dolor, o corregir la pronunciación y la dicción. Esa clase de cambios requieren que aprendamos algo nuevo a la vez que nos desprendemos de viejos hábitos que se aferran a nuestro cerebro.

Desde la perspectiva de la neurociencia, reaprender exige dos procesos: desaprender algo que ya sabemos y aprender algo nuevo que lo sustituye. Algunos estudios demuestran que desaprender (que es una forma de olvidar) es un proceso molecular activo que implica la deconstrucción de la sinapsis que conecta dos neuronas, de manera que la conexión no sea tan fuerte.

El aprendizaje activo implica el patrón opuesto: el fortalecimiento y la construcción de más andamiaje en ciertas sinapsis para que las conexiones queden reforzadas. Se cree que la estructura de las sinapsis sostiene la mayoría de nuestros recuerdos, y estos —o, en el caso de la imprimación segura, las lecciones emocionales aprendidas— están siempre sujetos al yin y al yang de aprender y olvidar. Esa interacción constante conforma un sistema neuronal que es de una sensibilidad exquisita con nuestro entorno y da lugar a un fenómeno llamado «neuroplasticidad».

Cada experiencia que tenemos puede, o bien fortalecer, o bien debilitar las conexiones entre unas sinapsis concretas, reforzando o disminuyendo así ciertas redes neuronales. Nuestro entorno entra en juego de manera constante y da forma activamente al cerebro y a quienes somos.

Teniendo todo esto en cuenta, ganar seguridad puede parecer una misión doblemente imposible, pues exige que nos desprendamos de lo viejo al tiempo que probamos lo nuevo. Se trata de algo que podemos lograr si nos sumergimos en las IMAI correctas, es decir, en esas interacciones menores aparentemente insignificantes de la vida cotidiana. Cuando nos entregamos a IMAI seguras y nos desconectamos de las inseguras, remodelamos activamente nuestro entorno para potenciar las redes neuronales seguras del cerebro. Dicho de otro modo, conseguimos, en efecto, volver a dar forma a las sinapsis de nuestro cerebro. De esa manera, somos capaces de dejar atrás las antiguas inseguridades y entregarnos a una manera nueva de ver el mundo que nos aporta seguridad.

Eso es lo que le ocurrió a Tammy, cuya historia he expuesto en el capítulo 8. A pesar de criarse en un hogar inseguro y de tener numerosas relaciones inseguras, con el tiempo consiguió cambiar la mayoría de las IMAI inseguras de su vida por otras seguras y, al hacerlo, su mente se abrió al mundo. Se apuntó a clases de pintura, iba a ver espectáculos, visitaba museos, obtuvo el título de instructora de ciclismo y viajaba por todo el mundo. Resumiendo: desarrolló una vida plena y segura para sí misma y nunca miró atrás.

INTERVENCIONES DE *COACHING* SEGURO EN TIEMPO REAL

Las intervenciones en tiempo real pueden resultar de gran valor para liberarse de los hábitos inseguros. De hecho, en muchas ocasiones sirven de puente entre la idea y la acción y ayudan a los clientes a desprenderse de viejos patrones a medida que se producen, en lugar de reflexionar sobre ellos en consulta. Es entonces cuando el *coaching* seguro se vuelve particularmente útil. Mientras que la terapia segura ayuda a los clientes a reexaminar unas creencias y unas conductas profundamente arraigadas en el marco estructural de la hora de terapia, el *coaching* seguro se centra en ayudar a los clientes a mejorar con unas intervenciones específicas, factibles, que se dan en tiempo real. En el tratamiento seguro, las dos modalidades se usan siempre juntas para apuntalar el proceso de adquirir más seguridad. He aquí un ejemplo que ilustra el impacto de un *coaching* seguro en tiempo real.

Se presentó un paciente con una frustración sostenida y disgustos en su matrimonio. Su mujer y él discutían con frecuencia, se dedicaban insultos que iban directos a la yugular y recurrían al conocimiento íntimo de momentos vulnerables para hacerse daño mutuamente. Durante nuestras sesiones me concentré en ayudarlo a manejar el conflicto de manera más segura; lo animé a entender la perspectiva de su mujer y a que recordara que la quería aun cuando se enfadaba con ella. En todo caso, gran parte de lo que abordábamos en las sesiones saltaba por los aires cuando discutían. Recurría a su vieja costumbre del ataque verbal, al que ella respondía de la misma manera, tras lo que cada uno se retiraba a su rincón de la casa para lamerse las heridas emocionales.

Animé a mi paciente a enviarme mensajes en tiempo real cuando las cosas empezaran a ponerse feas entre ellos, pero pasaron varios meses hasta que lo hizo. A causa de su estilo de apego inseguro, no estaba acostumbrado a pedir ayuda. Finalmente, una noche me envió el siguiente mensaje: «Menuda pieza está hecha. Me ignora a propósito. ¿Quién coño se cree que es? No pienso quedarme aquí sentado dejando que me atropelle emocionalmente».

Yo le respondí al mensaje al momento y le recordé que su mujer se ponía así cuando se sentía herida, ninguneada o decepcionada por él, que ese era un instinto que ella tenía: se replegaba a la mínima y controlaba poco esa reacción. También le recordé las veces que ella lo había apoyado y había estado a su lado, como el invierno anterior, cuando él había tenido que someterse a varias cirugías tras un accidente de bicicleta. Ella no se separó de él y lo apoyó de la manera más amorosa y considerada. Le señalé las dificultades por las que esta había pasado a lo largo de su vida: su padre había muerto a causa de un linfoma cuando ella era muy joven, su madre había vuelto a casarse y su padrastro la maltrataba. Así que, cuando se disgustaba y se sentía desdeñada, se encerraba en sí misma. No era su intención y después se lamentaba por ello.

Tuvimos que enviarnos mensajes durante un rato más, pero al final mi paciente consiguió calmarse. «Sí, tienes razón —me escribió—. Supongo que no debo tomármelo tan a pecho. Está disgustada conmigo; ya se le pasará. Ninguno de los dos lo tuvo fácil en la infancia y tenemos que lidiar con dos hijos complicados. La verdad es que, dadas las circunstancias, lo estamos haciendo bastante bien.» Consiguió acercarse a ella de manera calmada y decirle: «Ya sé que te saco de quicio y que por eso te alejas, pero eso me pone triste. Por favor, ¿podemos hacer las paces? Lo siento mucho, de verdad, no quería hacerte daño, es lo último que quiero. ¿Podemos abrazarnos?».

Para su sorpresa, ella se levantó, se abrazaron y la tensión se disipó. No solo se frenó la posible escalada de la discusión, sino que también aprendieron una nueva habilidad para afrontar esas situaciones de manera segura.

Con un esfuerzo relativamente pequeño, el paciente pudo ver las cosas con mayor seguridad desde el inicio de lo que podría haber sido una discusión muy difícil y modificar su comportamiento, lo que condujo a un resultado radicalmente diferente. Yo lo animé a ponerse en contacto conmigo enseguida en caso de futuras discusiones y él, esta vez sí, me hizo caso. De esa manera conseguimos desactivar varios posibles estallidos emocionales. Con el tiempo, su mujer empezó a encerrarse menos en sí misma cuando se disgustaba, lo que ayudó enormemente al paciente, pues lo que más le alteraba era que ella no le dirigiera la palabra.

He descubierto que el *coaching* seguro y sus intervenciones en tiempo real son una de las maneras más eficaces de ayudar a la gente a avanzar hacia la seguridad en sí misma. Buscar ayuda mientras la persona está alterada —y no horas o días después— es, en sí mismo, un comportamiento seguro. Hay estudios que demuestran que saber contar con otros para que nos ayuden en momentos de necesidad es un distintivo de seguridad. Se trata de una habilidad clave que la gente con apego seguro usa de manera natural y que los demás podemos aprender de manera activa.

Una vez que alguien pide ayuda, lo que ocurra a continuación importa en igual medida. Una persona segura —ya sea terapeuta, *coach* o un amigo de confianza— puede intervenir con una perspectiva sólida y ayudar a interrumpir el ciclo de dolor y reactividad que se está desplegando. Esto no solo impide que el daño emocional vaya a más, sino que pauta una manera segura de reaccionar: con calma, cuidado y claridad.

Con el tiempo, empezamos a establecer una red de personas seguras en las que poder confiar y a interiorizar el marco mental seguro. Esta es una de las metas principales de la terapia segura y del *coaching* seguro.

RECURRE A LA INTELIGENCIA ARTIFICIAL (IA) PARA TUS INTERVENCIONES SEGURAS EN TIEMPO REAL

Si tienes una relación difícil con otra persona, puedes recurrir a las siguientes entradas para que la IA te ayude a encontrar una posición más segura. Escribe, simplemente, el escenario básico; por ejemplo: «Mi amigo me prometió que iría conmigo al partido de baloncesto y lo ha cancelado en el último momento». También puedes cortar y pegar algún *email* o texto que hayas recibido de alguien y que consideres ofensivo o doloroso. Si formulas a la IA preguntas como las que se enumeran a continuación, te ayudará a elaborar una respuesta segura. Y, aunque finalmente no uses la respuesta con esa persona, puede acompañarte a la hora de generar un discurso seguro sobre lo que ha ocurrido. Prueba con estas:

- ¿Cómo puedo responder a esto de manera amable?
- ¿Puedes darme su posible punto de vista?
- ¿Cómo puedo encontrar la manera de no disgustar a esta persona?
- ¿Por qué debería sentir agradecimiento en relación con esta persona?
- ¿Cómo puedo contestar a esto de manera conciliadora?
- ¿Cómo puedo desescalar la situación?
- Ayúdame a encontrar la manera de disgustarme menos ante esta situación.

Si la IA te ofrece una respuesta que no es útil, no te rindas. Explícale por qué no lo es y sigue pidiéndole lo que necesitas. Trátala como una conversación: aprenderá de lo que le digas y, con el tiempo, te responderá de manera más eficaz. Infórmala de lo que, hasta ahora, no ha funcionado y de lo que sí. Con un poco de práctica, puede convertirse en una compañera increíblemente útil y segura para afrontar situaciones duras.

Dicho esto, la IA no puede reemplazar el apoyo humano en tu vida. Asegúrate de identificar a personas en las que confíes y que sean tu base segura. Puedes incluso pedirles que te ayuden a valorar si lo que te recomienda la IA tiene fundamento.

Reglas de un compromiso seguro

Cuando se trata de abordar conflictos en relaciones íntimas, la regulación emocional muchas veces falla precisamente cuando más falta hace. Y es así porque mantener la calma ante el malestar de otra persona es una de las cosas más difíciles de lograr, sobre todo cuando nuestras propias emociones también afloran. Para ayudar a pasar por esos momentos, recurro a menudo a estas dos reglas simples pero poderosas que pueden marcar la diferencia:

1. *La regla por la que solo una de las personas puede estar disgustada.* La primera persona que se enfada, o se disgusta, o se molesta, es la que tiene el turno; y la responsabilidad de la otra es ayudarla a que se calme y a apaciguar la situación. El motivo es simple: desde el punto de vista del cerebro social, el papel de la persona designada en una relación segura consiste en contribuir a regular el afecto y las emociones y no en avivarlas. Una vez que la persona se ha calmado —pero no simultáneamente—, llega el turno de la otra para disgustarse. Si no se hace así, si las dos personas se enfadan al mismo tiempo, son como esos dos gatos que se suben al mismo árbol a la vez y no pueden bajar, que se lanzan bufidos y zarpazos el uno al otro, encerrados en su limbo emocional. En mi consulta, puede ocurrir que los dos miembros de una pareja empiecen a enfadarse y que

uno de ellos diga: «Lo siento, ahora los dos estamos enfadados, pero eso va contra las reglas. Yo me he enfadado antes, así que es mi turno. Tienes que ayudarme a que me sienta mejor». Es bastante habitual que se echen a reír los dos. Esta regla se aplica a todas las relaciones de intimidad, no solo a las sentimentales. Es aplicable en amistades, entre hermanos, padres e hijos y en otros vínculos.

2. *La regla del* mea culpa *(o «es culpa mía»).* Si la regla número uno ha fallado y las dos personas se han enfadado a la vez, que no cunda el pánico: se trata de algo muy común. Cuando estamos vinculados a alguien, entre nosotros se establece un único campo emocional, a través del que reverbera con naturalidad el enfado de una persona. Es evidente que vamos a notarlo. La verdadera pregunta es: ¿vamos a dejar que esa reverberación nos derribe?
3. Veámoslo de la siguiente manera: los dos somos responsables de no mantener el equilibrio emocional de la otra persona. Y ahora los dos debemos disculparnos. La disculpa no tiene que ver con quién tenía razón y quién no, sino con reconocer que hemos fallado en una misión más importante: ayudarnos mutuamente a mantener la calma. Esa disculpa ha de ser sincera y mostrar conciencia verdadera de en qué nos hemos equivocado. Por ejemplo: «Siento mucho haberte disgustado y no haber podido mejorar la situación. A veces soy muy inconsciente, incluso puedo llegar a ser gilipollas. Debería haberte ayudado a sentirte mejor. He sido egoísta al centrarme en mi punto de vista, en hacer valer mi superioridad moral».
4. Ambas partes tienen que ofrecer esta disculpa sentida, consciente, esta forma moderna de *mea culpa*, por así decirlo. Esto ayuda a difuminar la división emocional entre dos personas enfadadas.

DOMINAR LA VÍA SEGURA

¿Por qué las personas seguras de sí mismas saben decir que no con bastante facilidad, y sin el drama consiguiente, y en qué sentido puede ayudar el *coaching* seguro?

Desde la perspectiva del apego, términos como «ser complaciente», «establecimiento de límites» y «codependencia» suelen llevar a las personas a perderse cuando intentan conseguir una mayor seguridad en sí mismas, y todos comparten un mito común: la mayor satisfacción se obtiene con la protección de nuestro bienestar individual. Eso resulta ser verdad, pero una que lleva a engaño, porque nuestro bienestar individual está inextricablemente unido al de las personas que nos rodean. Nuestra cultura tiende a promover la individualidad y la independencia como vía hacia el crecimiento. Sin embargo, desde la perspectiva de nuestro cerebro social, esa no es la solución directa. La hiperconectividad es clave para el bienestar tanto físico como mental. La verdadera cuestión pasa a ser: ¿hiperconectados con quién?

Cuando vivimos una relación segura, podemos «complacer» a los demás libremente —hacer cosas por ellos— porque confiamos en que ellos harán lo mismo por nosotros. Y, si no podemos, nos sentimos bien diciéndoles que no, sin preocuparnos por si eso les causará un disgusto. Eso es así especialmente si la otra persona puntúa alto en la escala de evaluación colaborativa (expuesta en el capítulo 11): el toma y daca de lo que hacemos por esas personas y lo que ellas hacen por nosotros funciona bien en esos casos.

La gente cree que a las personas seguras de sí mismas se les da genial manejarse en las relaciones; y es cierto, pero lo irónico del caso es que su facilidad radica tanto en su habilidad social como en contar con un radar de amenazas menos sensible. A diferencia de quienes muestran un apego ansioso —que con frecuencia presentan una agudeza perceptiva considerable —, los sistemas perceptivos de las personas seguras de sí mismas tienden a ser más «apagados». Sencillamente, no recogen tantos indicios sutiles que podrían sugerir amenaza o rechazo. Por eso les cuesta tan poco decir «lo siento, no puedo», sin registrar siquiera que eso podría molestarle a alguien. Y muchas veces, como lo dicen con tanta sencillez y sinceridad, no molestan. En cambio, cuando las personas inseguras dicen que no, a menudo lo hacen disculpándose de manera muy ansiosa (si son ansiosas), o retraída (si son evitadoras), y sin darse cuenta generan conflicto en la relación.

Como las personas seguras de sí mismas se alteran menos durante los desacuerdos —dado que no los registran como amenazas—, pueden comunicarse con mayor claridad, evitan los ataques verbales y ayudan a suavizar las situaciones. Gracias a que sus sentidos están más «apagados», no ven las discusiones como el fin del mundo, sino solo como un ataque de hipo que acabará pasando. Y muchas veces, con esa actitud, las cosas acaban arreglándose solas.

He asistido con fascinación a una tendencia en las redes sociales en que alguien le gasta una broma a otra persona fingiendo que graba un vídeo sobre otra cosa y, de pronto, se refiere a esa persona como «mi actual novio/novia y yo» o «mi actual marido/mujer y yo». Se observan toda clase de reacciones. Hay personas que se enfadan; otras que se quedan calladas pero se sienten claramente incómodas. «¿Cómo que "actual"? —preguntan, con gran indignación—. ¿Es que vas a sustituirme? ¿Por qué lo has dicho así?» Algunas llegan a decir palabrotas. Pero otras se ríen, o ni siquiera lo reconocen como algo anormal. Esos vídeos permiten ver, en tiempo real, que no darles importancia a las cosas —en este caso, a cosas que se hacen deliberadamente para enervar— puede facilitar mucho las relaciones.

Cuando a nuestro sistema perceptivo no se le da tan bien captar posibles amenazas, las relaciones cotidianas son más fáciles. Somos capaces de enfrentarnos con poco esfuerzo a lo que va llegando con calma, simplemente porque no hay ninguna alarma sonando de fondo con estridencia: nada de «me han tratado mal» o «no son justos» o «piden demasiado». En cambio, en el caso de muchas personas con un apego inseguro, la alarma se dispara con facilidad y a menudo, sobre todo en situaciones que no son PReDiCC. Eso hace que muchas interacciones estén cargadas de un extra de tensión, porque debemos enfrentarnos a las relaciones con un parloteo inseguro en la cabeza.

Por eso las intervenciones de *coaching* seguro en tiempo real pueden ser tan poderosas. Contamos con alguien que no lleva constantemente encendida la alarma interna para ofrecernos una perspectiva sólida y segura. Esa perspectiva basta para desactivar la alarma, aunque sea temporalmente, lo que ha de permitirnos reaccionar con seguridad. Ese cambio, en ese momento, logra interrumpir círculos viciosos a medida que suceden y marca una diferencia enorme en la creación de relaciones seguras.

Las intervenciones seguras en tiempo real resultan de gran utilidad a la hora de desmontar comportamientos inseguros a medida que se van dando. Pero muchos de nosotros también cargamos con unos patrones inseguros muy arraigados que se mantienen silenciosamente como fondo y modelan nuestros pensamientos, sentimientos y decisiones de maneras que nos frenan. Además de construir una red de apoyo seguro, resulta igualmente importante reconocer y hacer frente de manera directa a esos patrones.

La idea es la siguiente: allí donde existe una inseguridad subyacente, hagamos que surja una manera segura de vincularse, con uno mismo y con el mundo.

La sección que sigue presenta algunos de los patrones de pensamiento inseguro más comunes, así como los equivalentes seguros que pueden reemplazarlos.

Mejorar la actitud segura evitando estos escollos

Existen varios escollos comunes que pueden interponerse en el camino hacia una mayor seguridad. Estos suelen desembocar en un discurso inseguro y consiguen el efecto contrario al pretendido: refuerzan las redes neuronales inseguras en lugar de forjar otras nuevas y seguras. Tener en cuenta estos obstáculos que propician la inseguridad te ayudará a modificar las maneras de pensar inseguras en las que sueles caer de manera inconsciente sin siquiera darte cuenta.

Es algo parecido a corregir la postura corporal. Al principio parece antinatural, incluso cansado, porque el cuerpo está muy acostumbrado a encorvarse. Pero, con conciencia y repetición, los músculos se adaptan y, con el tiempo, mantener la columna erguida empieza a parecer una segunda naturaleza.

Esos escollos se organizan en tres grupos principales: (A) ignorar o malinterpretar los destellos de talento; (B) ignorar las necesidades biológicas y el encaje ambiental, y (C) patrones mentales inseguros y de autosabotaje.

Grupo A: Ignorar o malinterpretar los destellos de talento

ESCOLLO 1: No respetar tu llamada interior o pasarla por alto para favorecer otra cosa.

ALTERNATIVA: Mantenerte sintonizado con tus destellos de talento.

A veces las personas se presionan a sí mismas basándose en influencias externas (expectativas sociales o convenciones sobre lo que es más deseable o bueno para ellas) en lugar de escuchar su llamada interior. Una persona cree que debe ser abogada porque es lo que se espera de ella, pero detesta las discusiones y la confrontación. O cree que sería genial ser pintora —en su familia todos lo son—, pero lo que se le da realmente bien es la gimnasia, y eso que ninguno de sus parientes tiene inclinaciones atléticas.

Aun así, cuando te alineas con tus destellos internos de talento, sientes una inyección inmediata de seguridad: te resulta más fácil operar en el mundo desde una posición segura porque te apoyas en tu verdad biológica. Abrazar tus talentos naturales es algo que puede resultarte profundamente estabilizador. De ese modo construyes autoestima y creas una sensación de coherencia interna, un componente clave para un funcionamiento seguro.

ESCOLLO 2: Ignorar los destellos de talento de los demás o, peor aún, ver esos destellos como impedimentos.

ALTERNATIVA: Ver los destellos de talento de quienes te rodean y descubrir que detrás de lo que se percibe como impedimentos puede haber maravillas de talento.

Con frecuencia tengo que recordar a la gente que no es sensato pasar por alto los destellos de talento o, peor aún, verlos como impedimentos. Imagina, por ejemplo, que estás frustrado con tu pareja porque se pasa muchas horas orientando a otros en el trabajo, lo cual le quita tiempo a vuestra relación. Sin embargo, cuando le pides ayuda, o apoyo, está completamente presente, siempre considerada, generosa y comprometida. Si el destello interior de alguien es un compromiso profundo de ayuda a los demás, es probable que este aflore en todos los aspectos de su vida. No puedes disfrutarla de manera selectiva, apreciando su dedicación y generosidad cuando la dirige hacia ti y despreciándola cuando beneficia a otros.

Centrarte en esos destellos de talento puede ayudarte a ver a los demás —y a ti mismo— a través de una lente más segura.

En general, expresar una crítica excesiva a los demás en lugar de encontrar sus destellos ocultos de talento puede ser algo que interfiera en tu marco mental seguro. Centrarte en esos destellos puede modificar tu manera de ver a las personas… ¡y al mundo que te rodea!

Grupo B: Ignorar las necesidades biológicas y el encaje ambiental

ESCOLLO 3: No alejarte de entornos que no encajan con tu biología.

ALTERNATIVA: Mostrar respeto por tus limitaciones biológicas.

Una gran trampa en la que solemos caer es crearnos un entorno que no encaja bien con nuestra biología. Tal como abordamos en la segunda parte del libro, si tiendes hacia un estilo de apego ansioso y te rodeas de personas no PReDiCC o, por el contrario, si tienes un estilo más evitativo pero las personas que te rodean aspiran a la clase de intimidad que a ti te incita a huir, será muy difícil que las cosas funcionen. En general, incluso más allá de los estilos de apego, esperar que nuestra biología se adapte a un entorno que no encaja con nosotros puede resultar extremadamente difícil.

En relación con este punto, recuerdo a un paciente que era altamente sensible al ruido. Vivía con su marido en un apartamento de un dormitorio que daba a una avenida muy transitada en el Upper West Side de Manhattan. Los días de recogida de basuras se despertaba sobresaltado a horas intempestivas por el estruendo de los camiones. Al otro lado de la calle había un gran supermercado, por lo que constantemente oía los vehículos de reparto que permanecían horas allí con el motor en marcha y que, cuando daban marcha atrás, avisaban con sus pitidos intermitentes. Si a eso le sumamos los borrachos que gritaban de noche y el zumbido constante de la ciudad, lo cierto es que sufría bastante. Se mostraba irritable, impaciente, y se pasaba el día quejándose. Su marido, en cambio, casi no se percataba de nada. Dormía a pierna suelta y no le costaba ignorar el ruido.

Tras varios años de pasarlo mal, mi paciente llegó al límite. Encontró otro apartamento, en el mismo edificio, que daba al patio interior de la parte trasera. Aunque era más pequeño y más caro, insistió mucho a su marido para que se trasladaran. Al principio, este se resistía: «Es una locura: mudarse a un piso más pequeño y pagar más. Aquí no hay tanto ruido. Sinceramente, tienes que superarlo». Discutieron varias veces hasta que su marido, finalmente, cedió.

En la actualidad, transcurridos varios años, su marido dice que es la mejor decisión que han tomado. La mejora en su vida, y en su relación, ha sido abismal. Mi paciente es otra persona: más calmado, más amable y más centrado.

Así que recuerda: si resulta que tienes una alta sensibilidad biológica (por ejemplo, al ruido), intentar aguantar no suele dar buen resultado. Si eres lo que se conoce como «persona orquídea», es muy posible que te obligues a convertirte en un diente de león. Pero entonces, cuando la realidad se imponga, sufrirás. «¿Por qué no puedo ser menos sensible? No debería tomármelo tan a pecho», te dices muchas veces. Pero ignorando o, peor aún, yendo en contra de tu biología, no lograrás cambiarla. Lo único que conseguirás será que te cueste más aguantar. En el caso de las «personas orquídea», parece que pasamos por alto algo fundamental: cuando sus necesidades biológicas se ven satisfechas, son capaces de desarrollar todo su potencial ¡y acaban superando a los dientes de león!

ESCOLLO 4: No buscar el mejor entorno para maximizar los destellos internos de talento.

ALTERNATIVA: Buscar activamente un hábitat favorable.

Evitar un entorno poco favorable es una cosa, pero buscar de manera activa un marco ideal en el que tus talentos puedan aflorar plenamente es algo que te proporciona una ventaja significativa. Imagina, por ejemplo, que se te dan muy bien los aspectos técnicos de tu trabajo cuando te desempeñas por tu cuenta, pero que tu trabajo actual conlleva gestionar a mucha gente. Aspirar a un entorno que permita que tus habilidades naturales brillen (por ejemplo, en un trabajo en el que puedas concentrarte en un desafío tecnológico sin tener que ocuparte de muchas personas) potenciará tus habilidades, hará que aumente mucho tu productividad y te levantará la moral.

Grupo C: Patrones mentales inseguros y de autosabotaje

ESCOLLO 5: Autoflagelarse.

ALTERNATIVA: Practicar la aceptación y buscar maneras de mejorar la situación.

Uno de mis pacientes solía alterarse mucho cuando buscaba aparcamiento en el Upper West Side de Manhattan. Se autoflagelaba: «Soy la persona con menos suerte del mundo. Nunca encuentro sitio. ¿Por qué siempre me pasa lo peor?». Cuantas más manzanas recorría en círculos, más nervioso se ponía. Cuando, al final, encontraba sitio, se había denigrado a sí mismo con pensamientos negativos, incapaz de reconocer que aquella cháchara insegura le estaba pasando factura a su salud y su felicidad.

Se sabe que aparcar en Manhattan es una pesadilla. No es nada personal y exige cierta resiliencia emocional. Cabe la posibilidad de contratar a alguien para que te aparque el coche, o de alquilar una plaza en un garaje, o incluso de desprenderse del coche. Pero someterse a una constante autocrítica resulta muy perjudicial. Mucha gente cae en esa trampa cuando las cosas no le salen como desea. Y todo se reduce al mismo escollo: olvidar que todos nos enfrentamos a adversidades y que todos cometemos errores. Una vez que lo aceptamos, podemos abordar las situaciones difíciles desde una posición más segura.

ESCOLLO 6: Imaginar un universo alternativo perfecto que te lleva a mostrar ingratitud y tristeza por este.

ALTERNATIVA: Adoptar el paradigma de que «en la vida hay un poco de todo».

Todas las decisiones que tomamos en la vida tienen sus pros y sus contras y, como ocurre con casi todo, el resultado es variado: hay aspectos positivos y negativos en cada situación. Dicho esto, no merece la pena perder el tiempo buscando la vida alternativa que podría haber sido. Por ejemplo, un psiquiatra me confesó en cierta ocasión que a veces lamentaba no haber perseguido su sueño de juventud de ser geólogo. Le encantaba la naturaleza y estaba fascinado con la historia de la Tierra. Se imaginaba una vida explorando paisajes remotos, haciendo descubrimientos emocionantes y llevando una existencia más aventurera. A pesar de tener una carrera de éxito ayudando a mejorar la vida de la gente, no lograba desprenderse de la sensación de que había desatendido su verdadera vocación. Pero la realidad es que la vida de un geólogo académico presenta sus propias dificultades: largos periodos lejos de casa, trabajo en unos entornos duros y en ocasiones peligrosos, incertidumbre en la financiación para llevar a cabo las investigaciones... Si hubiera optado por ese camino, quizá habría tenido que enfrentarse al aislamiento, las dificultades físicas y la frustración por el lento avance de sus investigaciones. Es fácil romantizar un camino alternativo, pero todas las decisiones que tomamos conllevan su propio conjunto de dificultades. Imaginar que una vida distinta habría sido mejor solo nos conduce a sentir una menor satisfacción por la vida que llevamos.

A veces se llega a presenciar de primera mano de qué manera evoluciona esto en la vida real. Uno de mis pacientes, un genio de la ciberseguridad, fantaseaba a menudo con la posibilidad de ser camarero. Cuanto más pensaba en aquel empleo tan simple y exento de preocupaciones, menos feliz se sentía con el trabajo que tenía, que implicaba estar siempre anticipándose a las malas intenciones de cibernautas. Llevado por su fantasía, empezó a trabajar a media jornada en su empleo tecnológico y se apuntó a un curso en una escuela de restauración. Pero la realidad se manifestó con dureza cuando lo contrataron en un bar y descubrió la otra cara del trabajo: cargar con cajas de botellas desde el sótano, lavar montañas de platos todas las noches, aguantar los gritos de la gente o soportar los diálogos etílicos de los clientes habituales, lo cual se volvió aburrido rápidamente.

Aunque le encantó aprender a preparar los distintos cócteles en la escuela, también sintió alivio al regresar a su profesión en el campo de la ciberseguridad, cosa que hizo con una nueva perspectiva sobre cuáles eran sus talentos y su posición. A partir de ese momento empezó a ver las cosas bajo una nueva luz: era el defensor del ciberuniverso. Su trabajo consistía en mantener a la gente sana y salva, aunque esta no lo supiera. Aquella experiencia le enseñó que, aunque en teoría la vida de camarero parecía atractiva, en su caso había sido una fantasía poco realista que lo había llevado a valorar menos su trabajo; en realidad, no tenía nada que ver con la existencia despreocupada y glamurosa que había imaginado.

Su intento fallido de transitar una nueva vía laboral mientras se sometía a una terapia segura nos dio la oportunidad de usar ese «contratiempo» para transformar su relato interior en uno más seguro. Antes no dejaba de criticar su trabajo, pues sentía que carecía de sentido. Pero después de aquella experiencia descubrió un nuevo sentido del propósito en el mismo empleo que antes despreciaba. Su postura cambió por completo, lo que le permitió ver su profesión desde un lugar más seguro y alteró totalmente su manera de experimentarlo.

ESCOLLO 7: Comparar y desesperarse: dejar que tus circuitos neuronales de comparación se descontrolen y den por sentado que otras personas son más felices porque tienen cosas que tú no tienes.

ALTERNATIVA: No dejar que las circunstancias externas de la gente (relaciones, posesiones, belleza...) te lleven a concluir que son más felices que tú y a sentirte mal contigo mismo como consecuencia de ello. Centrarte en lo que te llena y usar las herramientas de este libro para crear un entorno de apoyo seguro.

En la década de 1950, el advenimiento de la televisión coincidió con un sorprendente aumento de las depresiones y la ansiedad entre las amas de casa de Estados Unidos. La causa no estaba del todo clara, pero no tardó en establecerse un vínculo potencial: los anuncios publicitarios. Las mujeres de todo el país veían aquellos anuncios con actrices guapas que «limpiaban» los baños mientras cantaban y sonreían, y se decían para sus adentros: «¿Y a mí qué me pasa? ¿Por qué no me apetece ponerme a cantar y bailar mientras voy perfectamente maquillada y llevo un vestido fabuloso que me he puesto para limpiar mi casa?». Una generación entera de mujeres sentía que había algo malo en ellas, hasta que, con el tiempo, la gente aprendió a ver aquellos anuncios como lo que eran: representaciones falsas de una vida idealizada.

En el mundo de hoy, saturado de redes sociales, el juego de las comparaciones se ha intensificado aún más. A diferencia de los anuncios, que la mayoría de nosotros reconocemos como artificiosos y preparados, las redes sociales difuminan la frontera entre lo real y lo fingido. No solo muestran a actores, sino también a personas que conocemos. Eso dificulta mucho más que el cerebro etiquete un hecho destacado por esas redes como fantasía. Cuando uno ve a unos amigos cenando sin nosotros o en unas vacaciones de ensueño a las que no hemos sido invitados, no parece una actuación, sino algo personal. Pero la verdad es que lo que vemos sigue siendo un fragmento de vida sazonado, cuidadosamente filtrado y recortado. Tampoco es la vida real, pero parece más real y eso es lo que lo hace tan delicado.

Un paciente me contó que conocía a una pareja que, en redes sociales, parecía mantener una relación perfecta. Usaban la etiqueta #MyBabe para compartir sus viajes por todo el mundo y muchas veces se profesaban su amor en publicaciones públicas. Pero en su vida privada no paraban de discutir. Solo se llevaban bien cuando se distraían con sus maravillosos viajes, e incluso entonces la relación distaba mucho de ser perfecta. Literalmente, necesitaban estar siempre de viaje para no discutir. Y, sin embargo, en las redes sociales no se veía nada de todo eso y lo que mostraban era una sucesión infinita de sonrisas, besos y puestas de sol en lugares exóticos.

Dejar que nuestros circuitos neuronales comparativos (descritos en el capítulo 11), siempre muy atentos a lo que tenemos y lo que no tenemos, nos lleven a creer que las cosas externas pueden hacernos felices es uno de los errores más graves que podemos cometer. Y, si no se controla, puede resultar difícil de frenar. Como ya sabemos, la comparación forma parte de la naturaleza de los circuitos neuronales. Pero nosotros no tenemos por qué quedarnos ahí. No tenemos por qué dejar que nos afecte negativamente ni erosione nuestro bienestar. Es mejor que nos centremos en construir un entorno hiperconectado y seguro para nosotros mismos (como se expone en los capítulos 2 y 3), para fortalecer nuestra autoestima y profundizar en el sentido de nuestra vida.

Un estudio longitudinal, hoy famoso, de Harvard, iniciado en 1938, se dedicó a seguir a setecientos veinticuatro hombres de todos los estratos sociales —ricos y pobres, profesores universitarios y personas que habían abandonado los estudios al llegar a la secundaria— durante más de ochenta años (y sigue realizando el seguimiento de noventa de los participantes iniciales, así como de los descendientes de los setecientos veinticuatro iniciales, tanto hombres como mujeres). En él se constató que la calidad de sus relaciones íntimas era, con diferencia, el principal determinante de su bienestar sostenido, tanto físico como mental. Y ese estudio de Harvard no es el único; otros han demostrado lo mismo. Si nos paramos a pensarlo un poco, esa medida de la felicidad —los lazos significativos y seguros con otras personas— no puede capturarse ni compartirse *online*. IMAI seguras con personas PReDiCC que nos apoyen y que nos muestren actitudes de atención y amor pueden darse de maneras sutiles y modestas diariamente. Son el elixir de nuestra alma social.

Cuando te encuentres comparándote y desesperándote por cuestiones externas, detente unos instantes y, con sentido de la gratitud, piensa en las relaciones seguras que tienes en la vida y en el camino que estás pavimentando hacia tu tribu segura. Aunque la seguridad no se captura fácilmente en cámara ni se comparte en las redes sociales, es un camino real, identificable y duradero hacia la satisfacción vital a largo plazo. Pensemos en ello como en un logro importante de la vida, el santo grial de la felicidad humana, que ni la fama, ni el dinero ni el estatus social pueden comprar.

Resumen de lo que se interpone en tu camino hacia una mayor seguridad

Las dos reglas del compromiso seguro:

Regla 1: La regla por la que solo una de las personas puede estar disgustada.
Regla 2: La regla del *mea culpa* (o «es culpa mía»).

TABLA DE LOS ESCOLLOS DE LA INSEGURIDAD

GRUPO A: IGNORAR O MALINTERPRETAR DESTELLOS DE TALENTO	GRUPO B: IGNORAR LAS NECESIDADES BIOLÓGICAS Y EL ENCAJE AMBIENTAL	GRUPO C: PATRONES MENTALES INSEGUROS Y DE AUTOSABOTAJE
ESCOLLO 1: No respetar tu llamada interior o pasarla por alto para favorecer otra cosa. **ALTERNATIVA:** Mantenerte sintonizado con tus destellos de talento.	**ESCOLLO 3:** No alejarte de entornos que no encajan con tu biología. **ALTERNATIVA:** Mostrar respeto por tus limitaciones biológicas.	**ESCOLLO 5:** Autoflagelarse. **ALTERNATIVA:** Practicar la aceptación y buscar maneras de mejorar la situación.
ESCOLLO 2: Ignorar los destellos de talento de los demás o, peor aún, ver esos destellos como impedimentos. **ALTERNATIVA:** Ver los destellos de talento de quienes te rodean y descubrir que detrás de lo que se percibe como impedimentos puede haber maravillas de talento.	**ESCOLLO 4:** No buscar el mejor entorno para maximizar los destellos internos de talento. **ALTERNATIVA:** Buscar activamente un hábitat favorable.	**ESCOLLO 6:** Imaginar un universo alternativo perfecto que te lleva a mostrar ingratitud y tristeza por este. **ALTERNATIVA:** Adoptar el paradigma de que «en la vida hay un poco de todo».

GRUPO A: IGNORAR O MALINTERPRETAR DESTELLOS DE TALENTO	GRUPO B: IGNORAR LAS NECESIDADES BIOLÓGICAS Y EL ENCAJE AMBIENTAL	GRUPO C: PATRONES MENTALES INSEGUROS Y DE AUTOSABOTAJE
		ESCOLLO 7: Comparar y desesperarse: dejar que tus circuitos neuronales de comparación se descontrolen y den por sentado que otras personas son más felices porque tienen cosas que tú no tienes. **ALTERNATIVA:** No dejar que las circunstancias externas de la gente (relaciones, posesiones, belleza...) te lleven a concluir que son más felices que tú y a sentirte mal contigo mismo como consecuencia de ello. Centrarte en lo que te llena y usar las herramientas de este libro para crear un entorno de apoyo seguro.

UN TALLER DE *COACHING* SEGURO

Afianzar a Sylvia

El socio de la empresa de Mark estaba siempre ninguneándolo delante de toda la oficina, pero Mark siempre respondía con paciencia y respeto. Era su manera de ser con todo el mundo, incluida su mujer, Sylvia, que muchas veces lo regañaba con comentarios sarcásticos y dejaba sin hacer las tareas domésticas que le tocaban. Mark se ocupaba de todo y muy pocas veces se encaraba con ella por ser desagradable o no encargarse de lo que le tocaba.

Sylvia también recibía muchas veces el maltrato del socio de Mark, pero este no salía en su defensa. Durante mucho tiempo, Sylvia se sintió dolida por eso. Cuando, en nuestra terapia segura, se dio cuenta de que la falta de asertividad de su compañero no era una debilidad, sino más bien un destello oculto de talento, paciencia y tolerancia, cambió su manera de ver la situación y de verlo a él. Se sintió afortunada por tener una pareja tan tolerante, consciente de que ella era una persona con la que resultaba difícil llevarse bien.

Aun así, ese nuevo aprecio por su marido no cambió el hecho de que casi cada vez que se reunían con el socio de Mark ella volvía a casa al borde de las lágrimas. Mark insistía en que no debía dejar que aquello le afectara tanto y ella intentaba no prestar atención a los comentarios despectivos del socio. Después de todo, se mostraba igual de mezquino con Mark y a él le daba igual. Sin embargo, por más que lo intentaba, las palabras de aquel hombre siempre acababan mortificándola.

¿Qué escollo superó Sylvia para transformar su relación con Mark?

1. Ignorar los destellos de talento de la gente o, peor aún, verlos como impedimentos.
2. No crear un entorno propicio para la llamada interior.
3. No contar con el entorno social adecuado que ayude a alimentar los destellos de talento.

4. No alejarse de un entorno físico que no convenga a la biología propia (intentando ser un diente de león cuando se es una orquídea).
5. No respetar la llamada interior.

La respuesta correcta es la 1: ignorar los destellos de talento de la gente o, peor aún, verlos como impedimentos. Una vez que Sylvia consiguió ver el comportamiento de Mark como lo que era —un destello oculto de talento—, fue capaz de dejar atrás su resentimiento sostenido, de valorarlo más y de volverse más segura en su relación.

A pesar de que Sylvia pudo llegar a ganar seguridad en su relación con Mark, todavía reacciona de manera insegura en presencia de su socio. ¿Qué escollo proporciona una pista hacia la vía de acción correcta en cuanto a lo que Sylvia necesita para ganar mayor seguridad?

1. Autoflagelarse.
2. No respetar la llamada interior.
3. Ver los destellos ocultos de talento como impedimentos.
4. No alejarse del entorno que no encaja con la biología propia.
5. Imaginar un universo alternativo perfecto que lleva a un sentimiento de ingratitud y tristeza en este mundo.

La respuesta correcta es la 4. Si nos exponemos a embestidas de IMAI inseguras una y otra vez, eso afectará negativamente al cerebro. Por tanto, si la situación no puede resolverse de manera que Sylvia deje de recibir los ataques del socio de Mark, sería mejor que esta evitara ir con su marido cuando se reúna con él y que buscara alguna alternativa social más segura. Podemos vernos obligados a asistir a eventos sociales en los que no nos sentimos seguros a causa de las expectativas sociales, pero exponernos a IMAI inseguras es una manera infalible de prolongar un círculo vicioso inseguro de heridas recurrentes. A veces lo seguro no pasa por obligarnos a vivir situaciones desfavorables, sino por encontrar eventos sociales alternativos, seguros, a los que asistir, que refuercen nuestras nuevas maneras seguras de ser en vez de hacerlas descarrilar.

La terapeuta «pusilánime»

Dee Dee, la terapeuta supervisada que aparecía en el capítulo 12 y que construía su discurso seguro con sus pacientes, suele entregarse totalmente a ellos. Pueden enviarle mensajes y llamarla entre sesiones y deja claro que está disponible para ellos prácticamente las veinticuatro horas del día. Ha trabajado con pacientes resistentes a tratamientos y los ha ayudado a mejorar drásticamente allí donde otros profesionales han fracasado. Aun así, en la actualidad Dee Dee tiene una paciente que, básicamente, se ha apoderado de su vida. La llama constantemente, exige hablar con ella a todas horas y, cuando Dee Dee no está disponible de inmediato, le suelta broncas, la insulta y se dedica a enviarle mensajes groseros de indignación.

Durante nuestra hora de supervisión, Dee Dee me confesó que sentía que debía replantear su manera de ofrecer terapia. Había sido demasiado permisiva, se había adaptado demasiado a los pacientes y creía que todo eso tenía que cambiar. Pasó entonces a explicarme cómo había sido la relación con su madre cuando era niña. Me dijo que estaba siempre criticándola y tratándola mal y que ahora ese patrón se repetía en su trabajo con los pacientes. Me contó que siempre se había sentido mal por su madre, porque su padre era un mujeriego de manual que tenía incontables aventuras. Ni siquiera se molestaba en ocultarlas y Dee Dee notaba lo mucho que aquello afectaba a su madre y cuánto sufría en su matrimonio. Por eso Dee Dee le toleraba aquel comportamiento e intentaba mostrarle consideración y amor. Sentía lástima por ella.

En otra sesión de control, Dee Dee volvió a expresarme que se sentía desbordada con aquella misma paciente, que la llamaba y le enviaba mensajes a cualquier hora de la noche. También había tenido una sesión a medianoche con otra paciente, porque era la única hora a la que esta conseguía librarse de su marido, que la maltrataba, y a Dee Dee le preocupaba su integridad física. Se criticó a sí misma por ser tan tolerante y acomodaticia y volvió a hacer hincapié en que creía que todo aquello derivaba de su incapacidad para plantarle cara a su madre cuando era pequeña. En aquella época era pusilánime y ahora sus pacientes la trataban exactamente de la misma manera que su madre.

¿Cuál es la afirmación más correcta respecto a Dee Dee?

1. Necesita replantear su manera de ofrecer terapia e imponer unos límites más estrictos en su trabajo con los pacientes.
2. No está capacitada para ser terapeuta porque no consigue mantener la estructura y los límites de la terapia, esto es, el marco terapéutico.
3. Necesita ayuda con algunos de esos pacientes que le resultan difíciles de manejar.
4. Debe explorar, en su propia terapia, su trauma infantil, que está interfiriendo en su trabajo.

La respuesta más correcta es la 3.

Dee Dee no necesita replantear por completo su manera de ofrecer tratamientos. Ha ayudado a numerosos pacientes, algunos de los cuales no habían mejorado en décadas, a pesar de haber probado distintos tratamientos. Está claro que Dee Dee hace bien muchas cosas y que su estilo de tratamiento, que es muy inclusivo y que la sitúa prácticamente a la altura de una madre adoptiva, no tiene parangón. Aun así, algunos pacientes no encajan bien en la clase de cuidado que ella proporciona; y, si bien explorar sus experiencias de infancia con su madre en terapia puede resultarle útil, la manera más inmediata y efectiva de abordar el problema pasa por conseguir ayuda para tratar a esa paciente en concreto.

Durante nuestra supervisión, pudimos constatar que Dee Dee tenía una extraordinaria capacidad empática para cuidar a los demás, lo que la ayudaba a estar muy presente para sus pacientes. Esa era una de las razones de su gran éxito como terapeuta. Esa capacidad ya resultaba evidente cuando era niña. No era una «pusilánime» con su madre. Notaba que ella estaba sufriendo y quería estar presente para ella y ayudarla porque la quería. Su amor, simplemente, pasaba por alto el mal comportamiento de su madre; era capaz de ver más allá.

Hablé con ella sobre el hecho de que existe, además, una base biológica para esa asombrosa capacidad de empatía suya. Se han llevado a cabo investigaciones que han mostrado que especies con madres y cuidadores excepcionales presentan niveles más elevados de receptores de oxitocina en las zonas de recompensa del cerebro, lo que hace que cuidar no sea una señal de derrota, sino un talento reconfortante y gratificante que pueden aportar al mundo que las rodea.

Dicho esto, con ciertos pacientes que la absorbían en exceso, Dee Dee necesitaba ayuda en forma de varias intervenciones seguras en tiempo real para gestionar la sangría de llamadas y mensajes en el momento en que se producían, y ayudarla a responder al paciente en cuestión en tiempo real. También necesitaba reconocer que a veces los pacientes requerían más de lo que ella podía proporcionarles y que, al intentar asumirlo todo ella sola, estaba frenando su recuperación. En esos casos, los derivó a un nivel de cuidados más intenso, en el que pudieran ser tratados por un equipo de especialistas clínicos con más recursos.

Esa derivación no fue fácil. Muchas veces le generaba ansiedad: le preocupaba la reacción de los pacientes, pensar que quizá sentirían que los estaba abandonando o que empeorarían. Trabajamos juntos para crear un discurso seguro al que poder recurrir en esos momentos, uno que hiciera hincapié en el cuidado y no en el rechazo.

La verdadera vocación de Loren

A Loren le falta poco para cumplir los cuarenta y siente que ha malgastado su vida, porque no ha desarrollado una carrera profesional ni ha adquirido unas habilidades concretas. En su entorno todos tienen posgrados universitarios como mínimo, pero ella dejó de estudiar al terminar la secundaria. Aun así, cuando observa con más detalle su vida, queda claro que tiene una mente muy dotada para el mundo empresarial y que es la principal fuerza intelectual tras el negocio familiar que puso en marcha con su marido. También es creativa y perspicaz, está siempre aprendiendo cosas nuevas, y sus amigos recurren a ella muchas veces para pedirle consejo ante las dificultades de la vida.

¿Cuál es el talento oculto de Loren?

1. Su autoconciencia al reconocer sus déficits educativos.
2. Su curiosidad innata y su deseo de aprender.
3. Una mente brillante para los negocios.
4. Su capacidad creativa para resolver problemas.

Las respuestas correctas son la 2, la 3 y la 4. Loren es una solucionadora de problemas creativa, con una visión del mundo única. También se le da muy bien guiar y ayudar a la gente a desarrollar todo su potencial; es una sanadora y cuidadora nata que empodera a todas las personas que tiene alrededor para que prosperen. Sus amigos gravitan en torno a sus conocimientos y habilidades, que también han desempeñado un papel importante en el éxito del negocio familiar. Pero, como no tiene un título universitario, Loren siente que se le ha escapado su vocación, cuando en realidad siempre ha sido fiel a ella.

¿Qué escollo debe vencer Loren para ganar seguridad en sí misma?

1. Ignorar los destellos de talento de la gente o, peor aún, verlos como impedimentos.

2. No crear un entorno que sea propicio para la llamada interior.
3. No contar con el entorno social adecuado que ayude a alimentar los destellos de talento.
4. No alejarse de un entorno físico que no convenga a la biología propia (intentando ser un diente de león cuando se es una orquídea).
5. No respetar la llamada interior.

Las respuestas correctas son la 1 y la 5. Loren no reconoce que ha estado usando desde siempre sus talentos para mejorar y guiar a las personas que la rodean. Y sus talentos le han proporcionado una vida rica y gratificante, un negocio familiar exitoso y unas relaciones fuertes y duraderas con sus amigos y su familia. Tener un título universitario no garantiza una vida plena. De hecho, mucha gente lo pasa mal en la universidad e incluso hay quien se arrepiente de haber estudiado. Loren es una persona curiosa que ha seguido aprendiendo durante toda su vida de maneras diversas, y eso le ha resultado muy enriquecedor, por más que no haya ido acompañado de ningún título.

No jugar en primera división

Un ejecutivo financiero divorciado de cuarenta y tantos años compartió conmigo en consulta que se sentía un fracasado por la evolución de su carrera profesional. Siempre había sido un asalariado y había trabajado para grandes instituciones, mientras que otros en su mismo campo se habían lanzado a la piscina, habían montado sus propias empresas de capital riesgo y habían ganado centenares de millones o incluso miles de millones de dólares. «Yo he ido a lo seguro: me he mantenido siempre como asalariado y he desaprovechado la oportunidad de enriquecerme mucho más por no arriesgarme y montar mi propia empresa, como sí han hecho muchos de mis amigos, que han llegado a ser directores de fondos de cobertura», me comentó. Además, me confió que había perdido gran parte de su dinero a causa de su divorcio. Le había entregado a su exmujer más de la mitad de sus activos (no porque estuviera obligado a hacerlo, sino porque no quería arrastrar a sus hijos a una batalla legal interminable). Me dijo que se sentía como un pelele, pero añadió: «En un divorcio tiene que haber al menos un adulto en la sala y en nuestro caso no había nadie más que representara ese papel, así que tuve que asumirlo yo». Se quejaba a menudo de no haber podido «jugar en primera división» (no haber llegado a ser multimillonario), a pesar de tener más dinero del que él y sus hijos necesitarían nunca. Se iba muchas veces a esquiar a lugares lejanos con su novia, e incluso su exmujer y su nuevo novio los acompañaban de vez en cuando.

¿A qué obstáculos se enfrenta el paciente?

1. Ignorar su destello oculto de talento.
2. Comparar y desesperarse.
3. Imaginar un universo alternativo perfecto que le hace sentir ingratitud y tristeza en este.
4. Todos los anteriores.

La respuesta correcta es la 4: todos los anteriores. El paciente compara y se desespera. Como vimos en el capítulo 11, no es culpa suya: nuestro cerebro evalúa las recompensas basándose en lo que vemos a nuestro alrededor. Pero el mero hecho de saber cómo funcionan los circuitos neurológicos de la comparación y ser conscientes de esos escollos adicionales ayuda a frenar el cerebro comparativo.

Cabe destacar que el paciente mencionó que iba a esquiar con su nueva novia, sus hijos, su exmujer y la nueva pareja de esta sin darse cuenta del gran logro que eso supone, que no está al alcance de muchas personas. Ser rico y pactar un divorcio amistoso no son cosas que suelan ir de la mano. El divorcio puede ser brutal cuando hay dinero de por medio, porque cuando existen muchos activos la gente suele enzarzarse en batallas legales agotadoras, alimentadas por abogados muy caros que saben ganar los casos pero que dejan las relaciones devastadas. Era todo un triunfo que, en su caso, sorteara las dificultades, lograse que su familia saliera relativamente indemne y mantuviera una buena relación con su exmujer. Habla de su destello interno de talento: una notable perspicacia para las relaciones interpersonales y un instinto paternal extraordinario.

El paciente no reconocía que su divorcio amistoso constituyera un logro digno de mención porque, en nuestra cultura, los rasgos que indican seguridad (la afabilidad, la preservación y promoción de las relaciones estrechas, etcétera) no se consideran bienes sociales valiosos. Con ellos no se consiguen símbolos de estatus como una casa bonita, una obra de arte impresionante, reconocimiento social o elegantes joyas, por lo que para él era fácil considerarlos irrelevantes a la hora de medir su talento y sus logros.

EPÍLOGO

Tu práctica segura

El aprendizaje emocional es implícito, es decir, que gran parte de él se produce sin que nos demos cuenta siquiera. Pensemos en lo que ocurre cuando nos enamoramos. Notamos que nos pasa a veces muy deprisa, a veces más despacio, y, si volvemos la vista atrás, somos capaces de identificar ciertos momentos cruciales que marcan cuándo dio un giro la situación. Pero el proceso en sí mismo —cómo pasamos de conocer a una persona ajena a vivir con ella compartiendo casa— pasa por muchos puntos de inflexión mínimos que se dan a lo largo del camino, y no es posible identificarlos todos.

Pasar a tener un apego seguro es algo parecido. Si sigues los principios expuestos en este libro, con el tiempo te irás convirtiendo en una persona más segura, pero ocurrirá de manera gradual y no serás capaz de señalar cómo, cuándo y dónde se produjo. Tendrás que perseverar y desarrollar una práctica segura. Y no puedes hacerlo en solitario.

Una práctica segura puede implicar hacer el esfuerzo de quedar con una amistad de confianza una vez a la semana, llamar regularmente a un progenitor que inspire seguridad o ver películas y leer libros que fomentan el apego seguro. También conlleva minimizar las interacciones inseguras para que el balance general se incline decididamente hacia la seguridad.

La buena noticia es que mantener una práctica segura no es difícil; de hecho, resulta muy gratificante. En esencia, lo único que te exige es que construyas una vida social activa con personas PReDiCC y que llenes tu mundo de IMAI PReDiCC. ¿Y por qué iba a quejarse nadie por tener que rodearse de un grupo magnífico de personas día sí y día también? Sí, hay un periodo de adaptación inicial, pero, una vez que lo superes, le cogerás el tranquillo. E incluso cuando la vida te ponga delante algún revés, contarás con una tribu segura que te ayudará a salir adelante.

He escrito este libro para ayudarte a crear tu propia práctica segura. He incorporado muchas de las herramientas que uso en la terapia segura y en el *coaching* seguro para que tú también puedas beneficiarte de ellas. Como ocurre cuando aprendemos a jugar al golf, al pádel o a cualquier otro deporte, no siempre te saldrá bien a la primera, ni siquiera cuando lo hayas probado noventa y nueve veces. Pero el proceso en sí mismo forma parte de la recompensa. Y, siempre y cuando sigas practicando, crecerás, aprenderás y progresarás.

Ahora ya solo falta que te arremangues y empieces.

Agradecimientos

Escribir este libro ha dado forma tanto a mi pensamiento como a mi vida. Por el camino, me ha inspirado una constelación de personas: colegas, amistades, familiares, mentores y los pacientes que han compartido sus experiencias conmigo. Cada uno ha desempeñado su papel, ya sea a través de una conversación, un apoyo en silencio, unas risas compartidas o momentos de reflexión.

Algunas personas me han enseñado aspectos científicos, otras han cuestionado mi visión. Algunas han caminado a mi lado en las partes más difíciles; otras, simplemente, han creído en mi trabajo. Vuestro apoyo, vuestras ideas y vuestros cuidados viven en estas páginas. Gracias por formar parte de este viaje.

Índice analítico

aceptación, 244, 251, 279
activación conductual, 209
adaptabilidad social, 212
ADN, 19-20, 21 y n., 22, 59 y n., 239
adolescencia, 121, 204, 211-212, 221
agotamiento ansioso, 136, 139
alcoholismo, 115, 214
amabilidad, 56, 139, 249
aminoácidos, 151
animales
  aves, 44, 81, 220, 223
  colaboración en, 220
  comparaciones establecidas por, 220
  gatos, 151, 265
  grandes desastres y, 150-151
  perros, 140, 152, 223, 249, 256
  primates, 60, 223
  ratas, 59-60, 66-67, 207, 220, 223
  ratones, 206-208, 213
  renos, 150
ansiedad por separación, 204-205, 208-209
apego ansioso, estilo de, 23, 27, 93, 117-147, 189, 196, 251
  agotamiento ansioso, 136, 138
  analogía de las orquídeas y los dientes de león y, 121, 131
  capacidades perceptivas en el, 122-124, 129, 131, 136, 138, 141, 152, 188, 240
  dimensiones ansiosa y evitativa en el, 107
  efecto Cyberball y, 191-192
  en Cuestionario sobre Estructuras Relacionales, 107
  energía cerebral y, 83
  experimento del «llámame: tenemos que hablar» y, 71, 109
  gen del receptor D4 de dopamina y, 121
  IMAI y, 124-125, 137-139
  liberar la propia biología y, 141-144

luz de gas y, 124-128, 131, 134
materialismo y, 194
obstáculos a la hora de ganar seguridad, 124-129
luz de gas, 124-128, 131
véase también ciclo de protesta-arrepentimiento
origen del, 119-124
hipótesis de unos cuidadores que no estuvieron a la altura, 120
PReDiCC y, 123-125, 130-134, 136-140
regla del apéndice y, 136-139
Conductas PReDiCC frente a no-PreDiCC, *132*, 137
reposicionamiento de las relaciones y, 138
frontenis con amor, herramienta, 139, 187
taller de, 144-147
ventajas del, 141
apego evitativo, 107, 115, 136, 149-150, 152-165, 171, 179, 190, 240
cercanía y distancia en el, 152-156, *162*, 163-165
círculo vicioso en el, *162*
delegar trabajo y, 190
desactivar estrategias en el, 164, *167*
dimensiones ansiosas y evitativas del, 107-108
en el Cuestionario de las Estructuras Relacionales, 107-108
energía cerebral y, 83-84
estilo de apego temeroso-evitativo frente al, 182
experimento del «llámame: tenemos que hablar» y, 109
explicar a los demás la necesidad de espacio en el, 165
IMAI y, 150, 161, 165
orígenes del, 152-154
peligros del, 158-165
esperar que los demás lo hagan solos, 159
jugar con la homeostasis del apego, 159-162
sobredosis de cercanía, 163-165
PReDiCC y, 154-165
Comportamientos PReDiCC frente a no PreDiCC, *162*, 163, 166-169
ejercicio guiado, 168-169
ventajas del, 152, 240
véase también estilo de apego temeroso-evitativo
apego inseguro, estilos de, 16-17, 27, 84, 92, 94, 187, 194, 196, 201, 211, 261, 269
colaboración y, 220
emociones y pensamientos negativos en los, 243
energía cerebral y, 74, 83
PReDiCC y, 53
relaciones y, 71-72
véase también estilo de apego ansioso; estilo de apego evitativo; estilo de apego temeroso-evitativo

apego seguro, estilo de, 14-16, 25, 72, 84, 89, 94, 114-115, *132*, 135-136, 173, 194, 240, 263, 291
  cerebro y, 17
  dimensiones ansiosas y evitativas, 92, 107
  en el cuestionario sobre estructuras relacionales, 107
  experimento del «Llámame: tenemos que hablar» y, 91, 109
  uso de la energía cerebral y, 73, 83
apego temeroso-evitativo, estilo de, 11, 27, 72, 92, 115, 171, *173*, 191-192, 209
  ciclo de cercanía/distancia en el, 172-174
  construcción de una tribu segura y, 174-177
    pasos para la, 178
  dimensiones de la ansiedad y la evitación en el, 108
  discusiones y, 181
  emociones negativas en, 180
  en el Cuestionario sobre Estructuras Relacionales, 108
  estilo de apego evitativo frente a, 182
  estrategia de frenar en seco y disculparse, herramienta para el, 180-182, 196
  experimento del «Llámame: tenemos que hablar» y, 109
  IMAI y, 173-176
  pasar a la seguridad desde el, 182
  PReDiCC y, 173-176, 177
    intervenciones, 179
  véase también estilo de apego evitativo
apéndice, regla del, 136-139, 147, 174, 178
Aplysia, babosa de mar, 21, 22
apoyo social
  beneficios para la salud del, 45-46
  cerebro y, 45-46, 57-62
  véase también conexión
aprender, 21
  reaprender, 259
asertividad, 246-247, 281
asesores financieros, 246
atención, 54
autodomesticación, 249
aves, 44, 81, 220, 223

Brennan, Kelly, 93
búsqueda de empleo, 147

C. elegans, 151
caída de un rayo, 150
causalidad, 203-215
  ejemplo de ansiedad por separación, 204-205, 209
  en los estilos de apego, 211-212
  enfoque preciso de la, 208
  taller sobre, 213-215
Cell, revista, 20, 22

cercanía
en el ciclo evitativo-temeroso, 172-174
estilo de apego evitativo y, 152-157, *162*, 163-165
estrategias de activación, 129-130, 164, 180
paradoja de la cercanía y la distancia, 155-156
riesgos de seguridad de la, 150-152
sobredosis de, 151-165
véase también distancia
cerebro, 16, 31
ADN en el, 20-22, 59
amígdala, 79, 83
apego seguro y, 17, 19-28
áreas de recompensa del, 79, 217, 285
cantidad usada, 74-75
colaboración y, 27, 222-224, 227
comparación y, 217-222, 234, 278
conectividad y, 48
corteza prefrontal, 79
discurso seguro y, 249-251
dopamina en el, 121
efectos del apoyo social en el, 46, 57-62
en la adolescencia, 212
exclusión y, 34, 39-40, 42
hipocampo, 59
IMAI y, 66
neurogénesis en el, 60
neuronas en el, 76, 79-81, 259-260
neurotransmisores en el, 76
núcleo accumbens, 79
oxitocina, 60, 285
potenciales de acción en el, 76
reaprender y, 259
receptores de glucocorticoides en el, 59
recuerdos y, 20-21, 210, 260
remodelación del, 21, 57-62, 67-68, 212
resonancia magnética funcional, 34, 39, 79, 82, 118, 217
rostro inexpresivo y, 26, 35-38, 50, 130, 143
seguridad y, 38, 43, 48, 80-82, 92, 154
seguridad en las relaciones y, 81-82
sistema límbico, 222
ciclo de protesta-arrepentimiento, 124-125, 128-129
activación de estrategias en el, 129-130
activación del sistema de apego en el, 130, *132*
agotamiento ansioso y, 136, 139
comportamiento de protesta, 47, 130, 143
contrarreacción del apego en el, 130-131
crear un guion seguro para cabalgar la ola de la protesta-activación, 135
diagrama de flujo del, *132*, 137
estallido de reproche en el, 130
fases del, 130-132

otro incidente no PReDiCC en el, 131-132
reconciliación y resentimiento residual, 131
ciervo, 220
Clark, Catherine, 93
coaching seguro, 28, 134, 259-289
complacer por la vía segura, 267-269
intervenciones en tiempo real, 261-263
usar la IA para las, 264
obstáculos para una postura segura, 270-279
comparar y desesperarse, 276-278, 288
ignorar las necesidades biológicas y el encaje ambiental, 272-273, *279*
ignorar o malinterpretar los destellos de talento, 270, *279*, 286-288
imaginar un universo alternativo, 274-276, *279*, 282, 287-288
no buscar el mejor entorno, 273, *279*
patrones mentales inseguros y de autosabotaje, 274-278, *279*
reglas de un compromiso seguro, 265, 267
mea culpa, 266, 279
solo una de las personas puede estar disgustada, 265, 279
taller sobre las, 281-289
ejemplo de Dee Dee, 283-285
ejemplo de Loren, 286-287
ejemplo de no jugar en primera división, 287-289
ejemplo de Sylvia, 281-283
Coan, Jim, 82
codependencia, 267
Cohen, Sheldon, 46
colaboración, 58, 134
cerebro y, 27, 222-224, 227
eficaz, 227-229
establecimiento de límites y, 224-226
evaluar potencial de, 221-222
fin de la, 228
PReDiCC y, 225, 231-232
taller sobre, 229-237
ejemplo de Cindy, 234-235
ejemplo de Missy, 233-234
ejemplo de Tamara, 236-237
escala de evaluación colaborativa (EEC), 229-232
comer, 78
comparación, circuitos neurológicos de, 217, 219-220, 276-278, *280*, 288
complacer de manera segura, 267-269
comportamiento de protesta, 150, 156-159, 172-173
en ciclo de protesta-arrepentimiento, 47, 128-129, 130
comportamiento social y solitario, 151

comprar, 17, 194
conexión
  cerebro y, 48
  construir una tribu segura, 51-54
  hiperconectividad, 42, 44-47, 68, 267, 278
    beneficios de la, 46
    IMAI y, 66
    véase también PReDiCC
confiabilidad, 27, 48-50
  véase también PReDiCC
consistencia, 27, 48, 50, 65
  véase también PReDiCC
consumismo, 17, 194
control, percepción del, 40
convenciones sociales, 247
cooperación, 44, 57, 227, 249
crianza, 17, 59, 190, 220
  estilo de apego ansioso y, 120
  estilo de apego evitativo y, 152-154
cuestionario de Estructuras Relacionales, 27, 93-108, 112
  dimensiones, 98-99, 101, 107-108
  estilo de apego con personas concretas, 95-96, 100-102
  estilo de apego general, 94-99
  interpretación del apego, 107-108
  muestras de, *105*, 112-115
  puntuaciones medias en estilos de apego, *106*
  trazar la topografía del apego, 104
Cutuli, Debora, 60
Cyberball, efecto, 26, 33-42, *44*, *54*, 68, 188, 191-192, 230
  experimentos sobre el, 33-35, 38, 44
  rostro inexpresivo, 26, 35-37

decisiones, toma de, 227
delegar responsabilidades, 190
deliberación, 242
derrame cerebral, 78
derrota social, paradigma de la, 207
desactivación, estrategias de, 48, 164, 166-168, 172-173, *173*, 196
descargas eléctricas, experimentos con, 246
destellos de talento, *véase* destellos ocultos de talento
destellos internos de talento, *véase* destellos ocultos de talento
destellos ocultos de talento, 28, 239-258, 281
  descubrirlos en una terapia segura, 242
  discurso seguro y, 250
    crear un, 251-253
  inventario de impedimentos y, 253-258
    ejemplo de la exigencia constante de validación, 254
    ejemplo del trabajador de empresa, 256

ejemplo de la esposa testaruda, 255
no buscar lo mejor, inventario para maximizar, 273, *279*
pasar por alto o malinterpretar, 270, *279*, 281, 287-288
dientes de león y las orquídeas, analogía de los, 120-122, 273
dimensión ansiosa, 84, 92, 110-111, 180
dimensión evitativa, 84, 92, 111
disculparse, 196, 233, 255
regla del *mea culpa*, 266, 279
discurso seguro, 264, 283, 285
cerebro y, 249-251
crear un, 251-253
discusiones, 181, 195, 263, 268, 270
disponibilidad, 27, 47-51, 123, 128, 143, 156, 167
véase también PReDiCC; comportamiento de protesta
distancia
comportamiento social y solitario, 151
en un ciclo evitativo temeroso, 172-174
estilo de apego evitativo y, 152-153
estrategias de desactivación, 48, 164, 166-168, 172-173, 180
paradoja de la cercanía/distancia, 155-156
véase también cercanía
diversidad biológica, 240
diversidad molecular, 28, 239
divorcio, 203, 288-289
dolor, social y físico, 41
dopamina, 121

Earl, Alexis, 44
efervescencia colectiva, 227
Ein-Dor, Tsachi, 118
ejercicio, 78
emociones, 25, 36, 56, 71, 73, 79, 83, 93, 114, 180-182, 195, 196, 222, 224, 243, 265
colaboración y, 224
energía y, 73-77, 83
gen del receptor D4 de dopamina y, 121
negativas, 180
reglas de compromiso seguro, 265
mea culpa, 266, 279
solo una de las personas puede estar disgustada, 265
emociones y pensamientos negativos, 180
encaje ambiental, 270, 272, *279*, *280*
energía, 74-78
emocional, 75-77
tiempos de supervivencia de los tejidos y, *77*
uso que hace el cerebro de la, *véase* energía cerebral
energía cerebral, 83, 89, 92, 125, 229
dimensiones y, 92
estilos de apego y, 73-74, 83-84, 125

externalización y, 80, 87-89, 92
flujo sanguíneo y, 78
glucosa en la, 77, 79, 82
liberar la, 79
límites y, 225
maximizar, 84-88
ejemplo de Nathan, 73-86
externalizar una tarea, 87-89
oferta y demanda en la, 78-79, 82, 89
enriquecimiento ambiental, 67
entorno seguro
efectos transformadores de un, 55-57, 60-62
evocar recuerdos en un, 210
IMAI en un, *véase* IMAI
entorno social, cambio, 25, 39, 63, 66-68, 82, 281, 287
Erasmus, Centro Médico Universitario, 45
establecimiento de límites, 267
estilos de apego, 23-24, 68, 91-116
cambios en los, a lo largo de la vida, 212
como talentos biológicos, 240
véase también destellos ocultos de talento
creencias y presuposiciones sobre los, 201-202
dimensiones en los, 83, 92-94, 107-108, 110
en la adolescencia, 212
en la infancia y en la vida adulta, 211-212
energía cerebral y, 73, 83-84, 125
espectro de los, 114
estructuras relacionales, cuestionario sobre las, 27, 93-108
dimensiones, 98-99, 101, 107-108
estilo de apego con personas concretas, 94-95, 100-102
estilo de apego general, 94-99
interpretación sobre el apego, 107-108
muestras, 105, 113-115
puntuaciones medias en estilos de apego, *106*
trazar topografía del apego, 104
examinar tus conocimientos sobre los, 185-197
ejemplo de Amanda, 185-188
ejemplo de Cherry, 188-189
ejemplo de Luke, 189-190
ejemplo de Mercedes, 191-192
ejemplo de Micah, 192-195
ejemplo de Mirabel, 195-197
experimento del «llámame: tenemos que hablar» y, 91, 108-109
investigación sobre los, 93
paradoja de la cercanía y la distancia en los, 154-156
taller sobre, 110-116
ejemplo de la discusión en fiesta de cumpleaños, 110-112
ejemplo del cuestionario sobre estructuras relacionales, 112-115

véase también estilo de apego ansioso; estilo de apego evitativo; estilo de apego seguro
estorninos soberbios, 44
estrategias de activación, 128-131, *132,* 164, *173*
evolución
adaptabilidad social y, 212
autodomesticación en la, 249
comparación y, 219-222
diversidad molecular y, 27, 239
exclusión y, 35
potenciales de acción y, 75
seguridad y, 80, 150-151, 187
supervivencia de los más aptos y, 249
exclusión, 42
cerebro y, 34, 39, 44
efecto Cyberball, 26, 33-42, *44, 54,* 68, 188, 191-192, 230
experimentos sobre la, 33-35, 38, 44
rostro inexpresivo, 26, 35-37, 130
efectos negativos de la, 39-41, 46
evolución y, 35
protección y supervivencia y, 38, 43
experiencias en relaciones cercanas, cuestionario, *véase* Cuestionario de Estructuras Relacionales
experiencias infantiles, 63
ansiedad por separación, 204-205, 208
explicar las, 210
véase también causalidad
experimento con el humo de un ordenador, 118, 152
exposición, tratamientos de, 209
externalización, 80-81, 86-88

Fayant, Marie-Pierre, 34
felicidad y bienestar, 15
estudio de Harvard sobre, 278
fenilalanina, 151
figuras de autoridad, 246
Fliessbach, Klaus, 217
Fraley, R. Chris, 93-94, 118
frenar en seco y disculparse, 181, 196
Freud, Sigmund, 65
frisbi, 33
frontenis con amor, herramienta, 139-140, 147, 176, 178, 187
Fyer, Abby, 20

ganado, 150
gatos, 151, 265
genes, 21 n., 59 n., 83, 214
de ratones de laboratorio, 207-208
receptor de dopamina, 121
similitudes de receptor de neuropéptido, 151
Gillath, Omri, 91, 108
Gonsalkorale, Karen, 34
Guan, Zhonghui, 20-21
Guinness de los Récords, Libro, 150

Harari, Yuval Noah, 58
Hazan, Cindy, 93
Hebb, Donald, 66-67
Heller, Rachel, 24
hiperconectividad, 42, 44-45, 47, 51, 53, 68, 267
 beneficios de la, 46
 IMAI y, 66
 véase también PReDiCC
Holt-Lunstad, Julianne, 46
homeostasis del apego, 159-161, *162*
hormonas del estrés, 59
Hudson, Nathan, 67

IMAI (interacciones menores aparentemente insignificantes), 27, 62-63, 84, *132*, 145, 178, 230, 260, 278, 282, 292
 cerebro y, 66-67
 crear, 68
 estilo de apego ansioso y, 124-125, 137-139
 estilo de apego evitativo y, 150, 161, 165
 estilo de apego temeroso-evitativo y, *173*, 174-177
 hiperconectividad y, 65
 oportunidades para, 66
 PReDiCC y, 64-65, 124-125, 139-140, 161, 165, 173-176
imprimación segura, 260
indecisión, 250
independencia, 11, 74, 92, 107, 156, 167, 180, 182, 267
individualidad, 267
inteligencia artificial (IA), 264-265
interacciones seguras, 15, 174, *226*
 véase también IMAI
interacciones sociales, día a día, *véase* IMAI
Islandia, 45

justicia, 235

Kahneman, Daniel, 227-228
Kandel, Eric, 20, 21, 22

lagartos, 220
Life and Brain Center, Bonn, 217
lobos, 220, 249
Lucy, 75
luz de gas del apego, 124-125, 128, 131, 134

MacDonald, Geoff, 152
Maneras de amar (Levine y Heller), 11, 24
materialismo, 194
mea culpa, regla del, 266, 279
mente, teoría de la, 224
metro, experimento del, 248
Mikulincer, Mario, 118
Milgram, Stanley, 246-247

Nasiriavanaki, Zahra, 118
National Institutes of Health, 228
necesidades biológicas y encaje ambiental, 270, 272-273, *279-280*

neurociencia, 11, 21, 25-26, 57, 65, 210, 244, 259
del apego seguro, 25
epigenética en, 21
véase también cerebro
Nobel, Premio, 20, 58, 227
NPR-1 (receptor de neuropéptidos 1), gen, 151

obediencia, experimentos sobre, 246
olímpicos, atletas, 58, 253
Organización Mundial de la Salud (OMS), 58
orquídeas y dientes de león, analogía, 120-122
oxitocina, 60, 285

paradigma de «en la vida hay un poco de todo», 274-276, *279*
pasado, examinar el, 27, 63
véase también causalidad
Pensar rápido, pensar despacio (Kahneman), 228
perdonar y olvidar, 234
perros, 140, 152, 223, 249, 256
potencial de reposo, 75
potenciales de acción, 75-77
práctica segura, 291-292
PreDiCC (predictibilidad, reactividad, disponibilidad, confiabilidad y consistencia), 27, 47-54, 68, 269, 272, 278, 292
colaboración y, 225, 231-232
consistencia en, 48, 50, 65
disponibilidad en, 49-51, 65
estilo de apego ansioso y, 123-125, 130-134, 136-139
comportamientos PReDiCC frente a no-PreDiCC, *132*, 137
regla del apéndice y, 136-139
estilo de apego evitativo y, 154-165
comportamientos PReDiCC frente a no-PreDiCC, *162*, 163, 166-169
estilo de apego evitativo-temeroso y, *173*, 173-175
intervención, 179
fiabilidad en, 50, 65
IMAI y, 64-65, 124-125, 139-140, 161, 165, 173-176
en ejemplo de psicoanálisis, 64
intervenciones, 52, 65, 123-124, 191, 225
ejemplo de Marsha, 137-138
para evitativos-temerosos, 179
regla del apéndice, 136-139, 174, 175
límites y, 225, 226
predictibilidad en, 50, 65
reactividad en, 49-51, 65
predictibilidad, 27, 50-51
véase también PReDiCC
primates, 60, 223
procrastinación, 241, 242, 248
Programa para la Prosperidad Humana, 142

psicoanálisis, 19, 24, 64
psicopatología, 243
psicoterapia, 65, 206, 209, 211, 243
 psicodinámica, 206, 243, 244
 relación terapeuta-paciente en la, 205

ratas, 59-60, 66-67, 207, 220, 223
ratones, 206-208, 213
reactividad, 27, 48-50, 263
 véase también PReDiCC
recuerdos, 14-15, 20-21, 210-211, 213, 260
redes sociales, 16, 41, 53, 130, 141-142, 192, 194, 268, 277, 278
relaciones, 63, 71
 dimensiones de apego y, 93
 energía cerebral y, 83, 89
 fin de las, 186
 homeostasis en las, 160-161, 163
 inventario de, 51
 patrones de apego inseguro en las, 71
 reposicionamiento de las, 138
  frontenis con amor, 139-140, 187
  regla del apéndice en el, 136-139, 174-175
 seguras, 224
 tareas físicas y, 82, 87-88
renos, 150
rostro inexpresivo, efecto del, 26, 35-37, 38, *50*, 130, 143, *230*
 experimento del rostro inexpresivo, 36

Salinas, Joel, 45
salud y enfermedad, 17, 46
 profesionales de la salud, 17, 244
Sapiens (Harari), 58
Schnall, Simone, 82
Schwartz, Jimmy, 20-23
seguridad
 cerebro y, 38, 43, 48, 80-82, 92, 154
 evolución y, 80, 150-151, 187
 exploración y, 155
 riesgos de la cercanía, 150-152
sensibilidad al ruido, 272
sentido, 201
 de la vida, 79, 142
Shaver, Phillip, 93
sistema nervioso, 21, 36, 47, 75, 119, 125, 127, 131, 136-137, 155
solo una de las personas puede estar disgustada, regla, 265, 279
supervivencia de los más aptos, 249

Tal, Orgad, 118-119
TDAH, 85-86
televisión, 172, 276
terapia cognitivo-conductual, 204, 209
Terapia de Imprimación Segura (Terapia Segura), 15 y n.,

26-28, 64, 239-258, 281, 292
crear una, 251-253
descubrir destellos ocultos de talento en la, 242
discurso seguro en la, 250, 283
ejemplo de Dee Dee, 252
véase también Coaching Seguro
terapia interpersonal, 209
TFA (trifosfato de adenosina), 75, 77
trasplantes de médula, 239
tribu segura, construcción de una, 51-52, *54*, 177-178, 278
Tronick, Ed, 35
Tversky, Amos, 227-228

Universidad Brigham Young, 46
Universidad Carnegie Mellon, 46
Universidad de California en Davis, 34
Universidad de Columbia, 23, 44
Universidad de Harvard, 35, 118, 142, 278
Universidad de Illinois, 94, 118
Universidad de Kansas, 91
Universidad de Massachusetts, 35
Universidad de Nueva York, 45
Universidad de París, 34
Universidad de Plymouth, 82
Universidad de Toronto, 152
Universidad de Virginia, 82
Universidad Metodista del Sur, 67
Universidad Purdue, 33, 36
Universidad Reichman, 118
Universidad Sapienza de Roma, 60
universo alternativo, imaginar un, 274, *279*, 282, 288

valina, 151
valor propio e identidad propia, 40-41, 66
Van der Velpen, Isabelle, 45
Vander Weele, Tyler, 142
vida segura, pilares de una, *véase* PReDiCC
videojuego, experimento del, 33, 38, 217, 219
viruela, 58

Waller, Niels, 93
Weil, Simone, 54
Wesselmann, Eric, 36
Williams, Kipling (Kip) D., 33-34, 39